Manual de Contabilidade Societária e Regulatória Aplicável a Entidades do Setor Elétrico

Normas e Pronunciamentos do Comitê de Pronunciamentos Contábeis (CPC) e da Agência Nacional de Energia Elétrica (Aneel)

 **CARBON FREE** | A Cengage Learning Edições aderiu ao Programa Carbon Free, que, pela utilização de metodologias aprovadas pela ONU e ferramentas de Análise de Ciclo de Vida, calculou as emissões de gases de efeito estufa referentes à produção desta obra (expressas em CO_2 equivalente). Com base no resultado, será realizado um plantio de árvores, que visa compensar essas emissões e minimizar o impacto ambiental da atuação da empresa no meio ambiente.

Dados Internacionais de Catalogação na Publicação (CIP)
(Câmara Brasileira do Livro, SP, Brasil)

Leite, Joubert da Silva Jerônimo
   Manual de contabilidade societária e regulatória aplicável a entidades do setor elétrico : Normas e pronunciamentos do Comitê de Pronunciamentos Contábeis (CPC) e da Agência Nacional de Energia Elétrica (Aneel)/ Joubert da Silva Jerônimo Leite. -- São Paulo : Cengage Learning, 2012.

   Bibliografia.
   ISBN 978-85-221-1185-5

   1. Contabilidade societária e regulatória 2. Setor elétrico I. Título.

12-09210   CDD-657.9

Índice para catálogo sistemático:
   1. Setor elétrico : Contabilidade societária e regulatória 657.9

Manual de Contabilidade Societária e Regulatória Aplicável a Entidades do Setor Elétrico

Normas e Pronunciamentos do
Comitê de Pronunciamentos Contábeis (CPC) e da
Agência Nacional de Energia Elétrica (Aneel)

Joubert da Silva Jerônimo Leite

Austrália • Brasil • Japão • Coreia • México • Cingapura • Espanha • Reino Unido • Estados Unidos

Manual de contabilidade societária e regulatória aplicável a entidades do setor elétrico. Normas e pronunciamentos do Comitê de Pronunciamentos Contábeis (CPC) e da Agência Nacional de Energia Elétrica (Aneel)
Joubert da Silva Jerônimo Leite

Gerente Editorial: Patricia La Rosa

Supervisora Editorial: Noelma Brocanelli

Supervisora de Produção Editorial:
Fabiana Alencar Albuquerque

Editor de Desenvolvimento: Fábio Gonçalves

Copidesque: Luicy Caetano de Oliveira

Revisão: Maria Alice da Costa e Solange Aparecida Visconte

Diagramação: Cia. Editorial

Capa: Manu Santos Design Estratégico

Foto da capa: Robert Jacobs/Photos.com

Foto das aberturas: Alexsander Perl/Photos.com

© 2013 Cengage Learning Edições Ltda.

Todos os direitos reservados. Nenhuma parte deste livro poderá ser reproduzida, sejam quais forem os meios empregados, sem a permissão, por escrito, da Editora. Aos infratores aplicam-se as sanções previstas nos artigos 102, 104, 106 e 107 da Lei nº 9.610, de 19 de fevereiro de 1998.

Para informações sobre nossos produtos, entre em contato pelo telefone **0800 11 19 39**

Para permissão de uso de material desta obra, envie seu pedido
para **direitosautorais@cengage.com**

© 2013 Cengage Learning. Todos os direitos reservados.

ISBN-13: 978-85-221-1185-5
ISBN-10: 85-221-1185-5

Cengage Learning
Condomínio E-Business Park
Rua Werner Siemens, 111 – Prédio 20 – Espaço 04
Lapa de Baixo – CEP 05069-900
São Paulo – SP
Tel.: (11) 3665-9900 – Fax: (11) 3665-9901
SAC: 0800 11 19 39

Para suas soluções de curso e aprendizado, visite **www.cengage.com.br**

Impresso no Brasil.
Printed in Brazil.
1 2 3 4 5 6 7   13 12 11 10 09

Dedico esta obra ao meu querido e amado pai Gilberto (in memoriam) e à minha amada avó Maria (in memoriam), que são exemplos de vida para mim e toda a minha família.

Não precisamos de tempestades e nem de trovões que venham retratar a violência do tempo, precisamos de um bom tempo de paz.

Mestre Juba

Grupo de trabalho

Joubert da Silva Jerônimo Leite
Diretor Executivo da Nova América Auditoria, Consultoria e Contabilidade
Coordenador do Grupo de Trabalho

Claudia de Maria
Consultora Sênior

José Zordan
Superintendente da Fecoergs

Marcus Vinicius Araujo França
Certaja

Luis Valentim Zorzo
Contador da Cermissões

Paulo Farias
Contador da Coprel

Ivar Pacheco de Souza
Contador da Cooperluz

Almir Chitolina Gonçalves
Contador da Cerfox

Jair César Dörr
Contador da Certel

Entidades participantes

Federação das Cooperativas de Energia, Telefonia e Desenvolvimento Rural do Rio Grande Sul – Fecoergs
Porto Alegre-RS

Nova América Auditoria, Consultoria e Contabilidade
Americana-SP

Cooperativa Regional de Energia Taquari Jacuí – Certaja
Taquari-RS

Cooperativa de Distribuição e Geração de Energia das Missões – Cermissões
Caibaté-RS

Coprel Cooperativa de Energia – Coprel
Ibirubá-RS

Cooperluz Distribuidora de Energia Fronteira Noroeste – Cooperluz
Santa Rosa-RS

Cooperativa de Geração e Distribuição de Energia Fontoura Xavier – Cerfox
Fontoura Xavier-RS

Cooperativa de Distribuição de Energia Teutônia – Certel
Teutônia-RS

Creluz Cooperativa de Distribuição de Energia – Creluz
Pinhal-RS

Cooperativa Regional de Energia e Desenvolvimento Ijuí – Ceriluz
Ijuí-RS

Cooperativa Regional de Eletrificação Rural do Alto Uruguai – Creral
Erechim-RS

Cooperativa de Eletrificação Centro Jacuí – Celetro
Cachoeira do Sul-RS

Cooperativa de Energia e Desenvolvimento Rural Entre Rios – Certhil
Três de Maio-RS

Cooperativa Regional de Eletrificação Rural Fronteira Sul – Coopersul
Bagé-RS

Cooperativa de Eletrificação Rural do Vale do Jaguari – Cervale
Santa Maria-RS

Cooperativa Regional de Energia e Desenvolvimento do Litoral Norte – Coopernorte
Viamão-RS

Cooperativa Sudeste de Eletrificação Rural – Cosel
Encruzilhada-RS

Sumário

Apresentação   XVII

Prefácio   XXI

Comentários de profissionais   XXVII

Resumo curricular dos membros do grupo de trabalho   XXIX

Parte 1 – Estrutura da Contabilidade no Brasil

1.1. Entidades de contabilidade   3
    1.1.1. A Aneel e a contabilidade regulatória   4
1.2. Normas contábeis   4
    1.2.1. Pronunciamentos contábeis do CPC   4
    1.2.2. Orientações técnicas do CPC   6
    1.2.3. Interpretações técnicas do CPC   7
    1.2.4. As normas contábeis do CPC e a posição do CFC   8
    1.2.5. Norma contábil para pequenas e médias empresas – CPC e CFC   8
    1.2.6. Normas contábeis do CFC para entidades cooperativas   8
    1.2.7. Normas da Aneel e pronunciamentos do CPC   9
1.3. Fundamentos conceituais da contabilidade societária   9
    1.3.1. Objetivo da elaboração e divulgação de relatório contábil-financeiro de propósito geral   10
    1.3.2. Características qualitativas da informação contábil-financeira útil   11
    1.3.3. Reconhecimento, avaliação e mensuração dos elementos das demonstrações contábeis   12
    1.3.4. Conceitos de capital e manutenção de capital   13

    1.3.5. Princípios contábeis   14
    1.3.6. Demonstrações contábeis   16
    1.3.7. Princípios e conceitos gerais da contabilidade societária para PME   18
1.4. Fundamentos conceituais da contabilidade regulatória   19
    1.4.1. Obrigatoriedade de adoção do MCSE   20
    1.4.2. Princípios contábeis e contabilidade regulatória   20
    1.4.3. Características qualitativas das demonstrações contábeis   20
    1.4.4. Prestação anual de contas e demonstrações contábeis   20
    1.4.5. Apuração do resultado e regime de competência   21
    1.4.6. Atividades não vinculadas à concessão   22
    1.4.7. Alterações no MCSE – 2010   22

Parte 2 – Práticas Contábeis

2.1. Valor justo   27
    2.1.1. Conceito internacional – IFRS   28
    2.1.2. Conceito norte-americano – US GAAP   28
    2.1.3. Conceito brasileiro – BR GAAP   28
    2.1.4. Mensuração de valor justo e BR GAAP   29
    2.1.5. Tratamento contábil para pequenas e médias entidades   35
2.2. Valor presente de ativos e passivos   35
    2.2.1. Despachos Aneel nºs 4.796/2008 e 4.722/2009   35
    2.2.2. Resumo do CPC 12   35
    2.2.3. Tratamento contábil para pequenas e médias entidades   37
2.3. Teste de recuperabilidade de ativos – *Impairment*   38
    2.3.1. Despacho Aneel nº 4.796/2008   38
    2.3.2. Fundamentos do *impairment*   38
    2.3.3. Estudo de caso – Aplicação do teste de *impairment*   45
    2.3.4. Tratamento contábil para pequenas e médias entidades   49
2.4. Instrumentos financeiros   49
    2.4.1. Aspectos conceituais   50
    2.4.2. Derivativos   51
    2.4.3. Classificação e avaliação dos instrumentos financeiros   52
    2.4.4. Reconhecimento e mensuração dos instrumentos financeiros   54
    2.4.5. Divulgação   55
    2.4.6. Tratamento contábil para pequenas e médias entidades   56
2.5. Estoques   56
    2.5.1. Despacho Aneel nº 4.722/2009   57
    2.5.2. Fundamentos e conceitos   57
    2.5.3. Alterações no CPC 16   59
    2.5.4. Divulgação   60
    2.5.5. Tratamento contábil para pequenas e médias entidades   60

2.6. Investimentos societários   60
    2.6.1. Despacho Aneel nº 4.722/2009   60
    2.6.2. Empresas coligadas   60
    2.6.3. Influência significativa   61
    2.6.4. Avaliação de investimentos em coligadas   62
    2.6.5. Método da equivalência patrimonial   63
    2.6.6. Resumo da avaliação de investimentos   63
    2.6.7. Padronização das políticas contábeis   64
    2.6.8. *Impairment*   64
    2.6.9. Divulgação   64
    2.6.10. Tratamento contábil para pequenas e médias entidades   65
2.7. Propriedades para investimento   65
    2.7.1. Despacho Aneel nº 4.722/2009   65
    2.7.2. Aspectos conceituais   65
    2.7.3. Reconhecimento   67
    2.7.4. Apresentação no balanço patrimonial   67
    2.7.5. Mensuração   67
    2.7.6. Transferências   69
    2.7.7. Baixa   69
    2.7.8. Divulgação   69
    2.7.9. Tratamento contábil para pequenas e médias entidades   70
2.8. Imobilizado   70
    2.8.1. Despacho Aneel nº 4.722/2009   70
    2.8.2. Aspectos conceituais   70
    2.8.3. Reconhecimento e mensuração   71
    2.8.4. Depreciação   73
    2.8.5. Redução ao valor recuperável de ativos imobilizados – *Impairment*   74
    2.8.6. Baixa   74
    2.8.7. Divulgação   74
    2.8.8. ICPC 10 – Aplicação inicial do CPC 27   75
    2.8.9. Tratamento contábil para pequenas e médias entidades   76
2.9. Intangível   77
    2.9.1. Despacho Aneel nº 4.796/2008   77
    2.9.2. Aspectos conceituais   77
    2.9.3. Reconhecimento   79
    2.9.4. Mensuração   80
    2.9.5. Vida útil e amortização   81
    2.9.6. Pesquisa e desenvolvimento   82
    2.9.7. Gastos pré-operacionais   84
    2.9.8. Divulgação   84
    2.9.9. Tratamento contábil para pequenas e médias entidades   85

2.10. Arrendamento mercantil   85
    2.10.1. Despacho Aneel nº 4.796/2008   86
    2.10.2. Aspectos conceituais   86
    2.10.3. Arrendamento mercantil financeiro   86
    2.10.4. Demonstrações contábeis do arrendatário   88
    2.10.5. Tratamento contábil para pequenas e médias entidades   90
2.11. Ativo não circulante mantido para venda e operação descontinuada   90
    2.11.1. Despacho Aneel nº 4.722/2009   91
    2.11.2. Aspectos conceituais   91
    2.11.3. Critérios de classificação de ativos não circulantes mantidos para venda   92
    2.11.4. Ativos não circulantes baixados (abandonados)   93
    2.11.5. Mensuração   93
    2.11.6. *Impairment*, depreciação e amortização   94
    2.11.7. Apresentação no balanço patrimonial   94
    2.11.8. Apresentação na demonstração do resultado   94
    2.11.9. Divulgação   95
    2.11.10. Tratamento contábil para pequenas e médias entidades   95
2.12. Benefícios a empregados de curto prazo   96
    2.12.1. Despacho Aneel nº 4.722/2009   96
    2.12.2. Aspectos conceituais   96
    2.12.3. Reconhecimento e mensuração   97
    2.12.4. Divulgação   98
    2.12.5. Tratamento contábil para pequenas e médias entidades   99
2.13. Provisões e contingências   99
    2.13.1. Despacho Aneel nº 4.722/2009   99
    2.13.2. Aspectos conceituais   99
    2.13.3. Provisões e outros passivos   100
    2.13.4. Provisões e passivos contingentes   100
    2.13.5. Reconhecimento de provisões   100
    2.13.6. Reconhecimento de ativos e passivos contingentes   101
    2.13.7. Mensuração   102
    2.13.8. Ajuste a valor presente   102
    2.13.9. Alterações em provisões   102
    2.13.10. Reestruturação   103
    2.13.11. Divulgação   103
    2.13.12. Tratamento contábil para pequenas e médias entidades   103
2.14. Tributos sobre o lucro   104
    2.14.1. Despacho Aneel nº 4.722/2009   104
    2.14.2. Aspectos conceituais   104
    2.14.3. Reconhecimento de passivos e ativos fiscais correntes   106

2.14.4. Reconhecimento de passivos e ativos fiscais diferidos   106
2.14.5. Mensuração   109
2.14.6. Apresentação no balanço patrimonial dos ativos e passivos fiscais   110
2.14.7. Divulgação   110
2.14.8. Tratamento contábil para pequenas e médias entidades   112
2.15. Receitas   112
    2.15.1. Despacho Aneel nº 4.722/2009   112
    2.15.2. Aspectos conceituais   112
    2.15.3. Mensuração   113
    2.15.4. Reconhecimento   113
    2.15.5. Apresentação da receita na demonstração de resultado   115
    2.15.6. Divulgação   115
    2.15.7. Tratamento contábil para pequenas e médias entidades   116
2.16. Subvenção e assistência governamentais   116
    2.16.1. Despacho Aneel nº 4.796/2008   116
    2.16.2. Aspectos conceituais   116
    2.16.3. Critérios de reconhecimento   117
    2.16.4. Apresentação no balanço patrimonial   117
    2.16.5. Perda da subvenção governamental   118
    2.16.6. Divulgação   118
    2.16.7. Tratamento contábil para pequenas e médias entidades   119
2.17. Contratos de concessão   119
    2.17.1. Assuntos contábeis   120
    2.17.2. Resumo da contabilização de contratos de concessão   125
    2.17.3. Resumo de normas aplicáveis aos contratos público-privados   126
    2.17.4. Divulgação   126
    2.17.5. Tratamento contábil para pequenas e médias entidades   127
2.18. Cotas de cooperados   127
    2.18.1. Questão   127
    2.18.2. Consenso   127
    2.18.3. Divulgação   130
    2.18.4. Tratamento contábil para pequenas e médias entidades   131
2.19. Políticas contábeis, estimativas e correção de erros   131
    2.19.1. Despacho Aneel nº 4.722/2009   131
    2.19.2. Políticas contábeis   131
    2.19.3. Mudanças em estimativas   133
    2.19.4. Correção de erros   134
    2.19.5. Tratamento contábil para pequenas e médias entidades   135
2.20. Informações por segmentos de negócios   136
    2.20.1. Despacho Aneel nº 4.722/2009   136
    2.20.2. Aspectos conceituais   136

2.20.3. Segmentos divulgáveis ou reportáveis   137
2.20.4. Fontes de informações   138
2.20.5. Divulgação de informações   138
2.20.6. Mensuração   140
2.20.7. Conciliação   140
2.20.8. Modelos de relatórios por segmento   140
2.20.9. Tratamento contábil para pequenas e médias entidades   143
2.21. Partes relacionadas   143
   2.21.1. Despacho Aneel nº 4.796/2008   143
   2.21.2. Aspectos conceituais   144
   2.21.3. Divulgação   145
   2.21.4. Tratamento contábil para pequenas e médias entidades   147
2.22. Eventos subsequentes   147
   2.22.1. Despacho Aneel nº 4.722/2009   148
   2.22.2. Aspectos conceituais   148
   2.22.3. Reconhecimento e mensuração   149
   2.22.4. Dividendos   149
   2.22.5. Continuidade   149
   2.22.6. Divulgação   150
   2.22.7. Tratamento contábil para pequenas e médias entidades   151
2.23. Resumo de normas e critérios contábeis de mensuração e reconhecimento 151

Parte 3 – Demonstrações Contábeis

3.1. Demonstrações contábeis societárias   157
   3.1.1. Finalidade das demonstrações contábeis   157
   3.1.2. Elementos das demonstrações contábeis   158
   3.1.3. Pressupostos básicos das demonstrações contábeis – CPC 26 (R1)   159
   3.1.4. Informações comparativas   159
   3.1.5. Identificação das demonstrações contábeis   159
   3.1.6. Apresentação apropriada das demonstrações contábeis   160
   3.1.7. Balanço patrimonial   160
   3.1.8. Demonstração do resultado   164
   3.1.9. Demonstração do resultado abrangente   166
   3.1.10. Demonstração das mutações do patrimônio líquido   168
   3.1.11. Demonstração dos fluxos de caixa   169
   3.1.12. Demonstração do valor adicionado   177
   3.1.13. Demonstrações contábeis intermediárias   182
   3.1.14. Demonstrações contábeis para pequenas e médias empresas   189
   3.1.15 Demonstrações contábeis das entidades cooperativas   191
3.2. Demonstrações contábeis regulatórias   193
   3.2.1. Conjunto completo de demonstrações contábeis regulatórias   194

3.2.2. Informações comparativas   194
3.2.3. Modelos de demonstrações contábeis   195
3.2.4. Relatório de Informações Trimestrais – RIT   195

Parte 4 – Notas Explicativas

4.1 Notas explicativas – Contabilidade societária   199
    4.1.1 Estrutura   199
    4.1.2 Políticas contábeis   200
    4.1.3 Outras divulgações   200
    4.1.4 Relação das principais notas explicativas   201
    4.1.5 Modelo de nota explicativa sobre "Contexto operacional"   201
    4.1.6 Modelo de nota explicativa sobre "Contratos de concessão"   202
    4.1.7 Modelo de nota explicativa sobre "Apresentação das demonstrações contábeis"   202
    4.1.8 Modelo de nota explicativa sobre "Alterações em práticas contábeis"   203
    4.1.9 Modelo de nota explicativa sobre "Sumário das principais práticas contábeis"   203
    4.1.10 Modelo de nota explicativa sobre "Caixa e equivalentes de caixa"   206
    4.1.11 Modelo de nota explicativa sobre "Títulos e valores mobiliários"   206
    4.1.12 Modelo de nota explicativa sobre "Contas a receber: consumidores, concessionárias e permissionárias"   207
    4.1.13 Modelo de nota explicativa sobre "Estoques"   207
    4.1.14 Modelo de nota explicativa sobre "Investimentos"   208
    4.1.15 Modelo de nota explicativa sobre "Imobilizado"   209
    4.1.16 Modelo de nota explicativa sobre "Intangível"   211
    4.1.17 Modelo de nota explicativa sobre "Arrendamento mercantil"   212
    4.1.18 Modelo de nota explicativa sobre "Tributos"   213
    4.1.19 Modelo de nota explicativa sobre "Empréstimos e financiamentos"   214
    4.1.20 Modelo de nota explicativa sobre "Outras contas a pagar"   215
    4.1.21 Modelo de nota explicativa sobre "Provisões e contingências"   216
    4.1.22 Modelo de nota explicativa sobre "Instrumentos financeiros"   217
    4.1.23 Modelo de nota explicativa sobre "Patrimônio líquido"   218
    4.1.24 Modelo de nota explicativa sobre "Ingressos/Receitas operacionais"   219
    4.1.25 Modelo de nota explicativa sobre "Dispêndios/Despesas e custos"   220
    4.1.26 Modelo de nota explicativa sobre "Informações por segmento e atividades de negócios"   220
    4.1.27 Modelo de nota explicativa sobre "Partes relacionadas"   222
    4.1.28 Modelo de nota explicativa sobre "Eventos subsequentes"   222
    4.1.29 Notas explicativas para pequenas e médias empresas   223
4.2 Notas explicativas – Contabilidade regulatória   224
    4.2.1 Resolução Normativa nº 396/2010, da Aneel   225

4.2.2 Relação das principais notas explicativas   226
4.2.3 Modelos de notas explicativas   227

Parte 5 – Relatório da Administração

5.1. Fundamentos conceituais   231
    5.1.1. Análise corporativa   232
    5.1.2. Análise setorial   232
    5.1.2. Análise econômico-financeira   232
5.2. CPC 26 – Apresentação das Demonstrações Contábeis e Relatório da Administração   233
5.3. Relatório da Administração das companhias abertas   233
    5.3.1. Parecer de Orientação nº 15/1987 da CVM   234
    5.3.2. Instrução nº 381/2003 da CVM   235
5.4. Modelo de Relatório da Administração   236

Parte 6 – Relatórios Socioambientais

6.1. Balanço social   251
    6.1.1. Instituto Ethos e balanço social   252
    6.1.2. Balanço social e CPC 26 – Apresentação das Demonstrações Contábeis   252
    6.1.3. Modelo de balanço social do Ibase   253
    6.1.4. MCSE e balanço social   254
6.2. Relatório de Responsabilidade Socioambiental   255
    6.2.1. Obrigatoriedade   256
    6.2.2. Estrutura   256
    6.2.3. Modelo   257

Parte 7 – Relatório Anual para Divulgação e Publicação

7.1. Fundamentos conceituais   261
7.2. Modelo de Relatório Anual para divulgação e publicação   263

Parte 8 – Estruturação de Grupos de Trabalho

8.1. Fundamentos e objetivos dos grupos de trabalho   267
8.2. Grupos de trabalho   267
    8.2.1. Perfil dos membros   268
8.3. Fontes de consulta e pesquisa   269
8.4. Reuniões   270
8.5. Atualização do *Manual de Contabilidade Societária e Regulatória*   270

Bibliografia   271

Apresentação

A contabilidade internacional

A contabilidade, entre seus principais objetivos, apresenta aos usuários internos e externos das empresas informações contábeis úteis e de qualidade que possam auxiliá-los no processo de tomada de decisões. A contabilidade pode ainda ser vista como a linguagem financeira universal no mundo dos negócios, e a harmonização de suas normas é um processo de extrema necessidade e relevância. Com isso, a divulgação de informações sobre o desempenho econômico-financeiro de uma empresa deve ter o respaldo em normas contábeis de alta qualidade que garantam a comparabilidade com outras empresas e a compreensibilidade de seus usuários.

Considerando a importância da contabilidade para a transparência e segurança das decisões econômicas, é que em 1973, por um acordo realizado entre entidades profissionais de diversos países, como Austrália, Canadá, França, Alemanha, Japão, México, Holanda, Reino Unido, Irlanda e Estados Unidos, foi criado o International Accounting Standards Committee (IASC), órgão normatizador dominante da contabilidade internacional, para desempenhar um papel de fundamental importância no processo de harmonização da contabilidade no mundo.

A partir de abril de 2001, com a nova estrutura organizacional do IASC, surge o International Accounting Standards Board (IASB) como órgão sucessor do IASC na definição e emissão de normas internacionais de contabilidade, denominadas International Financial Reporting Standards (IFRS).

A perspectiva do IASB é de que dentro de dois anos 140 países adotem as normas internacionais de contabilidade (IFRS) de maneira uniforme ao redor do mundo.

A nova contabilidade societária brasileira

Até 2007, a contabilidade societária brasileira era regida pela Lei nº 6.404/1976 que já havia revolucionado significativamente, quando da sua edição, a contabilidade aplicada às empresas no Brasil.

Em 2005, foi criado o Comitê de Pronunciamentos Contábeis (CPC), por meio da Resolução nº 1.055 do Conselho Federal de Contabilidade (CFC), para ser o único órgão responsável pela emissão dos pronunciamentos contábeis no Brasil, em virtude das necessidades de:

a. convergência internacional das normas contábeis;
b. centralização na emissão de normas contábeis;
c. representação das instituições nacionais interessadas em eventos internacionais.

Em 2007, o governo federal sancionou a Lei nº 11.638, de 28 de dezembro de 2007, complementada pela Medida Provisória (MP) nº 449, de 3 de dezembro de 2008, convertida na Lei nº 11.941, de 27 de maio de 2009, que alterou e revogou dispositivos da Lei nº 6.404/1976, dando melhores condições ao processo de convergência/harmonização da contabilidade societária brasileira com a contabilidade internacional.

De 2008 a 2011, o CPC emitiu várias normas contábeis convergentes com normas internacionais aplicáveis às transações e aos eventos das pequenas, médias e grandes entidades, sendo várias dessas normas referendadas pela Agência Nacional de Energia Elétrica (Aneel) por meio dos Despachos nºs 4.796/2008 e 4.722/2009.

Fato histórico

Em julho de 2010, a Federação das Cooperativas de Energia, Telefonia e Desenvolvimento Rural do Rio Grande do Sul (Fecoergs), de maneira pioneira, realizou em Porto Alegre um treinamento fechado com os profissionais de contabilidade das Cooperativas de Distribuição de Energia Elétrica de todo o Estado do Rio Grande do Sul sobre o novo modelo de contabilidade societária aplicado no Brasil, ministrado pelo professor Joubert da Silva Jerônimo Leite, que, por ocasião do treinamento, sugeriu a padronização das práticas contábeis em todas as cooperativas.

Logo após o treinamento, a Fecoergs, em agosto de 2010, por meio de seu superintendente José Zordan, contratou o professor Joubert da Silva Jerônimo Leite para elaborar um *Manual de Contabilidade Societária e Regulatória* que contemplasse não somente o novo modelo de contabilidade societária definido pela Lei nº 11.638/2007 e pelas normas contábeis do CPC, mas também os principais fundamentos da contabilidade regulatória estabelecidos pelo *Manual de Contabilidade do Setor Elétrico* da Aneel e que pudesse ser aplicado de maneira específica às operações das Cooperativas de Distribuição de Energia Elétrica do Estado do Rio Grande Sul.

O Manual de Contabilidade Societária e Regulatória

A elaboração do presente *Manual de Contabilidade Societária e Regulatória* (MCSR) contou com a colaboração de um grupo de trabalho formado por profissionais atuantes no setor elétrico e de grande experiência, coordenado pelo professor Joubert da Silva Jerônimo Leite, e é resultado de amplo trabalho desenvolvido junto às Cooperativas de Distribuição de Energia Elétrica do Estado do Rio Grande do Sul.

Os principais objetivos do presente Manual são:

a. uniformizar as práticas contábeis das entidades do setor elétrico, principalmente as cooperativas;
b. possibilitar a aplicação do novo modelo de contabilidade societária estabelecido pela Lei nº 11.638/2007 nas entidades do setor elétrico;
c. facilitar a aplicação do *Manual de Contabilidade do Setor Elétrico* nas cooperativas;
d. aumentar o nível de transparência corporativa e credibilidade econômico-financeira das entidades;
e. melhorar o processo de evidenciação de informações sobre o desempenho econômico-financeiro das entidades para usuários internos e externos;
f. prover usuários internos e externos das entidades com informações contábeis confiáveis e de alta qualidade que possibilitem a tomada de decisões com segurança;
g. garantir mecanismos de comparabilidade da situação econômico-financeira entre as entidades do setor elétrico;
h. socializar o conhecimento contábil nos diversos departamentos das entidades;
f. facilitar o desenvolvimento de novas tecnologias corporativas de avaliação de desempenho das entidades;
j. reduzir custos na preparação e divulgação de demonstrações contábeis das entidades do setor elétrico, entre outros.

Na primeira parte do Manual, intitulada "Estrutura da contabilidade no Brasil", são apresentadas as entidades de contabilidade, as normas contábeis, os fundamentos conceituais da contabilidade societária e da contabilidade regulatória.

Na segunda parte, com o título "Práticas contábeis", são mostrados vários critérios e práticas contábeis de mensuração, reconhecimento, avaliação e divulgação de ativos, passivos, receitas, ganhos, custos, despesas e perdas, tais como: *valor justo, valor presente, estoques, instrumentos financeiros, propriedade para investimento, imobilizado, intangível,* impairment, *entre outros.*

Na parte três, "Demonstrações contábeis", são apresentadas as demonstrações contábeis societárias das pequenas, médias e grandes entidades, bem como as demonstrações contábeis regulatórias.

Na quarta parte, "Notas explicativas", são apresentadas as notas explicativas societárias das pequenas, médias e grandes entidades, assim como as notas explicativas exigidas pela contabilidade regulatória da Aneel.

Na parte cinco, com o título "Relatório da administração", são explicados os fundamentos e o modelo de elaboração e divulgação de um relatório da administração.

Na sexta parte, "Relatórios socioambientais", são expostos os critérios e fundamentos para a elaboração e apresentação de balanço social e de relatório de responsabilidade socioambiental.

Na sétima parte, "Relatório anual para divulgação e publicação", são divulgados os fundamentos para a preparação e divulgação de um relatório anual.

Na parte oito, "Estruturação de grupos de trabalho", é apresentado um modelo de estruturação de grupos de trabalho para facilitar a aplicação consistente da contabilidade societária e da contabilidade regulatória.

Agradecimentos

Inicialmente, gostaríamos de agradecer à Fecoergs pelo grande apoio dado e por acreditar no desenvolvimento do trabalho.

Agradecemos também aos seguintes profissionais e entidades: Claudia de Maria, Marcus Vinicius Araujo França, Luis Valentim Zorzo, Paulo Farias, Ivar Pacheco de Souza, Almir Chitolina Gonçalves, Jair César Dörr, todos, membros do grupo de trabalho, pelo empenho e pela dedicação na revisão e avaliação deste *Manual de Contabilidade Societária e Regulatória Aplicável a Entidades do Setor Elétrico*; Jânio Vital Stefanello, presidente da Fecoergs e da Infracoop, pelo apoio dado e pelo prefácio do presente manual.

Profissionais de contabilidade de todas as cooperativas participantes, pelas informações prestadas e pelos relatórios contábeis que nos foram disponibilizados; Clóvis Luis Padoveze e Gideon Carvalho de Benedicto, coautores do *Manual de Contabilidade Internacional – IFRS, US GAAP e BR GAAP*, Editora Cengage, que autorizaram o professor Joubert da Silva Jerônimo Leite, também coautor do referido livro, a utilizar alguns dos fundamentos e partes do seu livro; Ana Fabiola Medeiros, pela revisão de português; cooperativas participantes: Certaja, Cermissões, Coprel, Cooperluz, Cerfox, Certel, Creluz, Ceriluz, Creral, Celetro, Certhil, Coopersul, Cervale, Coopernorte e Cosel.

Boa leitura!
Bom trabalho!

Joubert da Silva Jerônimo Leite
Diretor executivo do Grupo Nova América de Auditoria e Consultoria
Coordenador do Grupo de trabalho

José Zordan
Superintendente da Fecoergs

Porto Alegre, janeiro de 2012

Prefácio

As cooperativas de infraestrutura e o acordo internacional de contabilidade

Jânio Vital Stefanello[1]

A saga das cooperativas de eletrificação rural

O trabalho desenvolvido pelas quinze cooperativas de energia e desenvolvimento rural (antigamente, de eletrificação rural), desde 1941, leva energia elétrica para 248 mil propriedades rurais, proporcionando o benefício direto para mais de 1 milhão de gaúchos, no meio rural, e como poderemos ver ultrapassa os limites da pura e simples distribuição da energia elétrica.

As características das grandes empresas concessionárias (média de vinte consumidores por quilômetro de rede), que não têm interesse na eletrificação rural, pelos seus elevados custos e pela baixa densidade de consumidores por quilômetro de rede (média de três por quilômetro de rede), levaram o meio rural a se manter no escuro por longos anos; situação, hoje, amenizada pelo programa do governo federal para o setor.

A data de 2 de abril de 1941 marca o nascimento do Cooperativismo Brasileiro de Eletrificação Rural no interior do Estado do Rio Grande do Sul.

A data de 1941 registra a fundação da Cooperativa de Força e Luz, localizada na região do município de Erechim, no Estado do Rio Grande do Sul, hoje, desativada e em seu lugar atua a cooperativa Creral.

---

[1] Presidente da Fecoergs (Federação das Cooperativas de Energia, Telefonia e Desenvolvimento Rural do Rio Grande do Sul) e da Infracoop (Confederação Nacional das Cooperativas de Infraestrutura).

A partir de 1941, as cooperativas, em 69 anos de muitas lutas e adversidades, com recursos próprios e apoio dos seus associados, eletrificaram 650 mil propriedades rurais, nos rincões e grotões do meio rural brasileiro.

Construíram, com a poupança dos seus associados, mantêm e operam 60 mil quilômetros de redes de energia, equivalente a quase uma volta e meia no globo terrestre.

As cooperativas têm como objetivo primeiro a inclusão social do meio rural e de forma abrangente beneficiar a área rural como um todo, atendendo à pequena e à média propriedade rural, fortalecendo a agricultura familiar e permanecendo ao lado do produtor rural para auxiliar no uso racional desse importante insumo de produção, que é a energia elétrica.

Os pequenos agricultores dessa região subsistem da agricultura familiar, através da produção de aves, suínos, gado leiteiro, piscicultura, horticultura, fruticultura e com a plantação básica de feijão, milho e mandioca.

Com a chegada da energia elétrica nas moradias rurais isoladas, estas se constituíram em vilas, posteriormente em distritos, e hoje 72 são sedes municipais graças ao trabalho desenvolvido pelas cooperativas ao longo dos anos.

Benefícios proporcionados

Este trabalho tem por finalidade melhorar a qualidade de vida do homem rural, aumentar a produtividade e racionalizar as atividades agropecuárias, proporcionando inúmeros benefícios, entre eles:

- incentivo à criação e ao desenvolvimento de agroindústrias;
- incremento da produção e produtividade na avicultura, suinocultura e pecuária de leite;
- economia de divisas para o País, pela substituição de derivados de petróleo por energia elétrica;
- incremento de venda de motores, equipamentos agrícolas e eletrodomésticos;
- interiorização da força de trabalho, reduzindo o êxodo rural;
- geração de impostos;
- geração de empregos;
- construção e manutenção de redes elétricas;
- instalações elétricas domiciliares;
- assistência técnica para equipamentos elétricos;
- participação, incentivo e apoio na estruturação da infraestrutura necessária para formação de parques industriais nos municípios.

Responsabilidade social

As cooperativas, fiéis ao princípio doutrinário do cooperativismo, vêm cumprindo a sua função social, desenvolvendo uma gestão socialmente responsável. As cooperativas atuam como verdadeiras empresas cidadãs, com ações sociais, educacionais e culturais, direcionadas aos colaboradores, associados e comunidades em suas áreas de atuação. Algumas das ações são:

- incentivo à cultura e ao esporte;
- bolsas de estudos para colaboradores e filhos de associados;
- contribuições para entidades educacionais e culturais;
- assistência médica e hospitalar;
- auxílios e pecúlios pós-morte;
- campanhas de conscientização cooperativista e ecológica nas escolas e comunidades;
- cursos sobre utilização de energia elétrica, arte culinária e conservação de alimentos;
- projetos demonstrativos de irrigação na pequena propriedade rural;
- projetos de plasticultura e piscicultura;
- comunicação direta com o associado por jornal e programas de rádios;
- promoção do desenvolvimento sustentável contribuindo com a distribuição de mudas nativas aos associados, escolas e comunidades, visando ao plantio e à recuperação de áreas degradadas e de matas ciliares para a neutralização e a redução do efeito estufa.

Em síntese, o desenvolvimento, a eletrificação rural e a geração de energia elétrica, proporcionado e realizado pelas cooperativas, são efetuados de modo abrangente, com respeito ao meio ambiente e com a promoção do desenvolvimento autossustentável das comunidades rurais, visando à fixação do produtor rural no campo, com mais emprego e renda, resultando em bem-estar e melhor qualidade de vida.

O Acordo Internacional de Contabilidade e as cooperativas de infraestrutura

Feita esta necessária e breve descrição do desempenho das cooperativas de infraestrutura, desde 1941, agora, diante de o Brasil ser signatário das normas internacionais de contabilidade, o que muda, sensivelmente, as normas para práticas contábeis, o sistema cooperativista de infraestrutura do Estado do Rio Grande do Sul, por meio de sua federação Fecoergs, buscou qualificar seus técnicos, com treinamentos e encontros, quando surgiu a necessidade de aprofundamentos nos estudos dessa matéria.

O governo brasileiro editou a Lei nº 11.638/07, estendendo, principalmente, às sociedades de grande porte disposições relativas à elaboração e divulgação de demonstrações financeiras.

Assim, por orientação e debates com o instrutor e professor Joubert da Silva Jerônimo Leite, foi definida a elaboração de um "manual contábil orientativo" sobre as novas tratativas contábeis e a sua aplicação nas cooperativas de infraestrutura, empresas com características de pequeno e médio porte.

No andamento dos estudos e no aprofundamento das pesquisas, para nós, surge a resolução do Conselho Federal de Contabilidade (CFC) nº 1.055/05, que criou o Comitê de Pronunciamentos Contábeis (CPC), em 7 de outubro de 2005, no qual participam entidades renomadas em contabilidade e auditoria, entre elas, Abrasca, Apimec Nacional, Bovespa, Fipecafi e Ibracon, além de órgãos regulamentadores dos setores bancários e dos prestadores de serviços públicos.

Por sua vez, esse Comitê (CPC) tem entre suas funções as de:

- realizar a convergência internacional das normas contábeis (redução de custo de elaboração de relatórios contábeis, redução de riscos e custo nas análises e decisões, redução de custo de capital);
- centralizar na emissão de normas dessa natureza (no Brasil, diversas entidades o fazem);
- representar o processo democrático na produção dessas informações (produtores da informação contábil, auditores, usuários, intermediários, academia, governo).

O CFC como órgão normativo do setor complementarmente editou a Resolução nº 1.159 de 23/01/2009, aprovando o Comunicado Técnico CT 01, com objetivo de orientar os profissionais de contabilidade na execução dos registros e na elaboração das demonstrações contábeis a partir da adoção das novas práticas contábeis adotadas no Brasil, em atendimento à Lei nº 11.638/07, à Medida Provisória nº 449/08, aos Pronunciamentos Técnicos emitidos pelo CPC e às Normas Brasileiras de Contabilidade editadas pelo CFC, relativas a um período ou a um exercício social iniciado a partir de 1º de janeiro de 2008, o comunicado já vem sendo adotado na íntegra.

As normas internacionais de contabilidade que estão sendo adotadas no Brasil representam um complexo conjunto que serve tanto para as sociedades anônimas de capital aberto como para sociedades de grande porte, de acordo com o artigo 3º da Lei nº 11.638, de 2007, e para pequenas e médias empresas (PME), conforme aprovado pela Resolução CFC nº 1.255, de 2009.

Segundo entendimento dos órgãos de representação brasileiro de contabilidade, a adoção das normas internacionais devem ser na integralidade, não deixando margens para não adoção pelas cooperativas brasileiras; porém para o que for abusivo, restritivo ou que venha ferir leis e normas do setor, vamos defender a causa justa do trabalho realizado pelas cooperativas.

David Tweedie, presidente do Conselho Internacional de Normas de Contabilidade (International Accounting Standards Board – IASB), manifestou recentemente que "O objetivo é facilitar para os investidores comparar companhias internacionalmente e, dessa forma, reduzir o custo do capital para os empreendimentos". Ou seja, é clara a intenção de facilitar o intercâmbio entre nações, por isso entendemos ser necessária a flexibilização de sua aplicação aos setores não participantes de mercados globalizados.

Diante disso, as cooperativas de infraestrutura, as quais representamos, fazem parte desse outro patamar de mercado, pois realizam o desenvolvimento regional e a inclusão social, não alcançados pelas grandes empresas e que precisam ser recepcionados e respeitados, também, pelas novas normas contábeis.

No meio de todas essas transformações, temos nosso quadro de contadores capazes e preparados, porém acostumados a um ambiente de rotinas e regras definidas mais pelo Fisco estadual e federal, necessitando rever essa situação.

Entendemos que o processo de convergência às Normas Internacionais de Contabilidade (International Financial Reporting Standards – IFRS), para os contadores que prestam serviços às sociedades anônimas de capital aberto, regulados pela Comissão de Valores Mobiliários (CVM), esteja em vantagem, nessas adequações, pois suas empresas estão adequadas aos estudos internacionais e são, normalmente, balizados pela CVM.

Por outro lado, a Lei nº 11.638/07, no parágrafo único, do artigo 3º, define empresas de grande porte para os fins exclusivos da Lei, a sociedade ou conjunto de sociedades sob controle comum que tiver, no exercício social anterior, ativo total superior a R$ 240.000.000,00 (duzentos e quarenta milhões de reais) ou receita bruta anual superior a R$ 300.000.000,00 (trezentos milhões de reais) e devem, também, observar as regras da CVM.

Nossos contadores e as novas regras contábeis

Para os contadores que atuam nas cooperativas de infraestrutura, o trabalho e os esforços para se adequarem ao novo modelo serão maiores, isso porque a contabilidade brasileira sempre teve um enfoque voltado para o Fisco.

Além de todas as mudanças conceituais no processo de reconhecimento, mensuração e divulgação dos fenômenos patrimoniais, o contador ainda encara desafios na compreensão de conceitos na área de Tecnologia da Informação (TI), na implantação, supervisão e validação de inúmeros arquivos digitais (Sped Fiscal, Sped Contábil, Nota Fiscal Eletrônica, e-Lalur, Manad, IN 86, FCONT etc.), sem contar com os desafios de acompanhar diariamente a complexa legislação tributária reinante em nosso país.

Deverão assimilar novos conceitos e passarão por um processo de mudança cultural e ao mesmo tempo terão de disseminar e socializar a nova cultura no ambiente onde atuam.

Vemos que o grande desafio serão as mudanças dos aspectos culturais que estão implantados, quase como imutáveis. A tarefa será árdua, mas deverá, com urgência, ser enfrentada.

Agora, em especial e olhando do ponto de vista do cooperativismo brasileiro, não podemos esquecer e estar sempre alerta para o que diz a Constituição Brasileira, parágrafo segundo, do art. 174, que *a lei apoiará e estimulará o cooperativismo e outras formas de associativismo*. Assim, tudo que venha a prejudicar as cooperativas quer na operação de suas atividades ou por práticas diferenciadas, comumente em voga, na prestação de serviços a órgãos públicos, a Constituição e a Lei do Cooperativismo deverão ser invocadas.

A Política Nacional de Cooperativismo, estabelecida pela Lei nº 5.764/71, definiu e instituiu, entre outros, que o regime jurídico das sociedades cooperativas, em seus artigos, declara que as cooperativas não estão sujeitas à falência, que a responsabilidade será ilimitada, que as despesas da sociedade serão cobertas pelos associados mediante rateio na proporção direta da fruição de serviços, que se forem verificados prejuízos no decorrer do exercício, estes serão cobertos com recursos provenientes do Fundo de Reserva, e se insuficiente, este, mediante rateio, entre os associados, na razão direta dos serviços usufruídos e da neutralidade política e indiscriminação religiosa, racial e social.

Dessa forma, é fácil visualizar principalmente que nas cooperativas brasileiras os prejuízos também são inteiramente assumidos pelos associados e, havendo sobras, estas retornam aos cooperados, proporcionalmente às operações realizadas pelo associado, salvo deliberação em contrário da Assembleia Geral.

O capital social nas sociedades cooperativas é dividido em cotas-partes e é definido no Estatuto Social tanto o valor da cota quanto a quantidade de cotas mínimas que cada associado deve subscrever, bem como a forma de integralização do capital social.

Entendidos e respeitados; os dois lados em análise, o cooperativismo com suas peculiaridades e a nova legislação contábil em vigor, acreditamos que este manual possa auxiliar no discernimento das questões dúbias, assim como servir de subsídio para as entidades e autoridades regulamentadoras.

Jânio Vital Stefanello
Porto Alegre, dezembro de 2012

Comentários de profissionais

"A elaboração do presente manual é uma importante iniciativa dos contadores das cooperativas de energia elétrica do Rio Grande do Sul, com o valioso apoio da Fecoergs, que tem por objetivo discutir e definir a implementação dos novos pronunciamentos contábeis, decorrentes da Lei nº 11.638/2007, voltados para a convergência da contabilidade brasileira às práticas internacionais.

Os trabalhos desenvolvidos pelos contadores, em conjunto com os consultores contratados, resultam em um referencial técnico e teórico que será de grande valia para a fundamentação dos procedimentos adotados em cada cooperativa e para a busca da uniformização dos mesmos, no âmbito da Federação."

Marcus Vinicius Araujo França
Certaja

"A Lei nº 11.638/2007 estabeleceu que as práticas contábeis no Brasil devem estar em consonância com as normas internacionais de contabilidade. A elaboração do manual de práticas contábeis para as Cooperativas filiadas à Fecoergs tem por objetivo fornecer orientação segura e os critérios que devem ser adotados na elaboração das demonstrações financeiras, e também uma abordagem dos aspectos relacionados com a legislação do setor elétrico aplicáveis as cooperativas de energia."

Luis Valentim Zorzo
Contador da Cermissões

"A presente obra, que está sendo colocada à disposição dos profissionais das Cooperativas Permissionárias de Serviço Público de Distribuição de Energia Elétrica, é uma conquista louvável da Fecoergs, elaborada sob a coordenação do Prof. Joubert Jerônimo. Temos a certeza de que será uma fonte de consulta permanente dos profissionais da área contábil. Este trabalho possui em sua essência a padronização e adequação da escrituração contábil à Lei nº 11.638/2007, convergindo à contabilidade internacional e regulatória do setor elétrico brasileiro."

Paulo Farias
Contador da Coprel

"O desenvolvimento deste trabalho, 'Manual de Contabilidade Societária e Regulatória Aplicável a Entidades do Setor Elétrico', por iniciativa dos contadores das cooperativas do setor elétrico do Rio Grande do Sul, sob a coordenação da Fecoergs e dos Consultores contratados, coordenados pelo Prof. Joubert Jerônimo, buscou a adequação das cooperativas à Lei nº 11.638/2007 e os reflexos na forma das normas e dos pronunciamentos contábeis do CPC e CFC. Este trabalho, certamente, vai possibilitar aos profissionais de contabilidade uma fonte de pesquisa de excelente qualidade e referencial técnico, além de propiciar a padronização de conceitos, de políticas e práticas contábeis entre as cooperativas coirmãs, e como resultado a qualidade da informação e das demonstrações contábeis."

Ivar Pacheco de Souza
Contador da Cooperluz

"Este trabalho é a realização de um projeto almejado há muito tempo por técnicos das cooperativas e da Fecoergs. A padronização de uma política contábil única para o sistema que aborda temas globais, com implantação de normas internacionais que requerem uma mudança cultural e até mesmo de postura pelos profissionais das mais diversas áreas, principalmente contabilistas e administradores.

As mudanças na legislação e a introdução de normas têm sido uma constante, e com eles, os desafios e a busca pelo conhecimento devem ser contínuos, pois a responsabilidade aumenta e graças a ações desta natureza é que seremos vencedores. Fomos felizes, pois neste trabalho serão envolvidos, além dos técnicos, a diretoria e auxiliares da área contábil."

Almir Chitolina Gonçalves
Contador da Cerfox

"As cooperativas filiadas à Fecoergs ao proporem a realização deste trabalho, deram um passo significativo no intuito de atender aos novos pronunciamentos contábeis editados pelo CPC. Este manual é uma ferramenta de consulta e aprendizado importante aos profissionais de contabilidade na adequação dos processos nas suas cooperativas."

Jair César Dörr
Contador da Certel

Resumo curricular dos membros do grupo de trabalho

Joubert Jerônimo da Silva Leite

Coordenador do grupo de trabalho; doutorando em Ciências Contábeis pela American World University (AWU), Estado de Yowa, Estados Unidos; mestre em Controladoria e Contabilidade Estratégica pelo Centro Universitário Álvares Penteado (Unifecap), de São Paulo; pós-graduado em Contabilidade, Auditoria e Controladoria pela Pontifícia Universidade Católica de Campinas (PUC-Campinas); diretor executivo da "Nova América Auditoria, Consultoria e Contabilidade", de Americana-SP; diretor executivo da "Ápice Auditoria, Consultoria e Contabilidade"; de Goiânia-GO; sócio-fundador, diretor acadêmico e professor titular da Escola de Negócios da Paraíba (ENP), de João Pessoa-PB; especialista em auditoria, consultoria e perícia com trabalhos focados em Contabilidade Societária (IFRS, US GAAP e BR GAAP) Finanças e Controladoria, com mais de dezesseis anos de experiência atuando em empresas como: Petrobras (Brasil), Klabin (Brasil), Chem-Trend (Estados Unidos), Saint-Gobain (França), Serasa Experian (Irlanda), RR do Brasil (Itália), Reckitt Benckiser (Reino Unido), entre outras; Consultor Global Certificado e Instrutor do Institute for International Research do Brasil (IIR), Informa Group (grupo inglês, líder mundial em treinamentos corporativos para executivos com atuação em mais de quarenta países); professor do MBA em Contabilidade Internacional da Pontifícia Universidade Católica de Campinas (PUC-Campinas); professor do MBA em Finanças e Controladoria da Universidade Metodista de Piracicaba (Unimep); professor do MBA em Gestão Financeira e Controladoria do Centro Universitário Salesiano de São Paulo (Unisal); consultor e instrutor de cursos e treinamentos empresariais sobre Contabilidade Internacional, Controladoria e Finanças promovidos em todo o Brasil, conduzindo mais de 280 treinamentos; coautor dos livros *Manual de contabilidade internacional*: IFRS, US GAAP e BR GAAP – Teoria e prática, São Paulo: Cengage Learning, 2011; *Estratégia organizacional*, Campinas: Akademika, 2006; e de *Tópicos avançados em finanças no Brasil*, Campinas: Alínea, 2005.

Cláudia de Maria

Economista formada pela Pontifícia Universidade Católica de Campinas (PUC-Campinas). Auditora e consultora de empresas. Possui experiência de 23 anos atuando como gerente administrativo-financeira e consultora na área de negócios em empresas da Região Metropolitana de Campinas-SP.

José Zordan

Superintendente da Federação das Cooperativas de Energia, Telefonia e Desenvolvimento Rural do Rio Grande do Sul (Fecoergs); superintendente da Confederação Nacional das Cooperativas de Infraestrutura (Infracoop); engenheiro eletricista formado pela Pontifícia Universidade Católica do Rio Grande do Sul (PUC/RS); engenheiro de segurança do trabalho formado pela Pontifícia Universidade Católica do Rio Grande do Sul (PUC/RS); superintendente do sindicato das Cooperativas de Eletrificação e Desenvolvimento do Estado do Rio Grande do Sul; representante das Cooperativas de Eletrificação Rural no Comitê Estadual do Programa "Luz para Todos", do governo federal; conselheiro da Empresa de Pesquisas Energéticas (Concepe), Ministério de Minas e Energia; membro do Conselho de Consumidores da Concessionária Rio Grande Energia (RGE).

Marcus Vinicius Araujo França

Contador formado pela Pontifícia Universidade Católica do Rio Grande do Sul; pós-graduado em Contabilidade Gerencial pela Universidade Federal do Rio Grande do Sul. Atuação profissional no setor elétrico desde 1982, na Companhia Estadual de Energia Elétrica, AES Sul – Distribuidora Gaúcha de Energia e Cooperativa Regional de Energia Taquari Jacuí. Como consultor prestou serviços ao Departamento Municipal de Eletricidade – Poços de Caldas-MG e à Cooperativa de Distribuição de Energia Teutônia (Certel).

Luis Valentim Zorro

Contador formado pela Faculdade Integrada de Santo Ângelo; pós-graduado em Marketing e Finanças pela Universidade Regional Integrada do Alto Uruguai e das Missões; pós-graduado em Contabilidade pela Universidade Regional Integrada do Alto Uruguai e das Missões e em Gestão Empresarial pela Universidade Federal do Rio Grande do Sul. É contador da Cooperativa de Distribuição e Geração de Energia das Missões (Cermissões) e professor de Custos e de Contabilidade Agrícola e Cooperativa.

Paulo Farias

Contador e Economista pela Unicruz; pós-graduado em Gestão Empresarial pela Fundação Getulio Vargas (FGV). Há trinta anos atua na Coprel Cooperativa de Energia; é conselheiro de Administração do Sescoop/RS.

Ivar Pacheco de Souza

Contador formado pela Faculdade de Ciências Contábeis Machado de Assis de Santa Rosa; pós-graduado em Administração Financeira pela Faculdade de Administração de Três de Maio. Atuação profissional no ramo do cooperativismo há mais de quinze anos, com experiência nas áreas de varejo, serviços, infraestrutura, geração e distribuição de energia elétrica.

Almir Chitolina Gonçalves

Contador formado pela Universidade de Ijuí (Unijui); contador da Cooperativa de Geração e Distribuição de Energia Fontoura Xavier (Cefox); participou de vários cursos e treinamentos corporativos na área contábil.

Jair César Dörr

Contador formado pela Universidade do Vale do Taquari de Ensino Superior (Univates); pós-graduado em Administração Financeira pela Universidade do Vale do Rio dos Sinos (Unisinos); com MBA em Finanças Empresariais pela Fundação Getulio Vargas (FGV). Experiência profissional de mais de vinte anos atuando como contador de cooperativas de infraestrutura (setor elétrico) e consumo (varejo). Atuou como professor de contabilidade e finanças no Ieceg/CNEC e Iesde.

Parte 1

Estrutura da Contabilidade no Brasil

1.1 Entidades de contabilidade

São três as principais entidades que se pronunciam sobre as normas e os procedimentos de contabilidade societária no Brasil:

a. Conselho Federal de Contabilidade (CFC);
b. Instituto dos Auditores Independentes do Brasil (Ibracon) (antigo Instituto Brasileiro de Contadores);
c. Comitê de Pronunciamentos Contábeis (CPC) (atualmente a principal entidade).

De acordo com Leite (Padoveze, Benedicto e Leite, 2011), até 2007, o CFC era o principal responsável pela edição das normas contábeis e de auditoria, bem como de suas interpretações, válidas para todas as empresas do território nacional, independentemente de sua constituição jurídica e de acordo com as leis brasileiras. Contudo, dada a grande expressão econômica das companhias abertas e a necessidade de harmonização com as práticas internacionais de contabilidade, havia muitas divergências com a regulamentação da Comissão de Valores Mobiliários (CVM) e do Ibracon.

Dessa maneira, um movimento de todas as entidades interessadas culminou com a criação do CPC, órgão que congrega entidades interessadas como: Abrasca, Apimec Nacional, Bovespa, CFC, Fipecafi e Ibracon.

O Comitê de Pronunciamentos Contábeis foi criado em 7 de outubro de 2005 pela Resolução nº 1.055/05 do CFC, para ser o único órgão responsável pela emissão dos pronunciamentos contábeis no Brasil em virtude das necessidades de:

a. convergência internacional das normas contábeis;
b. centralização na emissão de normas contábeis;
c. representação das instituições nacionais interessadas em eventos internacionais.

Antes da criação do CPC, as normas, os procedimentos técnicos, as orientações e interpretações contábeis eram de responsabilidade basicamente:

a. do Conselho Federal de Contabilidade, para todas as empresas no território nacional;
b. da Comissão de Valores Mobiliários, para as companhias abertas.

Enquanto o CPC não cobrir a regulamentação de todas as normas contábeis e necessárias já existentes, emitidas pelos diversos órgãos responsáveis ou mesmo pelo Legislativo brasileiro, estas continuarão em vigor e deverão ser seguidas pelos contadores.

1.1.1 A Aneel e a contabilidade regulatória

A Agência Nacional de Energia Elétrica (Aneel), órgão regulador do setor de energia elétrica no Brasil, em sua missão institucional, vem atualizando, ao longo do tempo, os procedimentos contábeis catalogados no *Manual de Contabilidade do Setor Elétrico* (MCSE), instituído em 2001 por meio da Resolução nº 444, com base em uma reformulação no antigo Plano de Contas do setor de energia elétrica, que representa atualmente a "Contabilidade Regulatória". Esses procedimentos vêm sendo utilizados pelas concessionárias do serviço público de energia elétrica para registro de suas operações, possibilitando a Aneel o efetivo exercício das atribuições de regulação e fiscalização estabelecidas pela legislação aplicável às atividades do serviço público de energia elétrica.

1.2 Normas contábeis

A sigla BR GAAP tem sido utilizada pela comunidade contábil que atua, principalmente, junto às empresas multinacionais para configurar a estrutura conceitual contábil brasileira. As letras BR representam a palavra BRASIL e as letras GAAP, a utilização da abreviação contábil norte-americana para designar os Princípios Contábeis Geralmente Aceitos (*General Accepted Accounting Principles*).

1.2.1 Pronunciamentos contábeis do CPC

Os pronunciamentos contábeis já emitidos pelo CPC até janeiro de 2012 e que se encontram alinhados às normas internacionais de contabilidade (International Financial Reporting Standards (IFRS) e International Accounting Standards (IAS), que regulamentam assuntos específicos são os seguintes:

- Pronunciamento Técnico CPC 00 (R1) – Pronunciamento Conceitual Básico – Estrutura Conceitual para Elaboração e Divulgação de Relatório Contábil-Financeiro – Correlação com a Estrutura Conceitual Internacional (*Framework*);
- Pronunciamento Técnico CPC 01 (R1) – Redução no Valor Recuperável de Ativos (*Impairment*) – Correlação com a IAS 36;

- Pronunciamento Técnico CPC 02 (R2) – Conversão de Demonstrações Contábeis – Correlação com a IAS 21;
- Pronunciamento Técnico CPC 03 (R2) – Demonstração dos Fluxos de Caixa – Correlação com a IAS 07;
- Pronunciamento Técnico CPC 04 (R1) – Ativos Intangíveis – Correlação com a IAS 38;
- Pronunciamento Técnico CPC 05 (R1) – Divulgação sobre Partes Relacionadas – Correlação com a IAS 24;
- Pronunciamento Técnico CPC 06 (R1) – Operações de Arrendamento Mercantil – Correlação com a IAS 17;
- Pronunciamento Técnico CPC 07 (R1) – Subvenção e Assistência Governamentais – Correlação com a IAS 20;
- Pronunciamento Técnico CPC 08 (R1) – Custos de Transação e Prêmios na Emissão de Títulos e Valores Mobiliários – Correlação com a IAS 39;
- Pronunciamento Técnico CPC 09 – Demonstração do Valor Adicionado;
- Pronunciamento Técnico CPC 10 (R1) – Pagamento Baseado em Ações – Correlação com a IFRS 02;
- Pronunciamento Técnico CPC 11 – Contratos de Seguro – Correlação com a IFRS 04;
- Pronunciamento Técnico CPC 12 – Ajuste a Valor Presente;
- Pronunciamento Técnico CPC 13 – Adoção Inicial da Lei nº 11.638/07 e da Medida Provisória nº 449/08;
- Pronunciamento Técnico CPC 14 – Instrumentos Financeiros – Correlação com as IASs 32 e 39 (**revogado**);
- Pronunciamento Técnico CPC 15 (R1) – Combinação de Negócios – Correlação com a IFRS 03;
- Pronunciamento Técnico CPC 16 (R1) – Estoques – Correlação com a IAS 02;
- Pronunciamento Técnico CPC 17 – Contratos de Construção – Correlação com a IAS 11;
- Pronunciamento Técnico 18 – Investimento em Coligada e Controlada – Correlação com a IAS 28;
- Pronunciamento Técnico 19 (R1) – Investimento em Empreendimento Controlado em Conjunto (*Joint Venture*) – Correlação com a IAS 31;
- Pronunciamento Técnico CPC 20 (R1) – Custos de Empréstimos – Correlação com a IAS 23;
- Pronunciamento Técnico CPC 21 (R1) – Demonstração Intermediária – Correlação com a IAS 34;
- Pronunciamento Técnico CPC 22 – Informações por Segmento – Correlação com a IFRS 08;

- Pronunciamento Técnico CPC 23 – Políticas Contábeis, Mudanças em Estimativa e Retificação de Erro – Correlação com a IAS 08;
- Pronunciamento Técnico CPC 24 – Evento Subsequente – Correlação com a IAS 10;
- Pronunciamento Técnico CPC 25 – Provisões, Passivos Contingentes e Ativos Contingentes – Correlação com a IAS 37;
- Pronunciamento Técnico CPC 26 (R1) – Apresentação das Demonstrações Contábeis – Correlação com a IAS 01;
- Pronunciamento Técnico CPC 27 – Ativo Imobilizado – Correlação com a IAS 16;
- Pronunciamento Técnico CPC 28 – Propriedade para Investimento – Correlação com a IAS 40;
- Pronunciamento Técnico CPC 29 – Ativo Biológico e Produto Agrícola – Correlação com a IAS 41;
- Pronunciamento Técnico CPC 30 – Receitas – Correlação com a IAS 18;
- Pronunciamento Técnico CPC 31 – Ativo Não Circulante Mantido para Venda e Operação Descontinuada – Correlação com a IFRS 05;
- Pronunciamento Técnico CPC 32 – Tributo sobre Lucro – Correlação com a IAS 12;
- Pronunciamento Técnico CPC 33 – Benefícios a Empregados – Correlação com a IAS 19;
- Pronunciamento Técnico CPC 35 (R1) – Demonstrações Separadas – Correlação com a IAS 27;
- Pronunciamento Técnico CPC 36 (R1) – Demonstrações Consolidadas – Correlação com a IAS 27;
- Pronunciamento Técnico CPC 37 (R1) – Adoção Inicial das Normas Internacionais de Contabilidade – Correlação com a IFRS 01;
- Pronunciamento Técnico CPC 38 – Instrumentos Financeiros: reconhecimento e mensuração – Correlação com a IAS 39;
- Pronunciamento Técnico CPC 39 – Instrumentos Financeiros: apresentação – Correlação com a IAS 32;
- Pronunciamento Técnico CPC 40 – Instrumentos Financeiros: evidenciação – Correlação com a IFRS 07;
- Pronunciamento Técnico CPC 41 – Resultado por Ação – Correlação com a IAS 33;
- Pronunciamento Técnico CPC 43 (R1) – Adoção Inicial dos Pronunciamentos CPC 15 a 41 – Correlação com a IFRS 01.

1.2.2 Orientações técnicas do CPC

As orientações técnicas (OCPC) já emitidas (janeiro de 2012) foram as seguintes:

- OCPC 01 (R1) – Entidades de Incorporação Imobiliária;
- OCPC 02 – Esclarecimentos sobre as Demonstrações Contábeis de 2008;

- OCPC 03 – Instrumentos Financeiros: reconhecimento, mensuração e evidenciação;
- Orientação OCPC 04 – Aplicação da Interpretação Técnica ICPC 02 às Entidades de Incorporação Imobiliária Brasileiras;
- Orientação OCPC 05 – Contratos de Concessão.

1.2.3 Interpretações técnicas do CPC

As interpretações técnicas (ICPC) emitidas até janeiro de 2012 foram:

- ICPC 01 (R1) – Contratos de Concessão;
- ICPC 02 – Contrato de Construção do Setor Imobiliário;
- ICPC 03 – Aspectos Complementares das Operações de Arrendamento Mercantil;
- ICPC 04 – Alcance do Pronunciamento Técnico CPC 10 – Pagamento Baseado em Ações;
- ICPC 05 – Pronunciamento Técnico CPC 10 – Pagamento Baseado em Ações – Transações de Ações do Grupo e em Tesouraria;
- ICPC 06 – Hedge de Investimento Líquido em Operação no Exterior;
- ICPC 07 – Distribuição de Lucros *In Natura*;
- ICPC 08 – Contabilização da Proposta de Dividendos;
- ICPC 09 – Demonstrações Contábeis Individuais, Demonstrações Separadas, Demonstrações Consolidadas e Aplicação do Método de Equivalência Patrimonial;
- ICPC 10 – Interpretação sobre a Aplicação Inicial ao Ativo Imobilizado e à Propriedade para Investimento dos Pronunciamentos Técnicos CPCs 27, 28, 37 e 43;
- ICPC 11 – Recebimento em Transferência de Ativos dos Clientes;
- ICPC 12 – Mudanças em Passivos por Desativação, Restauração e Outros Passivos Similares;
- ICPC 13 – Direitos a Participações Decorrentes de Fundos de Desativação, Restauração e Reabilitação Ambiental;
- Interpretação ICPC 14 – Cotas de Cooperados em Entidades Cooperativas e Instrumentos Similares;
- ICPC 15 – Passivo Decorrente de Participação de um Mercado Específico – Resíduos de Equipamentos Eletrônicos;
- Interpretação ICPC 16 – Extinção de Passivos Financeiros com Instrumentos Patrimoniais;
- Interpretação ICPC 17 – Contratos de Concessão: Evidenciação.

1.2.4 As normas contábeis do CPC e a posição do CFC

Como forma de validar e reconhecer os pronunciamentos técnicos, orientações e interpretações técnicas do CPC, o CFC publicou a Resolução nº 1.159/2009 (alterada pela Resolução nº 1.329/2011), que trata da adoção das novas práticas contábeis brasileiras por parte das empresas, previstas na Lei nº 11.638/07 e MP 449/08 (Convertida na Lei nº 11.941/09). Tal resolução considera o seguinte:

1. As definições da Lei nº 11.638/07 e da MP nº 449/08 (convertida na Lei nº 11.941/2009) devem ser observadas por todas as empresas obrigadas a obedecer à Lei das S/As, compreendendo não somente as sociedades por ações, mas também as demais empresas, até as constituídas na forma de limitadas, independentemente da sistemática de tributação por elas adotada.
2. As empresas de grande porte, de acordo com a definição da Lei nº 11.638/07 (parágrafo único do art. 3º), devem, também, observar as regras da CVM.

Devem também ser observadas as determinações previstas nas Normas Brasileiras de Contabilidade (NBCs) emitidas pelo CFC e os Pronunciamentos Técnicos editados pelo CPC.

1.2.5 Norma contábil para pequenas e médias empresas – CPC e CFC

O CPC emitiu em dezembro de 2009 um importante pronunciamento contábil para pequenas e médias empresas, que é o Pronunciamento Técnico PME (Contabilidade para Pequenas e Médias Empresas), com base na norma internacional The International Financial Reporting Standard for Small and Medium-sized Entities (IFRS for SMEs), emitida pelo International Accounting Standards Board (IASB). Tal pronunciamento entrou em vigor em 1º de janeiro de 2010 e foi revisado em 2011 (Pronunciamento Técnico PME – R1).

O CFC já validou e reconheceu o Pronunciamento Técnico PME do CPC, por meio da Resolução CFC nº 1.255/2009 (alterada pelas Resoluções nº 1.329/2011, nº 1.324/2011, nº 1.319/2010 e nº 1.285/2010), que aprova a NBC TG 1000 – Contabilidade para Pequenas e Médias Empresas.

1.2.6 Normas contábeis do CFC para entidades cooperativas

As normas contábeis do CFC aplicáveis às Entidades Cooperativas são as seguintes:

- Resolução nº 920/01 aprova a NBC T 10.8 – Entidades Cooperativas.
- Resolução nº 1.013/05 aprova a NBC T 10.8 – IT – 01 – Entidades Cooperativas.

1.2.7 Normas da Aneel e pronunciamentos do CPC

A Aneel publicou dois despachos entre 2008 e 2009 referendando alguns pronunciamentos do CPC. São eles:

- Despacho nº 4.796/2008 aprovou os CPCs: Pronunciamento Conceitual Básico, 01, 02, 03, 04, 05, 06, 07, 08, 09, 10, 12, 13 e 14 (revogado), mas na conjuntura atual apenas os CPCs 09 e 13 estão aprovados, pois os demais foram revisados e alterados e ainda aguardam posicionamento da Aneel;
- Despacho nº 4.722/2009 aprovou os CPCs: CPC 11, CPC 12, CPC 15 a 17, CPC 20 a 28 e CPC 30 a 33, mas na conjuntura atual o CPC 26 (R1) aguarda posicionamento da Aneel.

Vale ressaltar que se encontram em andamento na Aneel os estudos e trabalhos de adequação do Manual de Contabilidade do Setor Elétrico, instituído pela Resolução nº 444/2001, às normas internacionais de contabilidade (IFRS).

Dentro do escopo de trabalho a ser desenvolvido, está a análise dos Pronunciamentos Técnicos emitidos pelo CPC, aprovados e não aprovados pela Aneel. Como resultado da análise dos impactos dos Pronunciamentos Técnicos do CPC nas práticas contábeis regulatórias, a Superintendência de Fiscalização Econômica e Financeira (SFF) definirá quais Pronunciamentos Técnicos se aplicam na elaboração e divulgação das demonstrações contábeis regulatórias.

1.3 Fundamentos conceituais da contabilidade societária

A estrutura conceitual da contabilidade brasileira para elaboração e divulgação de relatório contábil-financeiro, prevista no Pronunciamento Conceitual Básico (CPC 00 – R1) do CPC, é semelhante à estrutura conceitual da contabilidade internacional (The Conceptual Framework for Financial Reporting), do International Accounting Standards Board (IASB). Tal estrutura envolve os seguintes conceitos e fundamentos:

- objetivo da elaboração e divulgação de relatório financeiro de propósito geral;
- entidade que reporta a informação (fundamentos e conceitos ainda não definidos no Pronunciamento Conceitual Básico – R1 pelo CPC);
- características qualitativas da informação contábil-financeira útil;
- estrutura conceitual: premissa subjacente, elementos das demonstrações contábeis, reconhecimento e mensuração dos elementos das demonstrações contábeis e conceitos de capital e manutenção de capital.

1.3.1 Objetivo da elaboração e divulgação de relatório contábil-financeiro de propósito geral

O objetivo do relatório contábil-financeiro de propósito geral (*em linhas gerais são informações contábil-financeiras com propósito geral*) é fornecer informações contábil-financeiras acerca da entidade que reporta essa informação (*reporting entity*) que sejam úteis a investidores existentes e potenciais, a credores por empréstimos e a outros credores, quando da tomada decisão ligada ao fornecimento de recursos para a entidade. Essas decisões envolvem comprar, vender ou manter participações em instrumentos patrimoniais e em instrumentos de dívida, e a oferecer ou disponibilizar empréstimos ou outras formas de crédito.

Nas figuras evidenciadas a seguir, de acordo com Leite (Padoveze, Benedicto e Leite, 2011), são destacados os objetivos e pressupostos básicos das demonstrações contábeis.

Objetivos das Demonstrações Contábeis

Evidenciar informações sobre a situação econômico-financeira da empresa que sejam úteis a um grande número de usuários em suas tomadas de decisões.

Balanço Patrimonial	Demonstra a situação patrimonial da empresa.
Demonstração do Resultado do Exercício	Evidencia a situação econômica da companhia através da apuração de seu resultado (lucro ou prejuízo) em determinado exercício.
Demonstração do Resultado Abrangente	Demonstra o resultado do período, bem como possíveis resultados futuros, decorrentes de transações que ainda não se realizaram financeiramente.
Demonstração das Mutações do Patrimônio Líquido	Apresenta as variações dos elementos que compõem o patrimônio líquido de um período para o outro.
Demonstração dos Fluxos de Caixa	Apresenta a geração de caixa das atividades operacionais, de investimentos e financiamentos da entidade.
Demonstração do Valor Adicionado	Evidencia o valor agregado gerado e distribuído pela empresa. **Não prevista no âmbito internacional.**
Balanço Social	Demonstra o montante investido pela companhia em ações sociais voltadas aos seus colaboradores e à sociedade. **Não previsto no âmbito internacional.**
Notas Explicativas	Apresenta informações detalhadas sobre alguns ativos, passivos, receitas e despesas relevantes selecionados.

Figura 1.1 Objetivos e pressupostos básicos das demonstrações contábeis.

Pressupostos básicos → • Regime de competência
• Continuidade

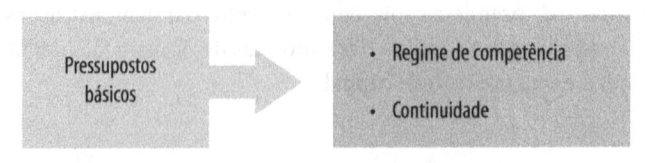

Figura 1.2 Objetivos e pressupostos básicos das demonstrações contábeis.

De acordo com o Pronunciamento Conceitual Básico (R1), relatórios contábil-financeiros de propósito geral não são elaborados para se chegar ao valor da entidade que reporta a informação, a rigor, fornecem informação para auxiliar investidores, credores por empréstimo e outros credores, existentes e potenciais, a estimar o valor da entidade que reporta a informação.

Usuários primários individuais têm diferentes, e possivelmente conflitantes, desejos e necessidades de informação. Outras partes interessadas, como órgãos reguladores e membros do público que não sejam investidores, credores por empréstimo e outros credores, podem do mesmo modo achar úteis relatórios contábil-financeiros de propósito geral. Contudo, esses relatórios não são direcionados primariamente a esses outros grupos.

1.3.2 Características qualitativas da informação contábil-financeira útil

A informação contábil-financeira para ser útil precisa ser relevante e representar com fidedignidade o que se propõe a representar. A utilidade da informação contábil-financeira é melhorada se ela for comparável, verificável, tempestiva e compreensível.

Portanto, os principais atributos da informação contábil de acordo com a estrutura conceitual são:

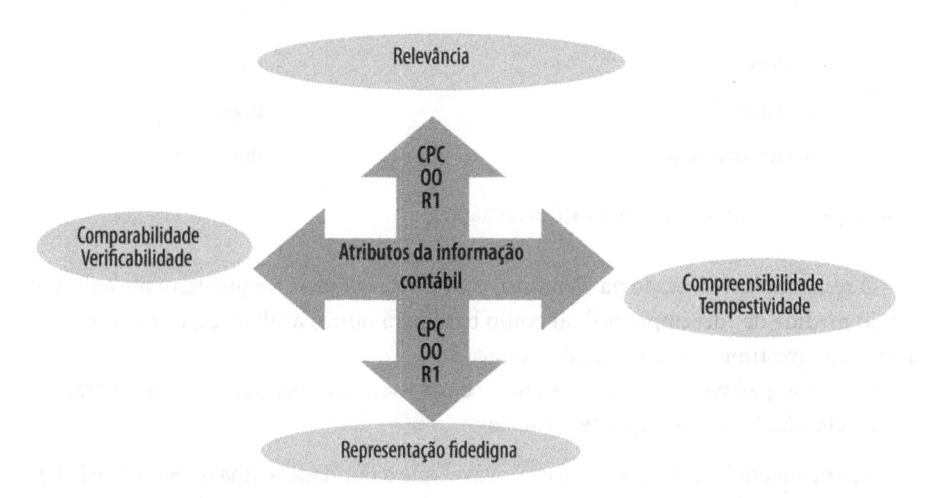

Figura 1.3 Características qualitativas de informação contábil.

Para que uma informação contábil possa ser útil e influenciar decisões econômicas, esta precisa ser relevante e representar fidedignamente a situação patrimonial e financeira da entidade. Além disso, deve ser compreensível, comparável, tempestiva e verificável. Vale ressaltar que a relevância envolve a materialidade que é um aspecto de relevância específico da entidade baseado na natureza ou na magnitude, ou em ambos, dos itens para os quais a informação está relacionada no contexto do relatório contábil-financeiro de uma entidade em particular.

Porém, o custo pode ser uma restrição na elaboração e divulgação de relatório contábil-financeiro. O processo de elaboração e divulgação de relatório contábil-financeiro impõe custos, sendo importante que ditos custos sejam justificados pelos benefícios gerados pela divulgação da informação.

Na aplicação da restrição do custo, avalia-se se os benefícios proporcionados pela elaboração e divulgação de informação em particular são provavelmente justificados pelos custos incorridos para fornecimento e uso dessa informação.

1.3.3 Reconhecimento, avaliação e mensuração dos elementos das demonstrações contábeis

Os seguintes elementos são partes integrantes das duas demonstrações contábeis principais, conforme a estrutura conceitual:

Balanço Patrimonial	Demonstração do resultado
• Ativos	• Receitas
• Passivos	• Despesas
• Patrimônio líquido	• Custos

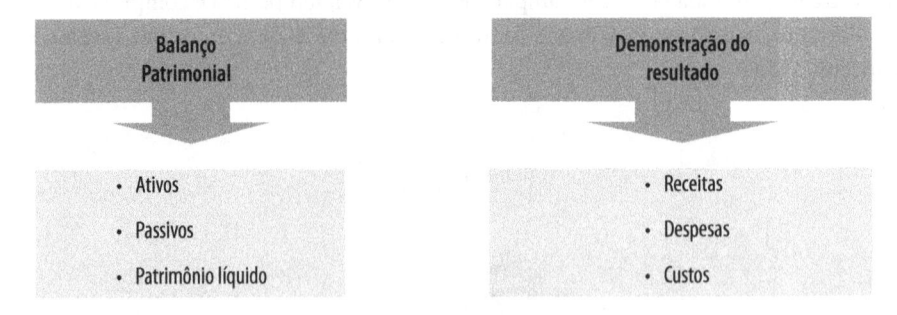

Figura 1.4 Elementos das demonstrações contábeis.

O resultado apresentado na Demonstração do Resultado é frequentemente aplicado como medida de "desempenho" ou como base para outras avaliações, tais como o retorno do investimento ou resultado por ação.

Os ativos, passivos, receitas, despesas e custos são *reconhecidos* nas demonstrações contábeis com base nos seguintes critérios:

- **Ativo:** é reconhecido quando for provável que a entidade venha a receber dele benefícios econômicos futuros e seu custo ou valor possa ser medido em bases confiáveis.
- **Passivo:** é reconhecido quando for provável que uma saída de recursos envolvendo benefícios econômicos ocorra na liquidação de uma obrigação atual, e quando o valor pelo qual a liquidação da obrigação se fará possa ser medido em bases confiáveis.

- **Receita:** é reconhecida quando resulta em um aumento de determinado ativo que possa ser medido em bases confiáveis nos benefícios econômicos futuros, ou resulta de uma diminuição de um passivo.
- **Despesa e custo:** são reconhecidos quando surgem decréscimos nos futuros benefícios econômicos referentes a ativos que possam ser medidos em bases confiáveis, ou ainda quando há aumentos de passivos.

As bases de *avaliação e mensuração* dos ativos, passivos, receitas, despesas e custos para reconhecimento nas demonstrações contábeis são:

- **Custo histórico:** os *ativos* são contabilizados pelos valores pagos em dinheiro ou equivalentes a dinheiro, ou pelo valor justo para adquiri-los. Os *passivos* são registrados pelos valores do que foi recebido em troca da obrigação (ex.: fornecedores) ou pelos valores em dinheiro ou equivalentes a dinheiro que serão necessários para satisfazer o passivo no curso normal das operações (ex.: imposto de renda).
- **Custo corrente:** os *ativos* são contabilizados pelos valores em dinheiro ou equivalentes a dinheiro que teriam de ser pagos se eles fossem adquiridos no presente. Os *passivos* são contabilizados pelos valores não descontados a dinheiro ou equivalentes a dinheiro que seriam necessários para liquidar a obrigação no presente.
- **Valor realizável:** os *ativos* são mantidos pelos valores em caixa ou equivalentes de caixa que poderiam ser obtidos pela venda em uma forma ordenada. Os *passivos* são mantidos pelos seus valores de liquidação, isto é, pelos valores em caixa e equivalentes de caixa, não descontados, que se espera seriam pagos para liquidar as correspondentes obrigações no curso normal das operações da entidade.
- **Valor presente:** os *ativos* são mantidos pelo valor presente, descontado, do fluxo futuro de entrada líquida de caixa que se espera seja gerado pelo item no curso normal das operações da entidade. Os *passivos* são mantidos pelo valor presente, descontado, do fluxo futuro de saída líquida de caixa que se espera seja necessário para liquidar o passivo no curso normal das operações da entidade.
- **Valor justo:** é o valor pelo qual um *ativo* pode ser negociado, ou um *passivo* liquidado, entre partes interessadas, conhecedoras do negócio e independentes entre si, com a ausência de fatores que pressionem para a liquidação da transação ou que caracterizem uma transação compulsória.

1.3.4 Conceitos de capital e manutenção de capital

Os seguintes conceitos de capital e manutenção de capital estão previstos na estrutura conceitual básica da contabilidade internacional:

- **Capital:** o conceito financeiro internacional de capital é adotado como sinônimo de *ativo líquido* ou *patrimônio líquido*;
- **Manutenção de capital:** o conceito de manutenção de capital está ligado ao modo como a entidade define o capital que ela procura manter no processo de gerenciamento

de suas atividades. Representa um elo entre o retorno do capital investido e a geração de lucro. Considera ainda os conceitos do *capital financeiro* e *capital físico*.

1.3.5. Princípios contábeis

O Conselho Federal de Contabilidade (CFC) emitiu a Resolução nº 1.282/2010 que atualizou e consolidou alguns dispositivos da Resolução nº 750/1993 que dispõe sobre os "Princípios Fundamentais de Contabilidade".

A seguir, são evidenciadas as principais disposições da Resolução nº 1.282/2010:

"Art. 1º Os "Princípios Fundamentais de Contabilidade (PFC)", citados na Resolução CFC nº 750/93, passam a denominar-se "Princípios de Contabilidade (PC)".
Art. 3º Os arts. 5º, 6º, 7º, 9º e o § 1º do art. 10, da Resolução CFC nº 750/93, passam a vigorar com as seguintes redações:
"Art. 5º O Princípio da Continuidade pressupõe que a Entidade continuará em operação no futuro e, portanto, a mensuração e a apresentação dos componentes do patrimônio levam em conta esta circunstância.
Art. 6º O Princípio da Oportunidade refere-se ao processo de mensuração e apresentação dos componentes patrimoniais para produzir informações íntegras e tempestivas.
Parágrafo único. A falta de integridade e tempestividade na produção e na divulgação da informação contábil pode ocasionar a perda de sua relevância, por isso é necessário ponderar a relação entre a oportunidade e a confiabilidade da informação.
Art. 7º O Princípio do Registro pelo Valor Original determina que os componentes do patrimônio devem ser inicialmente registrados pelos valores originais das transações, expressos em moeda nacional.
§ 1º As seguintes bases de mensuração devem ser utilizadas em graus distintos e combinadas, ao longo do tempo, de diferentes formas:
I – Custo histórico. Os ativos são registrados pelos valores pagos ou a serem pagos em caixa ou equivalentes de caixa ou pelo valor justo dos recursos que são entregues para adquiri-los na data da aquisição. Os passivos são registrados pelos valores dos recursos que foram recebidos em troca da obrigação ou, em algumas circunstâncias, pelos valores em caixa ou equivalentes de caixa, os quais serão necessários para liquidar o passivo no curso normal das operações; e
II – Variação do custo histórico. Uma vez integrados ao patrimônio, os componentes patrimoniais, ativos e passivos, podem sofrer variações decorrentes dos seguintes fatores:
a) Custo corrente. Os ativos são reconhecidos pelos valores em caixa ou equivalentes de caixa, os quais teriam de ser pagos se esses ativos ou ativos equivalentes fossem adquiridos na data ou no período das demonstrações contábeis. Os passivos são reconhecidos pelos valores em caixa ou equivalentes de caixa, não descontados, que seriam necessários para liquidar a obrigação na data ou no período das demonstrações contábeis;
b) Valor realizável. Os ativos são mantidos pelos valores em caixa ou equivalentes de caixa, os quais poderiam ser obtidos pela venda em uma forma ordenada. Os passivos são mantidos pelos valores em caixa e equivalentes de caixa, não descontados, que se espera seriam pagos para liquidar as correspondentes obrigações no curso normal das operações da Entidade;

c) Valor presente. Os ativos são mantidos pelo valor presente, descontado do fluxo futuro de entrada líquida de caixa que se espera seja gerado pelo item no curso normal das operações da Entidade. Os passivos são mantidos pelo valor presente, descontado do fluxo futuro de saída líquida de caixa que se espera seja necessário para liquidar o passivo no curso normal das operações da Entidade;
d) Valor justo. É o valor pelo qual um ativo pode ser trocado, ou um passivo liquidado, entre partes conhecedoras, dispostas a isso, em uma transação sem favorecimentos; e
e) Atualização monetária. Os efeitos da alteração do poder aquisitivo da moeda nacional devem ser reconhecidos nos registros contábeis mediante o ajustamento da expressão formal dos valores dos componentes patrimoniais.
§ 2º São resultantes da adoção da atualização monetária:
I – a moeda, embora aceita universalmente como medida de valor, não representa unidade constante em termos do poder aquisitivo;
II – para que a avaliação do patrimônio possa manter os valores das transações originais, é necessário atualizar sua expressão formal em moeda nacional a fim de que permaneçam substantivamente corretos os valores dos componentes patrimoniais e, por consequência, o do Patrimônio Líquido; e
III – a atualização monetária não representa nova avaliação, mas tão somente o ajustamento dos valores originais para determinada data, mediante a aplicação de indexadores ou outros elementos aptos a traduzir a variação do poder aquisitivo da moeda nacional em um dado período."
(...)
"Art. 9º O Princípio da Competência determina que os efeitos das transações e outros eventos sejam reconhecidos nos períodos a que se referem, independentemente do recebimento ou pagamento.
Parágrafo único. O Princípio da Competência pressupõe a simultaneidade da confrontação de receitas e de despesas correlatas."
Art. 10. (...)
"Parágrafo único. O Princípio da Prudência pressupõe o emprego de certo grau de precaução no exercício dos julgamentos necessários às estimativas em certas condições de incerteza, no sentido de que ativos e receitas não sejam superestimados e que passivos e despesas não sejam subestimados, atribuindo maior confiabilidade ao processo de mensuração e apresentação dos componentes patrimoniais."
Art. 4º Ficam revogados o inciso V do art. 3º, o art. 8º e os §§ 2º e 3º do art. 10, da Resolução CFC nº 750/93, publicada no DOU, Seção I, de 31/12/93; a Resolução CFC nº 774/94, publicada no DOU, Seção I, de 18/1/95, e a Resolução CFC nº 900/01, publicada no DOU, Seção I, de 3/4/01."

Ainda em 2010 o CFC emitiu a Resolução nº 1.283 que revogou as Resoluções nºs 686/90, 732/92, 737/92, 846/99, 847/99, 887/00 e 1.049/05, que tratam da NBC T 3 – Conceito, Conteúdo, Estrutura e Nomenclatura das Demonstrações Contábeis, da NBC T 4 – Da Avaliação Patrimonial e da NBC T 6 – Da Divulgação das Demonstrações Contábeis.

1.3.6. Demonstrações contábeis

O formato oficial de apresentação das demonstrações contábeis no Brasil foi estabelecido pela Lei nº 6.404/76, denominada Lei das Sociedades Anônimas, no seu Capítulo XV, artigos 175 a 188. Esta legislação estipulou as seguintes demonstrações obrigatórias para as sociedades anônimas, que, posteriormente, foram estendidas para as demais sociedades:

a. balanço patrimonial;
b. demonstração dos lucros ou prejuízos acumulados;
c. demonstração das mutações do patrimônio líquido (Instrução CVM nº 59/86);
d. demonstração do resultado do exercício;
e. demonstração das origens e aplicações de recursos;
f. notas explicativas para complementação das demonstrações contábeis.

Essa lei também apresentou os critérios básicos de avaliação, bem como estipulou que as demonstrações contábeis devem ser publicadas constando os dados do exercício atual e do exercício anterior, em colunas, de forma comparativa.

Além das demonstrações contábeis as companhias abertas devem divulgar outras informações financeiras e não financeiras a partir do Relatório Anual, em que as partes que o compõem possuem bases legais específicas, objetivando evidenciar informações gerenciais sobre o desempenho dos negócios da corporação. Sua estrutura é composta por cinco partes:

- relatório da administração;
- demonstrações contábeis;
- notas explicativas;
- relatório dos auditores independentes;
- parecer do conselho fiscal (publicação é opcional).

A Lei nº 11.638/2007

Em 2007, foi publicada a Lei nº 11.638 e, em 2009, a Lei nº 11.941 (MP nº 449/08), que alteraram significativamente diversos dispositivos contábeis da Lei nº 6.404/76, principalmente no que se refere às demonstrações e práticas contábeis.

A Lei nº 11.638, publicada em dezembro de 2007, alterou vários dispositivos contábeis da Lei nº 6.404/76 que são aplicáveis às companhias abertas e às de capital fechado de grande porte. Considera-se sociedade de grande porte, conforme a Lei nº 11.638/07, a sociedade ou conjunto de sociedades sob controle comum que tiver, no exercício social anterior, ativo total superior a R$ 240 milhões ou receita bruta anual superior a R$ 300 milhões.

Além de proporcionar maior transparência e qualidade às informações contábeis divulgadas ao Mercado de Capitais, a referida lei cria condições para harmonização da contabilidade brasileira com as melhores práticas contábeis internacionais (IFRS).

De acordo com a Lei nº 11.638/07, as demonstrações contábeis obrigatórias são:

g. balanço patrimonial;
h. demonstração do resultado;
i. demonstração das mutações do patrimônio líquido;
j. demonstração dos fluxos de caixa (exceto para companhia fechada com patrimônio líquido inferior a R$ 2 milhões);
k. demonstração do valor adicionado (se companhia aberta);
l. notas explicativas.

O CPC 26 – Apresentação das Demonstrações Contábeis

O CPC em 2009 publicou o Pronunciamento Técnico CPC 26 – Apresentação das Demonstrações Contábeis (revisado e alterado pelo CPC 26 (R1) que está em vigor), que se encontra correlacionado com a IAS 01, do IASB. Isso significa que em todos os seus aspectos relevantes as normas CPC 26 (R1) e IAS 01 são semelhantes.

O principal objetivo do CPC 26 (R1) é:

> Determinar a base de apresentação de demonstrações contábeis de uso geral a fim de assegurar a comparação tanto com as próprias demonstrações contábeis de períodos anteriores como com as demonstrações contábeis de outras entidades.

O CPC 26 (R1) deve ser aplicado na apresentação de todas as demonstrações contábeis de uso geral, preparadas e apresentadas de acordo com os Pronunciamentos do CPC. Ressalte-se que o CPC 26 (R1) não se aplica às demonstrações contábeis intermediárias condensadas.

De acordo com o CPC 26 (R1), um conjunto completo de demonstrações contábeis envolve:

- o balanço patrimonial;
- a demonstração do resultado;
- a demonstração do resultado abrangente;
- a demonstração das mutações do patrimônio líquido;
- a demonstração dos fluxos de caixa (regulamentada pelo CPC 03 (R2) – Demonstração dos fluxos de caixa);
- a demonstração do valor adicionado (exigência legal para companhias abertas – Lei nº 11.638/07 – regulamentada pelo CPC 09 – Demonstração do valor adicionado);
- as notas explicativas.

1.3.7 Princípios e conceitos gerais da contabilidade societária para PME

Descrição de pequenas e médias empresas

Pequenas e médias empresas são empresas que:

- não têm obrigação pública de prestação de contas; e
- elaboram demonstrações contábeis para fins gerais para usuários externos. *Exemplos de usuários externos: proprietários que não estão envolvidos na administração do negócio, credores existentes e potenciais, e agências de avaliação de crédito.*

Uma empresa tem obrigação pública de prestação de contas se:

- seus instrumentos de dívida ou patrimoniais forem negociados em mercado de ações ou estiverem no processo de emissão de tais instrumentos para negociação em mercado aberto (em bolsa de valores nacional ou estrangeira ou em mercado de balcão, incluindo mercados locais ou regionais); ou
- possuir ativos em condição fiduciária perante um grupo amplo de terceiros como um de seus principais negócios. Este é o caso típico de bancos, cooperativas de crédito, companhias de seguro, corretoras/distribuidoras de títulos, fundos mútuos e bancos de investimento.

As sociedades por ações, fechadas, mesmo que obrigadas à publicação de suas demonstrações contábeis, são tidas como pequenas e médias empresas, desde que não enquadradas pela Lei nº 11.638/07 como sociedades de grande porte.

As sociedades limitadas e demais sociedades comerciais, desde que não enquadradas pela Lei nº 11.638/07 como sociedades de grande porte, também são tidas como pequenas e médias empresas.

Uma controlada cuja controladora utiliza as normas do CFC de forma integral, ou que é parte de grupo econômico que os utiliza, não está proibida de usar o Pronunciamento Técnico PME (R1) na elaboração das suas próprias demonstrações contábeis se essa controlada não tiver obrigação de prestação pública de contas por si mesma.

Conceitos e princípios gerais

Os conceitos e princípios gerais da contabilidade societária previstos no Pronunciamento Conceitual Básico do CPC (CPC 00 – R1) se aplicam igualmente, de maneira adaptada e simplificada, às pequenas e médias empresas.

Mensuração no reconhecimento inicial

Ativos e passivos são mensurados ao *custo histórico* no reconhecimento inicial a não ser que o Pronunciamento Técnico PME (R1) exija a avaliação inicial pelo *valor justo*.

Mensuração subsequente

Ativos e passivos financeiros são mensurados pelo *custo amortizado deduzido de perda por redução no valor recuperável (impairment)*, com exceção de investimentos em ações preferenciais e ordinárias não resgatáveis negociadas em mercado (valor justo com ajuste no resultado).

Ativos não financeiros em sua maioria são avaliados pelo *custo histórico*, mas há exceções (ativos biológicos e propriedades para investimento, por exemplo).

Passivos não financeiros em sua maioria são mensurados pela melhor estimativa da quantia que seria necessária para liquidar a obrigação na data do balanço patrimonial.

Compensação de saldos

A empresa não deve compensar ativos e passivos ou receitas e despesas, a não ser que seja exigido ou permitido pelo Pronunciamento Técnico PME:

a. Mensurar ativos, líquidos de provisões – por exemplo, provisões por obsolescência de estoque e provisões por contas a receber de liquidação duvidosa – *não é compensação*;
b. Se as atividades normais de operação da empresa não incluírem a compra ou venda de ativos não circulantes, incluindo investimentos e ativos operacionais, então a empresa reporta os ganhos e perdas na baixa desses ativos, deduzindo o valor contábil do ativo e despesas de venda relacionadas.

1.4 Fundamentos conceituais da contabilidade regulatória

O MCSE da Aneel apresenta diversas instruções gerais e contábeis para a elaboração e divulgação de demonstrações contábeis e outros relatórios das concessionárias e permissionárias do serviço público de transmissão e de distribuição de energia elétrica. Tais instruções constam dos seguintes tópicos do MCSE:

- 6 Plano de Contas do Serviço Público de Energia Elétrica;
    6.1 *Diretrizes Gerais e Contábeis*;
    6.2 *Instruções Gerais – IG*;
    6.3 *Instruções Contábeis – IC*;
- 7 Plano de Contas;
    7.1 *Elenco de Contas*;
    7.2 *Técnicas de Funcionamento*;
- 8 Taxas de Depreciação;

- 9 Roteiro para Elaboração e Divulgação de Informações Contábeis, Econômico-Financeiras e Socioambientais;
    9.1 *Orientações Gerais*;
    9.2 *Modelos*.

1.4.1 Obrigatoriedade de adoção do MCSE

As entidades de direito público e privado, concessionárias e permissionárias do serviço público de transmissão e de distribuição de energia elétrica, devem adotar as disposições contidas no MCSE, bem como manter atualizada a escrituração contábil na sede do respectivo domicílio, por meio de registros permanentes, com obediência aos preceitos legais regulatórios e aos pressupostos básicos da contabilidade, sendo observadas as características qualitativas das demonstrações contábeis.

1.4.2 Princípios contábeis e contabilidade regulatória

Para fins de contabilidade regulatória o MCSE determina que na escrituração das operações das concessionárias e permissionárias de serviço público de energia elétrica deverão ser observados, basicamente, os princípios de contabilidade e os procedimentos contábeis específicos estabelecidos pela Aneel.

1.4.3 Características qualitativas das demonstrações contábeis

As características qualitativas das demonstrações contábeis ou atributos da informação contábil previstas na contabilidade societária (Pronunciamento Conceitual Básico do CPC, atual CPC 00 – R1) são semelhantes as constantes do MCSE (contabilidade regulatória). São elas:

- compreensibilidade;
- relevância;
- confiabilidade;
- comparabilidade.

1.4.4 Prestação anual de contas e demonstrações contábeis

De acordo com o MCSE (tópico 6.2 – Instruções Gerais), as concessionárias e permissionárias de serviço público de transmissão e distribuição de energia elétrica deverão encaminhar à Aneel a Prestação Anual de Contas (PAC).

Os relatórios contábeis constantes da PAC que devem ser auditados por auditor independente registrado na Comissão de Valores Mobiliários (CVM) são os seguintes:

- demonstrações contábeis regulatórias;
- demonstrações contábeis societárias (balanço patrimonial, demonstração do resultado, demonstração das mutações do patrimônio líquido, demonstração dos fluxos de caixa, demonstração do valor adicionado);
- notas explicativas;
- balanço social;
- composição do capital social.

Por outro lado, com o Anexo II do Despacho nº 4.991/2011 da Aneel e com a instituição das demonstrações contábeis regulatórias, a PAC apresenta um novo conjunto de informações que devem ser encaminhadas à Aneel.

A PAC referente ao ano de 2011 é composta pelas seguintes demonstrações/informações: Balanço Patrimonial Regulatório, Demonstração Regulatória do Resultado do Exercício, Notas Conciliatórias e Notas Explicativas às Demonstrações Contábeis Regulatórias, Relatório de Auditoria das Demonstrações Contábeis Regulatórias, e as Demonstrações Contábeis Societárias, contendo todas as informações previstas do MCSE

Os relatórios de auditoria constantes da PAC são:

- parecer do Auditor Independente sobre as demonstrações contábeis;
- relatório de Recomendações dos Auditores Independentes para aprimoramento dos controles internos;
- parecer dos Auditores Independentes sobre as mutações do ativo imobilizado.

Quando aplicável, as concessionárias e permissionárias deverão enviar, também, o Relatório da Administração, o Relatório do Conselho de Administração, o Parecer do Conselho Fiscal e as demonstrações contábeis de empreendimentos em condomínios e consórcios em virtude do serviço concedido.

Ressalte-se que as concessionárias de serviço público de geração, bem como as concessionárias e autorizadas de geração de energia elétrica a partir do aproveitamento de potencial hidráulico, em regime de produção independente, cujos bens são reversíveis, não estão obrigadas a elaborar e encaminhar à Aneel a Prestação Anual de Contas (PAC).

1.4.5 Apuração do resultado e regime de competência

Conforme o tópico 6.2 – Instruções Gerais do MCSE, o período contábil será o do mês-calendário e todos os lançamentos contábeis serão registrados de acordo com a legislação comercial, desde que não conflitem com as disposições do MCSE, e com base em documentos hábeis e idôneos, de acordo com o *regime de competência*.

O item 21 do tópico 6.2 – Instruções Gerais do MCSE determina o seguinte sobre a apuração do resultado:

"Os procedimentos contábeis para a apuração do resultado e para a elaboração e apresentação da demonstração do resultado do exercício, para fins societários, devem atender aos conceitos e requisitos básicos aplicáveis a empresas que exerçam suas atividades no Brasil, sendo compatíveis com aqueles estabelecidos na legislação societária atualmente em vigor. Assim sendo, a concessionária ou permissionária deve promover as necessárias adaptações e complementações nos seus processos contábeis, caso aplicável, com o objetivo de permitir que os seus registros contábeis (e, consequentemente, a demonstração do resultado) reflitam com propriedade esses conceitos. Para a elaboração e apresentação da demonstração do resultado do exercício, para fins regulatórios, devem ser considerados os registros contábeis, bem como os respectivos ajustes e demais orientações para fins da contabilidade regulatória."

1.4.6 Atividades não vinculadas à concessão

As concessionárias e as permissionárias que explorarem atividades não vinculadas à concessão do serviço público de energia elétrica, isto é, atividades que não estejam relacionadas diretamente ao objeto da concessão, deverão manter registros e controles, em separado, de todas as operações relacionadas com estas. Nesse caso, é recomendável que seja constituída outra sociedade para fins de exploração de atividades estranhas às de concessionária ou permissionária de serviço público de energia elétrica.

1.4.7 Alterações no MCSE – 2010

A Aneel emitiu a *Resolução Normativa nº 396 de 23 de fevereiro de 2010* que instituiu a Contabilidade Regulatória e aprovou várias alterações no MCSE. Algumas das principais alterações constam dos tópicos apresentados a seguir.

Contabilidade regulatória

"Art. 1º Instituir a contabilidade regulatória, passando o *Manual de Contabilidade do Setor Elétrico* (MCSE) a ter por finalidade estabelecer as práticas e orientações contábeis necessárias às concessionárias e permissionárias de serviço público de transmissão e de distribuição de energia elétrica para registro contábil de suas respectivas operações e elaboração de demonstrações contábeis, de forma a atender às necessidades regulatórias.
§ 1º Aplica-se à contabilidade regulatória todas as normas contábeis emitidas pelo Comitê de Pronunciamentos Contábeis (CPC), já aprovadas pela Aneel até a publicação desta Resolução.
§ 2º A aplicação de Pronunciamentos Técnicos ou Interpretação Técnica de Correlação às Normas Internacionais de Contabilidade, na contabilidade regulatória, depende de prévia aprovação pela diretoria da Aneel."

Obrigatoriedade de adoção do MCSE

"Art. 2º Fica mantida a obrigatoriedade da adoção da Estrutura do Plano de Contas, das Premissas, das Instruções Gerais e Instruções Contábeis, bem como das funções e técnicas de funcionamento do MCSE e do disposto nesta Resolução, para fins de atendimento das normas relacionadas à contabilidade societária, inclusive quanto às taxas de depreciação e amortização constantes do *Manual de Controle Patrimonial do Setor Elétrico*, aprovado pela Resolução Normativa Aneel nº 367/2009, exceto quanto às disposições que conflitem com as normas contábeis estabelecidas nos Pronunciamentos Contábeis aprovados pelo Conselho Federal de Contabilidade (CFC), bem como das demais normas estabelecidas pela Comissão de Valores Mobiliários (CVM)."

Demonstrações contábeis regulatórias

"Art. 7º Ficam instituídas as Demonstrações Contábeis Regulatórias (DCR), cujo modelo será estabelecido pela Aneel, bem como os livros contábeis auxiliares regulatórios, de adoção obrigatória pelas concessionárias e permissionárias de serviço público de transmissão e de distribuição de energia elétrica, sendo eles:
I. Livro Diário Auxiliar Regulatório, e
II. Livro-Razão Auxiliar Regulatório.
§ 1º Os livros auxiliares serão mantidos em arquivos eletrônicos a serem disponibilizados sempre que solicitados pelo Órgão Regulador.
§ 2º Nas Demonstrações Contábeis Regulatórias, além das notas explicativas específicas a serem estabelecidas pela Aneel, deverá ser inserida nota explicativa demonstrando a conciliação entre o resultado apresentado na Demonstração de Resultado do Exercício (DRE), para fins societários e o resultado apresentado na Demonstração Regulatória do Resultado do Exercício (DRRE), bem como a conciliação entre os saldos apresentados dos grupos e subgrupos de contas que compõem o balanço patrimonial societário e o regulatório, com as devidas explicações.
§ 3º As Demonstrações Contábeis Regulatórias (DCR), que passam a fazer parte integrante da Prestação Anual de Contas (PAC), deverão ser encaminhadas devidamente assinadas pela diretoria em exercício e pelo contador responsável pela contabilidade da concessionária e permissionária de serviço público de energia elétrica, acompanhadas do relatório de auditoria emitido por empresa de auditoria independente registrada na Comissão de Valores Mobiliários (CVM), mediante procedimento a ser definido pela Superintendência de Fiscalização Econômica e Financeira (SFF) junto ao Instituto dos Auditores Independentes do Brasil (Ibracon).
§ 4º As Demonstrações Contábeis Regulatórias (DCR) deverão ser auditadas pela mesma empresa que auditar as Demonstrações Contábeis para fins societários.
Art. 8º Na escrituração contábil regulatória deverão ser realizados os registros contábeis da reavaliação regulatória compulsória do ativo imobilizado em serviço e das obrigações vinculadas ao serviço público de energia elétrica, bem como da respectiva depreciação e amortização, bem como dos demais registros de ajustes que venham a ser necessários decorrente da não aprovação de normas contábeis que venha a ser expedida pelo CPC.

Parágrafo único. Não deverão constar da escrituração contábil regulatória e do respectivo Balancete Mensal Padronizado (BMP) as contas contábeis em registro suplementar após o quarto grau previstas no art. 2º desta Resolução.

Art. 9º As Demonstrações Contábeis Societária e Regulatória, de cada ano civil, deverão ser disponibilizadas no sítio eletrônico da concessionária e permissionária de serviço público de transmissão e de distribuição de energia elétrica, até 30 de abril do ano subsequente.

§ 1º A informação de que as demonstrações contábeis – societária e regulatória – estão disponíveis no sítio da concessionária e permissionária de serviço público de energia elétrica deverá constar da Demonstração Contábil Societária.

§ 2º As concessionárias e permissionárias de serviço público de distribuição de energia elétrica também informarão na Nota Fiscal Conta de Energia Elétrica dos seis meses subsequentes à publicação das Demonstrações Contábeis Societária a informação de que as demonstrações contábeis, societária e regulatória estão disponíveis no seu sítio."

Aplicação de novas normas contábeis aprovadas pelo CFC

"Art. 14 Quanto à aplicação das novas normas de contabilidade aprovadas pelo Conselho Federal de Contabilidade – CFC adotar-se-á para o encerramento das Demonstrações Contábeis Societárias do ano de 2010 os procedimentos já estabelecidos no Despacho nº 4.722, de 18/12/2009, emitido pela SFF, que estabeleceu as regras para o encerramento das Demonstrações Contábeis do ano de 2009, observado o disposto no art. 2º desta Resolução."

Parte 2
Práticas Contábeis

2.1 Valor justo

O termo *fair value* (valor justo) representa o montante que os investidores considerariam um "retorno justo". Esse conceito tem sido utilizado desde o fim do século passado. Posteriormente, alguns autores relatam que a utilização conceitual foi expandida, primeiro por pressão das empresas de utilidade pública que desejavam o cômputo de valores correntes, e depois, os tribunais, que decidiram exigir sua aplicação, a fim de garantir uma apresentação mais adequada dos fatos relevantes nas demonstrações contábeis. O valor justo tem sido amplamente definido e discutido nas normas do Financial Accounting Standards Board (FASB) (entidade contábil dos Estados Unidos), do Accounting Standards Board (ASB) (Comitê de Normas Contábeis, do Reino Unido), do International Accounting Standards Board (IASB) (entidade contábil internacional) e do Comitê de Pronunciamentos Contábeis (CPC), do Brasil.

Fair value significa, inicialmente, *atribuir valores de mercado a ativos ou passivos*. Isso beneficiaria tanto os investidores (que querem saber o valor corrente acurado da companhia) como os executivos (que necessitam conhecer sua condição financeira em dado momento). Primariamente, *fair value* é o valor de mercado.

Podemos, ainda, considerar *fair value* como o montante pelo qual um ativo poderia ser transacionado entre partes interessadas no assunto e dispostas a negociar uma transação sem favorecimentos.

De acordo com Leite (Padoveze, Benedicto e Leite, 2011), o *fair value* tem sido empregado em muitas situações, como na apreciação de superveniências biológicas, no processo de aquisição de ativos, no reconhecimento da obsolescência de bens permanentes, reconhecimento de instrumentos financeiros, entre outras. A razão comum para o emprego do *fair value* em todos esses procedimentos é que se reflita a posição patrimonial de um item ou do patrimônio como um todo de modo que a avaliação evidencie a essência patrimonial, e não a mera formalidade legal. De fato, as características que se buscam na avaliação a *fair value* são confiabilidade e relevância.

Percebe-se que, na maioria dos casos, o *fair value* é representado por um preço de entrada. Todavia, em outros casos, como nos instrumentos financeiros, ele é um valor de saída. Portanto, o conceito tem a característica de flexibilidade e depende do objetivo da mensuração.

Ainda de acordo com Leite (Padoveze, Benedicto e Leite, 2011), a premissa da contabilização de ativos a *fair value* é que alguém aceite essa medida de valor, uma vez que esta não é pontual. O IASB entende que o responsável por isso é o elaborador das demonstrações contábeis, ou seja, o *contador*. O custo histórico é uma medida segura; portanto, afastar-se de tal segurança implica preparo e técnica, é como "nadar em um lago que não dá pé". A pergunta que se faz é a seguinte: os contadores estão preparados para substituir, pelo menos em parte, o custo histórico? Se a resposta for afirmativa, quais serão os meios empregados?

2.1.1 Conceito internacional – IFRS

Algumas normas contábeis internacionais, como a IAS 39 – Instrumentos Financeiros definem valor justo como:

> O montante pelo qual um ativo poderia ser trocado, ou um passivo, liquidado, entre partes conhecedoras e dispostas, em uma transação sem favorecimentos.

Porém, foi emitida a IFRS 13 (mensuração de valor justo), norma internacional específica sobre a mensuração de valor justo, mas que só entrará em vigor a partir de janeiro de 2013, sendo a sua adoção antecipada encorajada.

2.1.2 Conceito norte-americano – US GAAP

O Statement of Finacial Accounting Standards (SFAS) 157, do FASB, define *fair value* da seguinte forma:

> "Preço que poderia ser recebido pela venda de um ativo ou pago pela transferência de um passivo em uma transação ordenada entre participantes do mercado, sem favorecimentos".

2.1.3 Conceito brasileiro – BR GAAP

Algumas normas brasileiras de contabilidade (por exemplo: CPC 15 – R1 – Combinação de Negócios) conceituam valor justo como segue:

> Valor justo é o valor pelo qual um ativo pode ser negociado, ou um passivo, liquidado, entre partes interessadas, conhecedoras do negócio e independentes entre si, com a ausência de fatores que pressionem para a liquidação da transação ou que caracterizem uma transação compulsória.

2.1.4 Mensuração de valor justo e BR GAAP

Os principais métodos que podem ser utilizados na determinação do valor justo, de acordo com as normas contábeis brasileiras, são:

- **Valor de mercado:** preço de mercado do ativo ou passivo;
- **Valor de mercado de similares:** preço de mercado de ativos e passivos similares;
- **Custo de reposição:** preço que seria pago para repor o ativo;
- **Fluxo de caixa descontado:** valor presente dos fluxos futuros de caixa.

Exemplo de utilização dos métodos de mensuração

O CPC 04 – R1 (Ativos Intangíveis) determina que um ativo intangível adquirido em uma combinação de negócios, que possa ser identificado individualmente e separado dos demais, seja avaliado e mensurado a valor justo.

Os *preços de mercado* (*valor de mercado*) cotados em mercado ativo oferecem uma estimativa confiável do valor justo de ativo intangível. O preço de mercado adequado costuma ser o preço corrente de oferta de compra. Se não estiver disponível, o *preço da operação similar* (*valor de mercado de similares*) mais recente pode oferecer uma base de estimativa do valor justo, desde que não tenha ocorrido nenhuma mudança econômica significativa entre a data da operação e a data em que o valor justo do ativo é estimado.

Caso não exista mercado ativo para um ativo intangível, *seu valor justo será o valor que a entidade teria pago por ele, na data de aquisição* (*custo de reposição*). Na apuração desse valor, a entidade deve considerar o resultado de operações recentes com ativos similares.

As entidades envolvidas na compra e venda de ativos intangíveis exclusivos (ou únicos) podem desenvolver técnicas para mensurar indiretamente seus valores justos. Essas técnicas podem ser utilizadas para a mensuração inicial de ativo intangível adquirido em uma combinação de negócios se seu objetivo for estimar o valor justo e se refletirem operações correntes no setor a que esses ativos pertencem. Tais técnicas incluem, conforme o caso:

a. a aplicação de múltiplos que refletem as atuais operações de mercado a indicadores que determinam a rentabilidade do ativo (tais como: receitas, participação de mercado e lucro operacional) ou o fluxo de royalties que pode ser obtido com o licenciamento do ativo intangível a terceiros em operação sem favorecimento; ou

b. a estimativa de fluxo de caixa futuro líquido descontado gerado por esse ativo (fluxo de caixa descontado).

Mensuração do valor justo a partir do fluxo de caixa descontado

O princípio do custo como base de valor é a base para o entendimento do conceito de valor para a contabilidade. O ajuste do custo de aquisição de um ativo para um valor diferente é necessário quando o valor contábil supera o valor recuperável desse ativo. Assim, o princípio contábil diz "custo ou mercado, dos dois o menor". Contudo, dada a extrema importância desse princípio e que o entendimento do *valor de mercado* propiciava algumas dúvidas, a contabilidade em âmbito internacional desenvolveu e formalizou nos últimos anos o conceito de *impairment* (deterioração ou desvalorização de ativos). Um conceito fundamental para confrontar o valor contábil de um ativo para fins de contabilizar ou não o *impairment* é o conceito de valor justo (*fair value*).

Impairment significa literalmente dano, prejuízo, deterioração, desvalorização. Em termos contábeis podemos definir *impairment* como declínio no valor de um ativo ou dano/desvalorização econômico. O CPC, em seu Pronunciamento Técnico CPC 01 (R1) – Redução ao Valor Recuperável de Ativos, aprovado em 14/09/07, elaborado a partir da IAS 36 do IASB, definiu valor recuperável como "o maior valor entre o preço líquido de venda do ativo e seu valor em uso".

Quando o valor contábil for superior ao valor recuperável do ativo, deverá ser feito o ajuste do *impairment* contabilizando a diferença (o *impairment*) entre o valor recuperável do ativo e seu valor contábil como despesa, em contrapartida ao valor contábil do ativo, como provisão retificadora. O conceito de *impairment* deverá ser aplicado a todos os ativos ou conjunto de ativos relevantes relacionados a todas as atividades da empresa, até as financeiras. Esse procedimento deverá ser feito regularmente, pelo menos no encerramento do exercício contábil.

A mensuração do valor recuperável deve ser feita por dois critérios:

a. pelo preço líquido de venda;
b. pelo seu valor em uso.

Para fins da aplicação do *impairment*, deve-se utilizar o maior valor entre os dois critérios. Os dois critérios são considerados "o valor justo" de um ativo. Podemos definir, então, valor justo como o preço negociado entre um comprador e um vendedor que agem racionalmente, defendendo seu próprio interesse (uma transação *arm´s-lenght*) ou, na ausência desse valor objetivo, o valor presente do fluxo de caixa esperado pelo ativo.

Dessa maneira, o valor justo incorpora-se ao conjunto de conceitos para ajustar o valor contábil de um ativo quando o valor de mercado é inferior a este, e liga-se ao conceito de *impairment*. O CPC indica os seguintes critérios para se apurar o valor recuperável, o valor justo:

a. preço líquido de venda do ativo a partir de um contrato de venda formalizado;
b. preço líquido de venda a partir de negociação em um mercado ativo, menos as despesas necessárias de venda;
c. preço líquido de venda baseado na melhor informação disponível para alienação do ativo;
d. fluxos de caixa futuros descontados para valor presente, derivados do uso contínuo dos ativos relacionados.

Valor Presente Líquido:

O critério de Valor Presente Líquido (VPL) é o modelo clássico para a decisão de investimentos e compreende as seguintes variáveis:

- o valor de investimento;
- o valor dos fluxos futuros de benefícios (de caixa, de lucro, de dividendos, de juros);
- a quantidade de períodos em que haverá os fluxos futuros;
- a taxa de juros desejada pelo investidor.

O fundamento do VPL é o custo do dinheiro no tempo. Determinado bem ou direito hoje tem certo valor para as pessoas diferente desse mesmo bem ou direito no futuro. Essa diferença tem como base o custo do dinheiro. Ou seja, sempre haverá uma possibilidade de emprestar o dinheiro, que será remunerado por determinada taxa de juros. Portanto, o valor de um bem ou de um direito que não acompanhe o juro mínimo existente no mercado perde valor econômico.

Além disso, quanto mais tempo for necessário para que haja retorno do investimento, mais riscos existem, e, portanto, a taxa de juros a ser incorporada ao modelo deve ser adequada para cobrir o risco decorrente da extensão do tempo.

Valor Presente Líquido significa descontar o valor dos fluxos futuros, a determinada taxa de juros, de tal forma que este, o fluxo futuro, apresente-se a valores de hoje, ou ao valor atual. O valor atual dos fluxos futuros, confrontado com o valor atual do investimento a ser feito, indica a decisão a ser tomada, ou seja:

a. se o valor atual dos fluxos futuros for *igual ou superior* ao valor atual a ser investido, o investimento *deverá ser aceito*.

b. se o valor atual dos fluxos futuros for *inferior* ao valor a ser investido, o investimento *não deverá ser aceito*.

A seguir, é apresentado um exemplo de valor presente líquido.

Tabela 2.1 Exemplo de VPL

Investimento a ser feito (Ano 0 ou T0) –	1.000.000
Rentabilidade mínima exigida (taxa de juros)	12%
Fluxo Futuro de Benefícios:	
Ano 1 (T1)	500.000
Ano 2 (T2)	500.000
Ano 3 (T3)	500.000
Total	1.500.000

	Fluxo futuro	Índice da taxa de desconto	Valor atual do fluxo futuro (Fluxo descontado)
	A	B	C (A:B)
Ano 1	500.000	1,12	446.429
Ano 2	500.000	1,2544	398.597
Ano 3	500.000	1,404928	335.890
	1.500.000		1.200.916

Critérios e elementos do fluxo de caixa e valor em uso:

Os seguintes critérios e elementos devem ser considerados na determinação do valor justo:

a. Estimativa dos fluxos de caixa, considerando as possíveis variações, com suas entradas e saídas, decorrentes do uso contínuo do ativo em suas condições atuais.
b. Utilizar uma taxa de desconto antes dos impostos, que reflita:
    b.1 o valor do dinheiro no tempo, pela taxa atual de juros livre de risco;
    b.2 riscos específicos do ativo objeto da avaliação;
    b.3 pode ser o custo do capital próprio;
    b.4 pode ser o custo médio ponderado de capital;
    b.5 pode ser utilizado o modelo de precificação de ativos (CAPM);
    b.6 pode ser taxas de mercado.
c. Adicionar o valor do ativo considerando sua vida útil remanescente, se for o caso, no momento da baixa do ativo.
d. Utilizar a quantidade de cinco anos de períodos do fluxo, no máximo.
e. Utilizar orçamentos existentes, desde que confiáveis.
f. Os fluxos projetados devem ter respaldo em fluxos reais obtidos anteriormente.
g. Utilizar taxas de crescimento para além dos cinco anos, em condições decrescentes ou mesmo estáveis.
h. As projeções de saídas devem considerar as saídas necessárias para utilização e manutenção do ativo.
i. As estimativas dos fluxos de caixa não devem ter as atividades de financiamento nem devem sofrer o ajuste pelos tributos sobre a renda.
j. O critério abrange ativos individuais ou ativos em conjunto como unidade geradora de caixa.
k. Caso haja necessidade, incorporar a probabilidade de receber o fluxo futuro.
l. Levar em conta, se for o caso, o risco-país, o risco da moeda e o risco de preços.

A Tabela 2.2 ilustra uma demonstração de resultados projetada que é o cálculo inicial necessário para se elaborar, em seguida, o fluxo de caixa.

Tabela 2.2 Fluxo de caixa descontado ou valor presente líquido de um projeto de investimento

	Período 1	Período 2	Período 3	Total
Receita de vendas				
Quantidade de produtos	50.000	50.000	50.000	150.000
Preço médio unitário	6,00	6,00	6,00	–
Receita de vendas	300.000	300.000	3.000.000	9.000.000

(continua)

(continuação)

	Período 1	Período 2	Período 3	Total
Custos e despesas				
Custo das vendas	(180.000)	(180.000)	(180.000)	(540.000)
Despesas operacionais	(76.566)	(76.566)	(76.566)	(229.697)
Depreciações	(33.333)	(33.333)	(33.333)	(100.000)
Lucro operacional	10.101	10.101	10.101	30.303
Impostos sobre o lucro (34%)	(3.434)	(3.434)	(3.434)	(10.303)
Lucro líquido	6.667	6.667	6.667	20.000

Em seguida, como mostra a Tabela 2.3, calcula-se o lucro que dará origem ao fluxo de caixa, adicionando-se o valor das depreciações ao valor do lucro líquido dos períodos.

Tabela 2.3 Fluxo de caixa descontado ou valor presente líquido de um projeto de investimento

	Período 1	Período 2	Período 3	Total
Lucro líquido	6.667	6.667	6.667	20.000
(+) Depreciações	33.333	33.333	33.333	100.000
= Caixa gerado no período	40.000	40.000	40.000	120.000

Depois, adiciona-se o valor dos investimentos que vão dar origem aos fluxos futuros de caixa para se obter o fluxo de caixa projetado, nominal, isto é, ainda sem o desconto pelo custo de capital, conforme Tabela 2.4.

Tabela 2.4 Fluxo de caixa descontado ou valor presente líquido de um projeto de investimento

	Período 0	Período 1	Período 2	Período 3	Total
Investimento (saídas)	(100.000)	0	0	0	(100.000)
Retornos (entradas) nominais	0	40.000	40.000	40.000	120.000
Fluxo de caixa nominal	(100.000)	40.000	40.000	40.000	20.000
Taxa de desconto – 8% ao ano	1,00000	1,08000	1,16640	1,25971	
Fluxo de caixa descontado	(100.000)	37.037	34.294	31.753	3.084

Com esses dados e o custo de capital (no exemplo 12% ao ano), descontam-se todos os fluxos de caixa nominais, trazendo-os a valor presente, conforme mostrado na Tabela 2.5.

É importante salientar o conceito de valor residual. Normalmente, um empreendimento, e, seguramente, qualquer empresa, tem a condição de ter uma vida indefinida. Assim, o valor residual corresponde a uma estimativa de todos os fluxos futuros de caixa além do ano 5. O método mais utilizado é o da perpetuidade, considerando o custo de capital adotado e um fluxo de caixa mínimo para toda a vida restante da empresa.

Tabela 2.5 Fluxo de caixa descontado para *fair value*

Períodos	Fluxo líquido de caixa	Taxa de desconto	Fluxo descontado
Ano 1	1.850.000	1,1200	1.651.786
Ano 2	2.120.000	1,2544	1.690.051
Ano 3	2.380.000	1,4049	1.694.037
Ano 4	2.740.000	1,5735	1.741.320
Ano 5	2.920.000	1,7623	1.656.886
TOTAL	12.010.000	–	8.434.080
Valor residual de venda a preços do Ano 5	–	–	6.903.693
Soma	12.010.000	–	15.337.773

A Tabela 2.6 mostra um fluxo de caixa descontado considerando probabilidades de ocorrência, quando é necessário incorporar a mensuração das incertezas e de mais de uma possibilidade de ocorrência de fluxo de caixa.

Tabela 2.6 Fluxo de caixa descontado para *fair value* – adicionando probabilidades

Recebimento esperado em anos	Fluxo de caixa nominal	Taxa de desconto	Fluxo descontado	Probabilidade	Valor provável
		5,00%			
Em 1 ano	1.000,00	1,0500	952,38	10%	95,24
		5,25%			
Em 2 anos	1.000,00	1,1078	902,73	60%	541,64
		5,50%			
Em 3 anos	1.000,00	1,1742	851,61	30%	255,48
Soma					892,36

Neste exemplo, o fluxo de caixa de $ 1.000,00 pode ocorrer todo no primeiro ano, pode ocorrer em dois anos ou pode ocorrer em três anos, cada um com sua probabilidade de ocorrência.

Para o primeiro ano foi considerado um custo de capital de 5% para o desconto do fluxo de caixa. A probabilidade de ocorrer $ 1.000,00 no primeiro ano é de 10%. Assim, a mensuração estatística é: $ 1.000,00 / 1,05 * 10% = $ 95,24.

A probabilidade do fluxo de caixa ocorrer em dois anos é de 60%. Para dois anos, o custo de capital foi aumentado para 5,25%, pressupondo que, já que o tempo é mais longo, os juros seriam maiores. Assim, o valor dessa faixa de probabilidade é: $ 1.000,00 / 1,0525 * 60% = $ 541,64. A mesma lógica para o terceiro ano.

Somando as três possibilidades de ocorrência, temos o fluxo de caixa descontado esperado com a incorporação de probabilidades de $ 892,36.

2.1.5 Tratamento contábil para pequenas e médias entidades

Os métodos de mensuração e a definição de valor justo são os mesmos previstos nos Pronunciamentos Técnicos do Comitê de Pronunciamentos Contábeis aplicáveis às sociedades de grande porte. Entretanto, o uso do valor justo requer a seguinte avaliação nas pequenas e médias entidades, conforme o Pronunciamento Técnico PME (R1):

Sendo o custo excessivo, e o processo de mensuração do valor justo, inseguro, a entidade deve adotar o método do custo na avaliação e mensuração dos elementos das demonstrações contábeis.

2.2 Valor presente de ativos e passivos

No Brasil, a Lei nº 11.638/07 instituiu o ajuste a valor presente de ativos e passivos, prática contábil que foi regulamentada em 2008 pelo Pronunciamento Técnico CPC 12 (Ajuste a Valor Presente).

2.2.1 Despachos Aneel nos 4.796/2008 e 4.722/2009

Em 2008, a Agência Nacional de Energia Elétrica (Aneel) emitiu o Despacho nº 4.796 referendando o CPC 12, que trata do ajuste a valor presente. O Despacho nº 4.722/2009 também referendou o CPC 12.

2.2.2 Resumo do CPC 12

Alcance

A mensuração contábil a valor presente deve ser aplicada no "reconhecimento inicial" de ativos e passivos de longo prazo e de curto prazo que sejam relevantes. Ressalte-se que os prazos de realização financeira e valores são dois fatores básicos para determinação dos ativos e passivos de curto prazo que sejam "relevantes" para fins de ajuste a valor presente.

De acordo com o CPC 12, apenas em situações excepcionais, como a que é adotada em uma renegociação de dívida em que novos termos são estabelecidos, o ajuste a valor presente deve ser aplicado como se fosse nova medição de ativos e passivos.

Vale, ainda, ressaltar que o ajuste a valor presente nem sempre equipara o ativo ou o passivo a seu valor justo. Por isso, valor presente e valor justo nem sempre são "sinônimos".

Mensuração

A seguir, apresentamos os principais critérios da mensuração a valor presente de ativos e passivos, conforme o CPC 12:

- ativos e passivos monetários com juros implícitos ou explícitos embutidos devem ser mensurados pelo seu valor presente quando do seu reconhecimento inicial;
- ativos e passivos fiscais diferidos não são ajustados a valor presente;
- empréstimos e financiamentos subsidiados pelo governo não são contemplados pelo CPC 12 e sim pelo CPC 07 (R1), que trata das subvenções governamentais;
- devem ser alocados em resultado os descontos advindos do ajuste a valor presente de ativos e passivos (juros). Por essa sistemática, vale dizer, deve ser utilizada para desconto a taxa contratual ou implícita (para o caso de fluxos de caixa não contratuais) e, uma vez aplicada, deve ser adotada consistentemente até a realização do ativo ou liquidação do passivo;
- a taxa de desconto a ser adotada para ativos e passivos contratuais deve ser a taxa do contrato, caso esta reflita a taxa de mercado. De outro modo, para os ativos e passivos não contratuais a taxa de mercado deve ser adotada. Vale salientar que as taxas de desconto devem refletir o valor do dinheiro no tempo e calculadas antes dos impostos.

Contabilização das reversões dos ajustes a valor presente

De acordo com o CPC 12, as reversões dos ajustes a valor presente dos ativos e passivos monetários qualificáveis devem ser apropriadas como receitas ou despesas financeiras, a não ser que a empresa possa devidamente fundamentar que o financiamento feito a seus clientes faça parte de suas atividades operacionais, quando então as reversões serão apropriadas como receita operacional. Este é o caso, por exemplo, quando a empresa opera em dois segmentos distintos: *(i) venda de produtos e serviços e (ii) financiamento das vendas a prazo*, e desde que sejam relevantes esse ajuste e os efeitos de sua evidenciação.

Exemplo de ajuste a valor presente

Suponha que a entidade adquiriu uma frota de veículos para a manutenção das redes de distribuição de energia elétrica por R$ 100.000,00 por meio de financiamento bancário (arrendamento mercantil) com juros prefixados de 20%, que será pago em 28 meses (Adaptado de Mendes, 2010).

Cálculo do valor presente

Valor nominal	R$ 100.000,00	R$ 83.333,33
1 + Taxa de juros	1,20	

Contabilização

Débito	=	Veículos (ativo imobilizado)	=	R$ 83.333,33
Débito	=	Juros a apropriar (Passivo não circulante)	=	R$ 16.666,67 (*)
Crédito	=	Financiamento (Passivo)	=	R$ 100.000,00

(*) Os juros a apropriar de R$ 16.666,67 (R$ 100.000,00 − R$ 83.333,33) serão contabilizados como despesa financeira, observando o regime de competência.

Balanço patrimonial na data de aquisição

Ativo não circulante	R$	Passivo não circulante	R$
Imobilizado	83.333,33	Financiamento	100.000,00
		(−) Juros a apropriar	(16.666,67)
		Valor presente	83.333,33

Divulgação

No mínimo, as seguintes informações devem ser divulgadas em notas explicativas sobre os ajustes a valor presente de ativos e passivos:

- descrição pormenorizada do item objeto da mensuração a valor presente, natureza de seus fluxos de caixa (contratuais ou não) e, se aplicável, seu valor de entrada cotado a mercado;
- premissas utilizadas pela administração, taxas de juros decompostas por prêmios incorporados e por fatores de risco (*risk-free*, risco de crédito, entre outros), montantes dos fluxos de caixa estimados ou séries de montantes dos fluxos de caixa estimados, horizonte temporal estimado ou esperado, expectativas em termos de montante e temporalidade dos fluxos (probabilidades associadas);
- modelos utilizados para cálculo de riscos e *inputs* dos modelos;
- breve descrição do método de alocação dos descontos e do procedimento adotado para acomodar mudanças de premissas da administração;
- propósito da mensuração a valor presente se para reconhecimento inicial ou nova medição e motivação da administração para levar a efeito tal procedimento;
- Outras informações consideradas relevantes.

2.2.3 Tratamento contábil para pequenas e médias entidades

Apesar de não ser tratado no Pronunciamento Técnico PME (R1) em tópico específico, a aplicação do ajuste a valor presente em ativos e passivos é semelhante ao que é previsto no CPC 12 para itens específicos, principalmente, de longo prazo.

2.3 Teste de recuperabilidade de ativos – *Impairment*

A norma contábil brasileira que regulamenta a matéria "Redução ao Valor Recuperável de Ativos – *Impairment*" é o Pronunciamento Técnico CPC 01 (R1) do CPC.

O principal objetivo do CPC 01 (R1) é definir procedimentos visando assegurar que os ativos não estejam registrados contabilmente por um valor superior àquele passível de ser recuperado por uso ou por venda. São de natureza geral e se aplicam a todos os *ativos relevantes* relacionados a atividades industriais, comerciais, agropecuárias, minerais, financeiras, de serviços e outras, tais como: *ativos imobilizados, intangíveis e financeiros*.

> Caso existam evidências claras de que ativos estão avaliados por valor não recuperável no futuro, a empresa deverá imediatamente reconhecer a desvalorização por meio da constituição de provisão para perdas ajustada no resultado.

2.3.1 Despacho Aneel nº 4.796/2008

Em 2008, a Aneel emitiu o Despacho nº 4.796 referendando o CPC 01, que trata do teste de recuperabilidade de ativos – *impairment*.

2.3.2 Fundamentos do *impairment*

Aspectos conceituais

Impairment significa literalmente dano, desvalorização ou deterioração. Em termos contábeis, podemos definir *impairment* como declínio no valor de um ativo ou dano econômico. O CPC, em seu Pronunciamento Técnico CPC 01 (R1) – Redução ao Valor Recuperável de Ativos, elaborado a partir da IAS 36 do IASB – International Accounting Standards Board, definiu valor recuperável como *o maior valor entre o preço líquido de venda do ativo e seu valor em uso*.

Quando o valor contábil for superior ao valor recuperável do ativo, deverá ser feito o ajuste do *impairment* contabilizando a diferença (o *impairment*) entre o valor recuperável do ativo e seu valor contábil como despesa, em contrapartida ao valor contábil do ativo, como provisão retificadora. O conceito de *impairment* deverá ser aplicado a todos os ativos ou conjunto de ativos relevantes relacionados a todas as atividades da empresa, até as financeiras. Esse procedimento deverá ser feito regularmente, pelo menos no encerramento do exercício contábil.

Valor justo – *Fair value*

A mensuração do valor recuperável (valor justo) deve ser feita por dois critérios:

a. pelo valor líquido de venda;
b. pelo seu valor em uso.

Exemplo de *impairment* de imobilizado

Avaliação de *Impairment* de Máquinas e Equipamentos de Grande Porte (Redes de Distribuição de Energia)

Valor contábil líquido	=	R$ 1.000.000	(já descontada a depreciação)
Valor em uso	=	R$ 950.000 =	Valor recuperável (maior valor)
Valor líquido de venda	=	R$ 900.000	
Perda por *Impairment*	=	R$ 50.000	(R$ 1.000.000 – R$ 950.000)

Contabilização

Débito = Perda por redução ao valor recuperável de ativos imobilizados (Resultado)
Crédito = Perda por redução ao valor recuperável (Redutora do ativo imobilizado)

Observação

O Princípio do Conservadorismo/Prudência foi aplicado na avaliação do ativo.

Dessa maneira, para Leite (Padoveze, Benedicto e Leite, 2011), o valor justo incorpora-se ao conjunto de conceitos para ajustar o valor contábil de um ativo quando o valor de mercado é inferior a este, e liga-se ao conceito de *impairment*. As normas internacionais e brasileiras de contabilidade indicam os seguintes métodos para apurar o valor recuperável, o valor justo:

a. valor líquido de venda do ativo a partir de um contrato de venda formalizado;
b. valor líquido de venda a partir de negociação em um mercado ativo, menos as despesas necessárias de venda;
c. valor líquido de venda baseado na melhor informação disponível para alienação do ativo;
d. valor em uso (fluxos de caixa futuros descontados para valor presente, derivados do uso contínuo dos ativos relacionados).

Caso haja qualquer indicação de que um ativo possa estar desvalorizado, o valor recuperável deve ser estimado individualmente para cada ativo. Se não for possível estimar o valor recuperável individualmente, a entidade deve determinar o valor recuperável da "unidade geradora de caixa" à qual o ativo pertence.

Unidade geradora de caixa

É importante ressaltar o conceito de conjunto de ativos, uma vez que o *impairment* não necessariamente aplica-se apenas a ativos contabilizados individualmente. Nesse sentido, até a capacidade geral da empresa de gerar fluxos de caixa futuro deve ser objeto da avaliação pelo valor recuperável.

Sendo assim, foi desenvolvido o conceito de unidade geradora de caixa. Considera-se uma unidade geradora de caixa "o menor grupo de ativos que inclui o ativo em uso e que gera entradas de caixa, que são em grande parte independentes das entradas de caixa provenientes de outros ativos ou grupo de ativos".

Portanto, pode-se considerar unidade geradora de caixa:

a. um ativo único que tem capacidade de prestação de serviços geradora de caixa;
b. o conjunto de ativos (máquinas, equipamentos, utensílios, veículos) de uma linha de produção e comercialização, como uma linha de produção de determinada bebida, um conjunto de veículos de transporte para certos tipos de fretes, entre outros;
c. um estabelecimento fabril ou comercial;
d. uma divisão ou unidade de negócios e outros.

Quando não for possível a mensuração da capacidade geradora de caixa de um único ativo, ou esta for insignificante, ou quando não houver possibilidade de identificar a capacidade de geração de caixa de um único ativo de forma independente de outros, deve-se fazer a mensuração da capacidade geradora de caixa de um único ativo em conjunto com os ativos dos quais ele depende para fazer geração de caixa.

Exemplo de determinação de unidade geradora de caixa

Uma empresa de distribuição de energia elétrica tem determinada frota de veículos para dar suporte às atividades de distribuição de energia elétrica. Essa frota de veículos pode ser vendida somente pelo valor (residual) de sucata e não gera entradas de caixa provenientes de uso contínuo que sejam em grande parte independentes das entradas de caixa provenientes de outros ativos ligados às redes de distribuição de energia elétrica.

Não é possível estimar o valor recuperável da frota de veículos porque seu valor em uso não pode ser determinado e é provavelmente diferente do valor de sucata. Portanto, a empresa estima o valor recuperável da unidade geradora de caixa à qual a frota de veículos pertence, isto é, as redes de distribuição de energia como um todo.

Teste para aplicação do *impairment*

Uma empresa deve avaliar em cada data de demonstrações contábeis anuais se há qualquer indicação de que um ativo possa ter sofrido desvalorização (estar com *impairment*). Se houver qualquer indicação, a empresa deve estimar o valor recuperável do ativo.

Independentemente de existir ou não qualquer indicação de *impairment*, uma empresa deve também testar anualmente:

- o *goodwill* (ágio por expectativa de rentabilidade futura);
- os ativos intangíveis com vida útil indefinida ou ainda não disponíveis para uso.

Alguns fatores que podem indicar a necessidade de aplicação do teste de *impairment* são:

- diminuição significativa do preço de mercado;
- mudança significativa na forma de utilizar o bem que reduza sua vida útil;
- danificação do bem;
- mudança significativa de aspectos legais ou de negócios que possam afetar seu valor ou a avaliação do regulador;
- expectativa real de que o ativo será vendido ou baixado antes do término de sua vida útil anteriormente prevista; entre outros.

As seguintes indicações também devem ser consideradas para verificar a necessidade de aplicação ou não do *impairment*:

Fontes externas de informação

- diminuição significativa do preço de mercado do ativo;
- alteração relevante com efeito adverso na empresa, relativa ao ambiente econômico, tecnológico, mercadológico ou legal;
- diminuição do valor de mercado da empresa com relação ao valor contábil dos seus ativos líquidos escriturados.

Fontes internas de informação

- mudança significativa na forma de utilizar o bem que reduza sua vida útil;
- obsolescência ou danificação do bem;
- expectativa real de que o ativo será vendido ou baixado antes do término de sua vida útil anteriormente prevista;
- indicação em relatórios internos de avaliação de desempenho que o ativo avaliado não terá o resultado esperado.

Mensuração do valor recuperável

Considera-se o valor recuperável o maior valor entre o valor líquido de venda do ativo e seu valor em uso.

Valor líquido de venda

Considera-se a maior evidência do valor líquido de venda o obtido a partir de um contrato de venda formalizado, ou seja, certo pedido de compra ou pedido de venda.

Caso não haja contrato formal o preço poderá ser obtido a partir do valor de um mercado ativo, menos as despesas necessárias de venda. Mercado ativo é um mercado no qual todas as seguintes condições existam:

a. os itens transacionados no mercado são homogêneos;
b. vendedores e compradores com disposição para negociar são encontrados a qualquer momento para efetuar a transação; e
c. os preços estão disponíveis para o público.

Em último caso, o valor líquido de venda também pode ser obtido com base na melhor informação possível que reflete quanto a empresa conseguiria obter, na data do balanço, pela venda do ativo em uma negociação normal.

Valor em uso

O valor em uso será estimado com base nos fluxos de caixa futuros decorrentes do uso do ativo ou do conjunto de ativos.

Os seguintes elementos devem ser refletidos no cálculo do valor em uso do ativo:

a. estimativa dos fluxos de caixa futuros que a entidade espera obter com esse ativo;
b. expectativas sobre possíveis variações no montante ou período desses fluxos de caixa futuros;
c. o valor do dinheiro no tempo, representado pela atual taxa de juros livre de risco;
d. o preço decorrente da incerteza inerente ao ativo; e
e. outros fatores, tais como falta de liquidez, que participantes do mercado considerariam ao determinar os fluxos de caixa futuros que a entidade espera obter com o ativo.

A estimativa do valor em uso de um ativo envolve os seguintes passos:

a. estimar futuras entradas e saídas de caixa decorrentes de uso contínuo do ativo e de sua baixa final, para um período máximo de cinco anos, a menos que se justifique, fundamentadamente, um período mais longo; e
b. aplicar taxa de desconto adequada a esses fluxos de caixa futuros, antes dos impostos, que reflita as avaliações atuais de mercado.

Para efeito de taxas de desconto, o CPC 01 (R1) considera o seguinte:

a. Seja qual for a abordagem adotada pela empresa para avaliar o valor em uso de um ativo, as taxas de juros utilizadas para descontar fluxos de caixa não devem refletir riscos pelos quais os fluxos de caixa estimados foram ajustados. Caso contrário, os efeitos de algumas premissas serão contados em duplicidade.
b. Quando uma taxa específica de um ativo não está acessível diretamente no mercado, a entidade usa substitutos para estimar a taxa de desconto. Como ponto de partida para realizar essa estimativa, e apenas para iniciar o estudo da taxa de desconto a utilizar, a entidade pode começar a análise pelas seguintes taxas:

- o custo de capital médio ponderado da entidade, apurado por meio de técnicas como o Modelo de Avaliação de Ativos Financeiros (CAPM);
- a taxa de empréstimo incremental da empresa; e
- outras taxas de empréstimo de mercado.

No entanto, essas taxas precisam ser ajustadas:

a. para refletir a forma como o mercado avaliaria os riscos específicos associados aos fluxos de caixa estimados do ativo; e
b. para excluir riscos que não são relevantes para os fluxos de caixa estimados do ativo ou para os quais os fluxos de caixa estimados tenham sido ajustados.

Devem ser levados em conta riscos como o risco-país, o risco da moeda e o risco de preços.

A taxa de desconto é independente da estrutura de capital da empresa e da forma como ela financiou a aquisição do ativo, porque os fluxos de caixa futuros, a serem gerados pelo ativo, não dependem da forma como a empresa financiou essa aquisição.

A taxa de desconto a ser utilizada é a taxa antes de impostos. Portanto, quando a base utilizada para estimar a taxa de desconto é a taxa após impostos, a base é ajustada para refletir a taxa antes de impostos.

Normalmente a empresa utiliza uma única taxa de desconto para estimar o valor de uso de um ativo. De outro modo, a empresa utiliza taxas de descontos separadas para diferentes períodos futuros em que o valor de uso é sensível à diferença de riscos para diferentes períodos ou para a estrutura de prazo das taxas de juros.

Observações para mensuração do valor em uso

1. As estimativas de fluxos de caixa futuros não devem incluir:
    a. entradas ou saídas de caixa provenientes de atividades de financiamento; ou
    b. recebimentos ou pagamentos de tributos sobre a renda.
2. A taxa de avaliação atual de mercado do ativo é o retorno que os investidores exigiriam se eles tivessem de escolher um investimento que gerasse fluxos de caixa de montantes, tempo e perfil de risco equivalentes àqueles que a entidade espera extrair do ativo. Pode ser o custo médio ponderado de capital.

Valor do impairment × *valor recuperável*

Vamos imaginar que um equipamento de produção contínua, que gera fluxo de caixa dentro de uma linha de produção de produtos e serviços claramente identificáveis, tenha o seguinte valor contábil ao final de um exercício.

Valor de aquisição, corrigido se for o caso	R$ 2.000
(–) Depreciação acumulada	(R$ 800)
Valor contábil líquido	R$ 1.200

Há evidências de que o valor contábil está superior ao valor de mercado ou valor em uso, obtendo-se as seguintes mensurações:

Valor líquido de venda	R$ 950
Valor em uso	R$ 800

Nesse caso, considera-se como valor recuperável o maior dos dois valores anteriores, ou seja, o valor de R$ 950 (valor líquido de venda). Dessa maneira, o *impairment* será de R$ 250, que deverá ser contabilizado no resultado do exercício. O ativo será assim demonstrado:

Valor contábil líquido	R$ 1.200
(−) Redução ao valor recuperável − *impairment*	(R$ 250)
Valor recuperável do ativo	R$ 950

Depreciação e amortização

Depois do reconhecimento de uma perda por *impairment*, a depreciação e amortização do ativo devem ser ajustadas nos períodos futuros, considerando sua vida útil remanescente.

Reversão da perda por desvalorização – *Impairment*

A norma contábil brasileira (CPC 01 – R1) estabelece que uma perda por *impairment* registrada de um ativo, que não seja o *goodwill* (ágio por expectativa de rentabilidade futura), reconhecida em períodos anteriores, deve ser revertida, até o limite do montante registrado, se houver uma alteração nas estimativas do valor justo do ativo.

Divulgação

No mínimo uma empresa deve divulgar em notas explicativas as seguintes informações sobre o teste de *impairment*:

- o valor da perda (reversão de perda) com desvalorizações reconhecidas no período, e eventuais reflexos em reservas de reavaliações.
- os eventos e as circunstâncias que levaram ao reconhecimento ou reversão da desvalorização;
- relação dos itens que compõem a unidade geradora de caixa e uma descrição das razões que justifiquem a maneira como foi identificada a unidade geradora de caixa; e;
- se o valor recuperável é o valor líquido de venda, divulgar a base usada para determinar esse valor e, se o valor recuperável é o valor do ativo em uso, a taxa de desconto aplicada nessa estimativa.

2.3.3 Estudo de caso – Aplicação do teste de *impairment*

O estudo de caso apresentado a seguir é focado em empresa do segmento de distribuição de energia elétrica. Para a simulação do teste de *impairment* de acordo com as normas contábeis do CPC, serão utilizadas três situações distintas.

- *Situação 1* = refere-se ao teste em que não há perda de valor por *impairment*;
- *Situação 2* = descreve o caso em que será necessário reconhecer uma perda de valor por *impairment*; e;
- *Situação 3* = descreve um caso em que há valorização dos ativos (reversão de perda registrada).

Valor recuperável

Para cálculo do *valor recuperável* dos ativos foi adotada a metodologia de *fluxo de caixa descontado*, considerando *o valor em uso*. Dadas as peculiaridades do ativo do segmento de distribuição de energia elétrica, não seria possível precisar o valor de mercado (valor líquido de venda), pois, na maioria das vezes, não há mercado ativo para esses ativos, não sendo possível também determinar o valor de mercado de bens similares, considerando que as características do projeto o tornam particular, até na composição dos ativos, não sendo possível, portanto, sua comparação.

Situação patrimonial

A situação dos ativos imobilizados no balanço patrimonial de X10 da empresa era a seguinte:

- Total dos ativos imobilizados = R$ 1.500 (em milhões de reais).

A depreciação dos ativos segue o método da capacidade de produção, ou seja, considera a *performance* das redes de distribuição de energia elétrica. As taxas de depreciação para os exercícios sociais utilizados na simulação foram estimadas em:

- X10 = 0,71%;
- X11 = 0,71%;
- X12 = 1,76%; e
- X13 = 3,16%.

Unidade geradora de caixa

Do total de R$ 1.500 de ativos imobilizados, R$ 1.000 correspondiam a ativos de distribuição de energia (máquinas, equipamentos, edificações, veículos de manutenção). Sendo assim, o valor contábil dos ativos de distribuição de energia que, ao fim de X10, estavam registrados da seguinte forma:

Valor contábil = R$ 1.000
Depreciação acumulada = R$ (170)
Valor contábil líquido = **R$ 830**

A perspectiva de obtenção de benefícios econômicos decorrentes do segmento de distribuição de energia (unidade geradora de caixa) na conjuntura atual é de vinte anos, conforme o contrato de concessão/permissão.

Procedimentos contábeis

O principal procedimento contábil para realização do teste de *impairment* foi:

- Comparar o valor contábil líquido dos ativos (valor já descontando a depreciação) com o valor recuperável estimado, considerando o fluxo de caixa descontado (valor em uso).

Aplicação do teste — Situação 1

Ao fim de X11, a empresa realizou o teste de *impairment* para saber se teria de registrar uma perda por desvalorização dos ativos vinculados à unidade geradora de caixa. Para cálculo do valor em uso, utilizou-se o fluxo de caixa futuro proporcionado pelos ativos vinculados à unidade geradora de caixa. Para o caso do valor presente do fluxo de caixa futuro, considerou-se uma taxa livre de risco de 10%. A Tabela 2.7, a seguir, mostra os fluxos de caixa futuro e descontado vinculados aos ativos.

Tabela 2.7 Fluxos de caixa futuro e descontado

Ano	Receitas	Custos e despesas	Tributos sobre receitas	Fluxo de caixa futuro	Fluxo de caixa descontado (10%)
X11	178,8	27,6	47,1	104,2	104,2
X12	208,9	24,4	60,6	123,8	112,6
X13	183,5	20,3	55	108,2	89,4
X30	81,3	9,3	54,5	17,5	1,8
Total	3.035,90	322,4	990,8	1.723	837

Nota: Por questões didáticas não apresentamos os dados dos anos de X14 a X29, entretanto, os totais estão para vinte anos.

Cálculo do valor contábil líquido

Valor contábil = R$ 830
Taxa de depreciação = 0,71%
Valor contábil líquido = **R$ 824**

Avaliação da Desvalorização dos Ativos

Valor contábil líquido	=	R$ 824
Valor recuperável	=	R$ 837
Perda por desvalorização	=	–

Como o valor contábil líquido é maior que o valor recuperável (valor em uso), não há perda por desvalorização de ativos – *impairment*.

Situação patrimonial em 31 de dezembro de X11

Valor contábil líquido	=	R$ 824
Perda por desvalorização	=	–
Valor contábil líquido	=	**R$ 824**

Aplicação do teste – Situação 2

Ao fim do exercício X12, ocorreram mudanças significativas na empresa, principalmente em relação à capacidade de distribuição de energia elétrica e das variáveis macroeconômicas das tarifas. Para efeito de projeção do fluxo de caixa, considerou-se que os cenários vislumbrados pela administração da empresa se deterioram enormemente, sendo que os principais fatores impactantes foram:

- a necessidade de melhorias no processo de distribuição (aumentando os custos);
- a deterioração no cenário das tarifas e a séria danificação nas redes elétricas de distribuição; e
- revisão da taxa de juros livre de risco (12%), dadas as condições micro e macroeconômicas.

Com isso, o fluxo de caixa que evidencia a nova expectativa de retorno dos ativos é o seguinte:

Tabela 2.8 Fluxos de caixa futuro e descontado

Ano	Receitas	Custos e despesas	Tributos sobre receitas	Fluxo de caixa futuro	Fluxo de caixa descontado (12%)
X11	0	0	0	0	0
X12	114,9	30,5	33,3	51	51
X13	100,9	25,3	30,2	45,3	40,5
X30	56,9	10,6	38,2	8,1	0,6
Total	1.799,50	351,6	581,1	801	335

Cálculo do valor contábil líquido

Valor contábil	=	R$ 824
Taxa de depreciação	=	1,76%
Valor contábil líquido	=	**R$ 810**

Avaliação da desvalorização dos ativos

> Valor contábil líquido = R$ 810
> Valor recuperável = R$ 335
> **Perda por desvalorização** = R$ 475 (R$ 810 – R$ 335)

Como o valor contábil líquido é menor do que o valor recuperável (valor em uso), há perda por desvalorização de ativos – *impairment*.

Contabilização da perda por desvalorização dos ativos

> Débito = Perda por desvalorização de ativos – *impairment* (Resultado)
> Crédito = Perda por desvalorização de ativos – *impairment* (Redutora do ativo imobilizado)
> Valor = R$ 475

Situação patrimonial em 31 de dezembro de X12

> Valor contábil líquido = R$ 810
> Perda por desvalorização = (R$ 475)
> **Valor contábil líquido** = R$ 335

Aplicação do teste – Situação 3

As situações macroeconômicas melhoraram, da mesma forma que o custo do capital da empresa reduziu, fazendo que a taxa livre de risco voltasse à condição de X11 (10%). A tendência dos preços se manteve estável. Além disso, com as melhorias empregadas pela empresa no decorrer de X13, aumentou a expectativa em relação à distribuição de energia significativamente, impactando na elevação das receitas previstas.

Os fluxos de caixa futuro e descontado ficaram assim:

Tabela 2.9 Fluxos de caixa futuro e descontado

Ano	Receitas	Custos e despesas	Tributos sobre receitas	Fluxo de caixa futuro	Fluxo de caixa descontado (10%)
X11	0	0	0	0	0
X12	0	0	0	0	0
X13	156	26,1	46,7	83,1	83,1
X30	69,1	11	46,4	11,8	1,4
Total	2.251,00	330,7	750,7	1.170	586

Cálculo do valor contábil líquido

> Valor contábil = R$ 335
> Taxa de depreciação = 3,16%
> **Valor contábil líquido** = R$ 324

Avaliação da desvalorização dos ativos

Valor contábil líquido	= R$ 324
Valor recuperável	= R$ 586
Reversão de perda por desvalorização	**= R$ 262** (R$ 586 – R$ 324)

Como o valor contábil líquido é menor que o valor recuperável (valor em uso), mas, em uma situação de reversão, a perda por desvalorização de ativos anteriormente registrada deve ser revertida até o limite do seu montante (R$ 475).

Contabilização da reversão de perda por desvalorização dos ativos

Débito = Reversão de perda por desvalorização de ativos – *impairment* (Ativo imobilizado)
Crédito = Reversão de perda por desvalorização de ativos – *impairment* (Resultado)
Valor = R$ 262

Situação patrimonial em 31 de dezembro de X13

Valor contábil líquido	= R$ 324
Reversão de perda por desvalorização	= R$ 262
Valor contábil líquido	**= R$ 586**

2.3.4 Tratamento contábil para pequenas e médias entidades

De acordo com o Pronunciamento Técnico PME (R1), se não houver indicação clara na data do balanço patrimonial de que ativos relevantes estão registrados por valores não mais recuperáveis no futuro, o valor recuperável de tais ativos não precisa ser estimado. Ressalte-se que a divulgação de informações em notas explicativas é reduzida. Demais tópicos são semelhantes aos do CPC 01 (R1).

2.4 Instrumentos financeiros

As principais normas contábeis brasileiras que tratam da regulamentação dos instrumentos financeiros são apresentadas a seguir:

- Pronunciamentos Técnicos CPCs nºs 38, 39 e 40, Orientação Técnica OCPC nº 03 e Interpretação Técnica ICPC nº 06, do CPC.

O CPC 38 estabelece princípios para reconhecer e mensurar instrumentos financeiros primários e derivativos. Tais normas contábeis devem ser aplicadas pelas empresas a todos os tipos de instrumentos financeiros, exceto:

- participações em controladas, coligadas e sociedades de controle conjunto (*joint ventures*);
- direitos e obrigações decorrentes de contratos de arrendamento mercantil (*leasing*);
- direitos e obrigações dos empregadores decorrentes de planos de benefícios a empregados;
- instrumentos financeiros emitidos pela entidade que satisfaçam à definição de título patrimonial (inclusive opções e *warrants*);
- direitos e obrigações decorrentes de: (i) contratos de seguro conforme definido no CPC 11, excetuando-se os referentes a contratos de garantia financeira segundo o item 9 ou (ii) um contrato que contenha cláusulas de participação discricionária. Para os contratos nos quais a entidade tenha definido anteriormente como contratos de seguro e os contabilizados dessa forma, a entidade possui a opção de tratá-los como instrumentos financeiros ou contratos de seguro. Uma vez feita a opção ela é irrevogável;
- contratos entre um adquirente e um vendedor em uma combinação de negócios para comprar ou vender uma entidade investida em uma data futura;
- instrumentos financeiros, contratos e obrigações decorrentes de pagamentos com base em ações;
- compromissos de empréstimos que não estejam dentro do escopo do CPC 38; entre outros.

2.4.1 Aspectos conceituais

O CPC 39 define "instrumento financeiro", "ativo financeiro" e "passivo financeiro" da seguinte forma:

Instrumento financeiro é qualquer contrato que origine um ativo financeiro para uma empresa e um passivo financeiro ou título patrimonial para outra empresa.

Ativo financeiro é qualquer ativo que seja:

- caixa;
- título patrimonial de outra empresa;
- direito contratual:
    a. de receber caixa ou outro ativo financeiro de outra empresa; ou
    b. de trocar ativos ou passivos financeiros com outra empresa sob condições potencialmente favoráveis para a empresa.

Passivo financeiro é qualquer passivo que seja obrigação contratual de:

a. entregar caixa ou outro ativo financeiro para outra empresa; ou
b. trocar ativos ou passivos financeiros com outra empresa sob condições potencialmente desfavoráveis para a empresa.

De acordo com Leite (Padoveze, Benedicto e Leite, 2011), os instrumentos financeiros podem ser utilizados para negociação (especulação, aplicação ou captação) ou proteção (*hedge*) e podem ser classificados quanto à sua natureza em:

a. **Primários:** são os instrumentos financeiros não derivativos sem cotação em mercado que dão origem a ativos e passivos. São os recebíveis, pagáveis, empréstimos e financiamentos, entre outros.
b. **Derivativos:** são os instrumentos financeiros em que sua característica principal é a alteração do seu valor em resposta às mudanças em seus indexadores, tais como: taxas de juros, taxas de câmbio, preços de mercadorias, entre outros.

2.4.2 Derivativos

Os instrumentos financeiros representam contratos que originam tanto ativos financeiros de uma empresa como passivos financeiros ou instrumentos patrimoniais de outra empresa. Os instrumentos financeiros, considerados derivativos, derivam ou dependem do valor de outro ativo e que se caracterizam, normalmente, como contratos padronizados, negociados entre as partes em mercados secundários.

Na verdade o que se entende é que qualquer ativo que possa ser valorizado ou ter sua *performance* medida pode ser objeto de um contrato. Dessa forma, os derivativos são, normalmente, representados pelos contratos negociados nos mercados a termo, de futuros, e opções e de *swaps*, que possibilitam, mediante a estruturação de uma ou mais operações, a proteção (*hedge*) contra variações de preços e taxas, a captação ou aplicação de recursos, bem como a redução de custos operacionais e diluição dos riscos inerentes às atividades operacionais.

O CPC 38 define derivativo como:

[...] um instrumento financeiro que possui todas as três características seguintes:
(a) seu valor se altera em resposta a mudanças na taxa de juros específica, no preço de instrumento financeiro, preço de *commodity*, taxa de câmbio, índice de preços ou de taxas, avaliação (*rating*) de crédito ou índice de crédito, ou outra variável, às vezes denominada "ativo subjacente", desde que, no caso de variável não financeira, a variável não seja específica a uma parte do contrato;
(b) não é necessário qualquer desembolso inicial ou o desembolso inicial é menor do que seria exigido para outros tipos de contratos onde seria esperada resposta semelhante às mudanças nos fatores de mercado; e
(c) deve ser liquidado em data futura.

Os derivativos mais comuns podem ser classificados da seguinte forma:

- **Contratos a termo (*forward*):** são contratos que visam reduzir as incertezas sobre os preços futuros das diversas mercadorias negociadas. Tais contratos também visam à proteção dos passivos de uma empresa de variações cambiais. Sendo assim, se uma empresa possui obrigações indexadas ao dólar norte-americano e assina o contrato a termo com uma instituição financeira, esta se compromete a vender os dólares norte-americanos à empresa por uma taxa que ambas julgarem adequada. Com isso, se a cotação do dólar ficar abaixo da taxa especificada no contrato, a empresa paga a diferença para a instituição financeira e, se a taxa for superior ao valor contratado, a instituição financeira é que pagará à empresa.

- **Contratos a futuro:** são compromissos assumidos de compra e venda de determinado ativo em data futura por um preço previamente estabelecido. Diferentemente dos contratos a termo, os contratos a futuro estabelecem uma padronização do preço, qualidade do produto, local e data de entrega, tamanho e volume negociados, que de tal forma aumenta a liquidez desses contratos. Essa padronização foi estabelecida para garantir a segurança do mercado contra grandes especulações por parte dos agentes do mercado.
- **Opções de compra (*call*) e opções de venda (*put*):** envolve o pagamento de um prêmio para aquisição do contrato no mercado de opções. As opções de compra e de venda são contratos que conferem ao comprador (titular) o direito de comprar ou vender o ativo objeto do contrato. Nas opções de compra o titular tem o direito de comprar e o lançador (vendedor da opção é aquele que cede o direito ao titular – recebedor do prêmio), a obrigação de vender o ativo objeto do contrato em uma data por determinado preço. Já nas opções de venda o titular tem o direito de vender em certa data um ativo e o lançador, a obrigação de comprar. O preço do contrato é o valor futuro do ativo a ser negociado.
- **Contratos de *swaps*:** a palavra *swap* significa "troca". Os contratos de *swaps* objetivam a troca de resultados financeiros decorrentes da aplicação de taxas ou índices sobre ativos ou passivos utilizados como referenciais, tais como: *taxas de câmbio, taxas de juros, e outros*. Na verdade, tal operação pode ser vista como uma estratégia financeira em que dois agentes chegam a concordar na troca de fluxos futuros de fundos de uma maneira preestabelecida. Nessa operação não há pagamento do valor principal, este serve apenas como base de cálculo dos juros, na qual a liquidação financeira será efetivada por diferença entre quem tem mais a pagar do que a receber.

2.4.3 Classificação e avaliação dos instrumentos financeiros

Os instrumentos financeiros podem ainda ser classificados em uma das quatro categorias seguintes, conforme as normas contábeis brasileiras que versam sobre o assunto:

- **Ativo ou passivo financeiro avaliado a valor justo por meio do resultado (mantidos para negociação):** são ativos e passivos financeiros adquiridos ou originados principalmente com a finalidade de venda ou de recompra em curto prazo (são avaliados pelo valor justo com efeitos no resultado, acrescido dos juros).

- **Mantidos até o vencimento:** são ativos financeiros não derivativos com pagamentos fixos ou determináveis com vencimentos definidos e para os quais a entidade tem intenção positiva e capacidade de manter até o vencimento (são avaliados pelo custo, acrescido dos juros).
- **Disponíveis para venda:** são aqueles ativos financeiros que a entidade tem a intenção de vender antes dos seus vencimentos e que não foram classificados em uma das três categorias anteriores (são avaliados pelo valor justo com efeitos no patrimônio líquido, acrescido dos juros).
- **Empréstimos e recebíveis:** são instrumentos financeiros não derivativos com pagamentos fixos ou determináveis que não são cotados em mercado ativo (são avaliados pelo custo, acrescido dos juros).

Exemplos de avaliação

Uma companhia adquiriu um título à vista por R$ 3.000,00 com rendimentos até a data do balanço patrimonial de R$ 100,00 e valor de mercado (valor justo) na mesma data de R$ 3.200,00 (Adaptado de Braga et al., 2008).

Classificando este título como mantido para negociação, temos:

Mantidos para negociação:
Pela aquisição do título (R$ 3.000)
Débito = ativos financeiros para negociação (Ativo)
Crédito = banco conta-corrente (Ativo)

Pelos rendimentos (R$ 100)
Débito = ativos financeiros para negociação (Ativo)
Crédito = receita financeira de juros (Resultado)

Pelo ajuste a valor de mercado = R$ 100 (R$ 3.200 − R$ 3.000 − R$ 100)
Débito = ativos financeiros para negociação (Ativo)
Crédito = ganhos com ativos financeiros para negociação (Resultado)

Já classificando este título como mantido até o vencimento a avaliação seria da seguinte forma:

Mantidos até o vencimento:
Pela aquisição do título (R$ 3.000)
Débito = ativos financeiros mantidos até o vencimento (Ativo)
Crédito = banco conta-corrente (Ativo)

Pelos rendimentos (R$ 100)
Débito = ativos financeiros mantidos até o vencimento (Ativo)
Crédito = receita financeira de juros (Resultado)

Por sua vez, classificando tal título como disponível para venda, temos o seguinte:

Disponíveis para venda:
Pela aquisição do título (R$ 3.000)
Débito = ativos financeiros disponíveis para venda (Ativo)
Crédito = banco conta-corrente (Ativo)

Pelos rendimentos (R$ 100)
Débito = ativos financeiros disponíveis para venda (Ativo)
Crédito = receita financeira de juros (Resultado)

Pelo ajuste a valor de mercado = R$ 100 (R$ 3.200 – R$ 3.000 – R$ 100)
Débito = ativos financeiros disponíveis para venda (Ativo)
Crédito = ajustes de avaliação patrimonial (Outros resultados abrangentes – Patrimônio líquido)

Pelos impostos diferidos sobre ajuste a valor de mercado (Ganhos não realizados) R$ 34 (R$ 100 × 34%)
Débito = ajustes de avaliação patrimonial (Outros resultados abrangentes – Patrimônio líquido)
Crédito = impostos diferidos (Passivo)

2.4.4 Reconhecimento e mensuração dos instrumentos financeiros

Os dois principais métodos de mensuração dos instrumentos financeiros são:

- *Custo amortizado* de ativo ou de passivo financeiro é o montante pelo qual o ativo ou o passivo financeiro é mensurado em seu reconhecimento inicial, menos as amortizações de principal, mais ou menos juros acumulados calculados com base no método da taxa de juros efetiva menos qualquer redução (direta ou por meio de conta de provisão) por ajuste ao valor recuperável ou impossibilidade de recebimento.
- *Valor justo* é o montante pelo qual um ativo poderia ser trocado, ou um passivo, liquidado, entre partes independentes com conhecimento do negócio e interesse em realizá-lo em uma transação em que não há favorecidos.

O CPC 38 apresenta as seguintes premissas para reconhecimento e mensuração dos instrumentos financeiros:

- os ativos e passivos financeiros devem ser reconhecidos, inicialmente, no balanço patrimonial por seus valores justos;
- os custos da transação são incluídos na mensuração inicial de todos os ativos e passivos financeiros;
- os derivativos são reconhecidos nas demonstrações contábeis;

- derivativos e ativos financeiros disponíveis para venda e mantidos para negociação são mensurados pelo valor justo;
- a valorização dos instrumentos de *hedge* é a base para o *hedge accounting* (Contabilidade das operações de *hedge*).

Marcação a mercado

A melhor evidência de valor justo é a existência de preços cotados em mercado ativo. Se o mercado para um instrumento financeiro não for ativo, a entidade estabelece o valor justo por meio da utilização de metodologia de apreçamento. O objetivo da utilização de metodologia de apreçamento é estabelecer qual seria, na data de mensuração, em condições normais de mercado, o preço da transação, entre partes independentes, sem favorecimento (fluxo de caixa descontado).

Resumo da mensuração

O processo de reconhecimento e mensuração dos instrumentos financeiros nas demonstrações contábeis pode ser assim resumido:

Quadro 2.1 Resumo da mensuração de instrumentos financeiros

RESUMO DA MENSURAÇÃO		
Instrumento financeiro	Descrição	Mensuração
Mantido para negociação	Ativos ou passivos financeiros adquiridos principalmente para propósito de gerar lucro em virtude de flutuações de curto prazo.	valor justo
Mantido até o vencimento	Ativos financeiros com prazo fixo ou determinado para realização, que a empresa tem a firme intenção e capacidade de manter até a realização.	custo amortizado
Disponível para venda	Ativos financeiros que não se encaixam nas outras definições (disponíveis para venda).	valor justo
Empréstimos e recebíveis	Ativos financeiros originados pela empresa para produzir caixa, produtos ou serviços dirigidos a um devedor, para os quais não existe a intenção clara de venda no curto prazo.	custo amortizado

2.4.5 Divulgação

De acordo com o CPC 40, a companhia deve divulgar informações qualitativas e quantitativas relativas aos instrumentos financeiros, considerando, no mínimo, os seguintes pontos:

- política de utilização;

- objetivos e estratégias de gerenciamento de riscos, particularmente a política de proteção patrimonial (*hedge*);
- riscos associados a cada estratégia de atuação no mercado, adequação dos controles internos e parâmetros utilizados para o gerenciamento desses riscos e os resultados obtidos em relação aos objetivos propostos;
- o valor justo de todos os derivativos contratados, os critérios de avaliação e mensuração, métodos e premissas significativas aplicadas na apuração do valor justo;
- valores registrados em contas de ativo e passivo segregados, por categoria, risco e estratégia de atuação no mercado, aqueles com o objetivo de proteção patrimonial (*hedge*) e aqueles com o propósito de negociação;
- valores agrupados por ativo, indexador de referência, contraparte, local de negociação (bolsa ou balcão) ou de registro e faixas de vencimento, destacados os valores de referência, de custo, justo e risco da carteira;
- ganhos e perdas no período, agrupados pelas principais categorias de riscos assumidos, segregados aqueles registrados no resultado e no patrimônio líquido;
- valores e efeito no resultado do período de operações que deixaram de ser qualificadas para a contabilidade de operações de proteção patrimonial (*hedge*), bem como aqueles montantes transferidos do patrimônio líquido em decorrência do reconhecimento contábil das perdas e dos ganhos no item objeto de *hedge*;
- principais transações e compromissos futuros, objeto de proteção patrimonial (*hedge*) de fluxo de caixa, destacados os prazos para o impacto financeiro previsto;
- valor e tipo de margens dadas em garantia;
- razões pormenorizadas de eventuais mudanças na classificação dos instrumentos financeiros.

2.4.6 Tratamento contábil para pequenas e médias entidades

Conforme o Pronunciamento Técnico PME (R1), há apenas duas classificações para os instrumentos financeiros, e não quatro, como previsto nos CPCs aplicáveis a grandes sociedades. Os instrumentos financeiros básicos não cotados em mercado são mensurados pelo custo ou custo amortizado, e os instrumentos financeiros complexos, cotados em mercado que são mensurados pelo valor justo com ajustes no resultado. Ressalte-se que a divulgação de informações em notas explicativas é reduzida.

2.5 Estoques

A norma brasileira de contabilidade que regulamenta o tema "Estoques" é o Pronunciamento Técnico CPC nº 16 (R1), do CPC.

O ponto principal na contabilização dos estoques é quanto ao valor do custo a ser reconhecido como ativo e mantido nos registros até que as respectivas receitas sejam reconhecidas. Sendo assim, o CPC 16 (R1) estabelece o tratamento contábil para os estoques, proporcionando orientações sobre a mensuração do valor de custo dos estoques e sobre seu subsequente reconhecimento como despesa em resultado, incluindo qualquer redução ao valor realizável líquido. Também proporciona orientação sobre o método e os critérios usados para atribuir custos aos estoques.

Vale ressaltar que o CPC 16 (R1) não se aplica a estoques (ativos) específicos regulamentados por outras normas, tais como:

a. produção em andamento proveniente de contratos de construção, incluindo contratos de serviços diretamente relacionados;
b. instrumentos financeiros; e
c. ativos biológicos relacionados com a atividade agrícola e o produto agrícola no ponto da colheita.

Com relação à mensuração o CPC 16 (R1) não se aplica aos estoques mantidos por:

a. produtores de produtos agrícolas e florestais, de produtos agrícolas após colheita, de minerais e produtos minerais, na medida em que eles sejam mensurados pelo valor realizável líquido de acordo com as práticas já estabelecidas nesses setores. Quando tais estoques são mensurados pelo valor realizável líquido, as alterações nesse valor devem ser reconhecidas no resultado do período em que tenha sido verificada a alteração.
b. comerciantes de *commodities* que mensurem seus estoques pelo valor justo deduzido dos custos de venda. Nesse caso, as alterações desse valor devem ser reconhecidas no resultado do período em que tenha sido verificada a alteração.

2.5.1 Despacho Aneel nº 4.722/2009

Em 2009, a Aneel emitiu o Despacho nº 4.722 referendando o CPC 16, que trata dos estoques.

2.5.2 Fundamentos e conceitos

Estoques

A Fundação Instituto de Pesquisas Contábeis, Atuariais e Financeiras (Fipecafi, 1994) conceitua estoques da seguinte maneira:

> Os estoques são ativos tangíveis (ou aplicações de recursos visando à sua obtenção) destinados à venda, à distribuição, à transformação ou ao uso próprio no curso normal das atividades. Estão representados basicamente por: mercadorias para revenda, produtos acabados, produtos

em elaboração, matérias-primas, almoxarifado, importações em andamento e adiantamentos a fornecedores de estoques.

Os estoques representam ativos colocados à venda ou industrialização no decorrer das atividades da companhia, sendo os mais comuns: mercadorias, produtos acabados, produtos em fase de fabricação ou elaboração, matérias-primas e materiais.

O conceito apresentado pela Fipecafi, basicamente, é o mesmo previsto pelo CPC 16 (R1). Para o CPC, estoques são ativos:

- destinados à venda no curso normal dos negócios;
- em processo de produção para venda; ou
- sob a forma de matéria-prima ou materiais para serem consumidos no processo de produção ou na prestação de serviços.

Portanto, estoques representam os bens adquiridos ou produzidos pela companhia com o objetivo de venda ou utilização própria no decorrer de suas atividades operacionais, sendo considerados um dos ativos mais importantes do capital de giro e de avaliação da posição financeira de curto prazo da maioria das empresas comerciais e industriais.

Os estoques normalmente são representados por:

a. bens que existem fisicamente e que são de propriedade da empresa;
b. bens adquiridos, mas que estão em trânsito, a caminho da companhia, na data do balanço;
c. bens da empresa que foram remetidos para terceiros em consignação para venda posterior;
d. bens de propriedade da empresa que estão em poder de terceiros para armazenagem, beneficiamento, entre outros.

Valor realizável líquido

De acordo com Leite (Padoveze, Benedicto e Leite, 2011), valor realizável líquido é o preço de venda estimado no curso normal dos negócios deduzido dos custos estimados para sua conclusão e dos gastos estimados necessários para se concretizar a venda.

Ressalte-se que o valor realizável líquido refere-se ao montante líquido que a empresa espera realizar com a venda do estoque no curso normal dos negócios. Sendo assim, o valor realizável líquido é um valor específico para a empresa.

Métodos de avaliação e mensuração dos estoques

Avaliação de estoques significa atribuir valores monetários (custos) aos diversos tipos de ativos que compõem os estoques. Existem diversos tipos de métodos e critérios que podem ser utilizados para essa avaliação, contudo, os mais comuns utilizados são:

- **O primeiro a entrar é o primeiro a sair – PEPS ou *First-in – First-out* – FIFO:** à medida que ocorrem as vendas ou consumo, vai-se dando baixa, a partir das primeiras compras, o que equivale ao seguinte raciocínio: vendem-se ou consomem-se antes as primeiras mercadorias compradas.
- **O último a entrar é o primeiro a sair – UEPS ou *Last-in – First-out* – LIFO:** esse critério representa exatamente o oposto do sistema anterior, dando-se baixa nas vendas pelo custo da última mercadoria que entrou.
- **Média ponderada móvel:** por esse critério, o valor médio de cada unidade em estoque altera-se pelas compras de outras unidades por um preço diferente.

Ressalte-se que, conforme as normas brasileiras de contabilidade, os métodos aceitos são: PEPS/FIFO e Média Ponderada Móvel (custo médio).

Vale lembrar que a legislação tributária brasileira não permite a utilização do critério UEPS (LIFO), bem como as normas internacionais. Esse critério parte do princípio que as últimas unidades adquiridas são consideradas custo das vendas, permanecendo em estoques as unidades mais antigas.

Em síntese, as práticas brasileiras de contabilidade evidenciam que os estoques devem ser mensurados pelo custo ou valor realizável líquido, dos dois o menor (Princípio da Prudência/Conservadorismo).

2.5.3 Alterações no CPC 16

Em janeiro de 2010, o CPC publicou a "Revisão CPC nº 1 de Pronunciamentos Técnicos e Orientação Técnica", que alterou o item 11, do CPC 16 (norma original), que trata da mensuração do estoque – custos de aquisição. O texto final da referida alteração culminou no que é apresentado logo a seguir:

Texto original (antigo)

"O custo de aquisição dos estoques compreende o preço de compra, os impostos de importação e outros tributos, bem como os custos de transporte, seguro, manuseio, e outros, diretamente atribuíveis à aquisição de produtos acabados, materiais e serviços. Descontos comerciais, abatimentos e outros itens semelhantes devem ser deduzidos na determinação do custo de aquisição."

Texto final (atual)

"O custo de aquisição dos estoques compreende o preço de compra, os impostos de importação e outros tributos (exceto os recuperáveis junto ao Fisco), bem como os custos de transporte, seguro, manuseio e outros diretamente atribuíveis à aquisição de produtos acabados, materiais e serviços. Descontos comerciais, abatimentos e outros itens semelhantes devem ser deduzidos na determinação do custo de aquisição."

2.5.4 Divulgação

As principais informações que devem ser divulgadas pela empresa em notas explicativas às demonstrações contábeis sobre os estoques, de acordo com o CPC 16 (R1), são:

- políticas contábeis adotadas na mensuração dos estoques, incluindo os critérios de custeio;
- valores do total e subgrupos dos estoques de mercadorias e produtos;
- valores dos custos dos estoques apropriados no resultado pela venda;
- valores dos estoques que foram registrados pelo valor justo menos custos estimados de venda;
- a quantia escriturada de estoques dada como garantia de pagamento de passivos (dívidas).

2.5.5 Tratamento contábil para pequenas e médias entidades

A Seção 13 do Pronunciamento Técnico PME (R1) é semelhante ao Pronunciamento Técnico CPC 16 (R1) em conceitos e critérios contábeis. Ressalte-se que as informações em notas explicativas foram reduzidas com relação ao CPC 16 (R1).

2.6 Investimentos societários

O pronunciamento contábil do CPC que trata dos investimentos societários em entidades coligadas e controladas é o CPC 18.

2.6.1 Despacho Aneel nº 4.722/2009

A Aneel em 2009 emitiu o Despacho nº 4.722 referendando o CPC 18, que trata dos investimentos em coligadas e controladas.

2.6.2 Empresas coligadas

O CPC 18 estabelece que "coligada é uma entidade, incluindo aquela não constituída sob a forma de sociedade tal como uma parceria, sobre a qual o investidor tem influência significativa e que não se configura como controlada ou participação em empreendimento sob controle conjunto (*joint venture*)".

Para Leite (Padoveze, Benedicto e Leite, 2011), considera-se empresa coligada quando uma empresa possui mais de 20% do capital social votante de outra. Esse percentual de participação é considerado significativo no mercado financeiro, demonstrando que a empresa detentora das ações ou cotas de outra empresa tenha interesse na gestão e nos resultados da empresa investida, caracterizando uma situação de vínculo ou ligação.

É comum uma empresa investidora adquirir ações ou cotas de outra empresa com intenções futuras de controle, até mesmo de maneira hostil,[1] razão por que a situação de coligação é reconhecida como importante nos vínculos societários.

2.6.3 Influência significativa

O CPC 18 define a influência significativa como "o poder de participar nas decisões financeiras e operacionais da investida, sem controlar de forma individual ou conjunta essas políticas". Ainda de acordo com o CPC 18, a existência de influência significativa por investidor geralmente é evidenciada por um ou mais das seguintes formas:

a. representação no conselho de administração ou na diretoria da investida;
b. participação nos processos de elaboração de políticas, até em decisões sobre dividendos e outras distribuições;
c. operações materiais entre o investidor e a investida;
d. intercâmbio de diretores ou gerentes; ou
e. fornecimento de informação técnica essencial.

O método de equivalência patrimonial para avaliação dos investimentos em outras empresas deve ser aplicado quando há influência significativa na investida. Dessa maneira, além das controladas e coligadas, deve ser aplicado o método de equivalência patrimonial em participações inferiores a 20%, quando se caracteriza a influência na sua administração. Desse modo, os investimentos podem ser contabilizados por um dos dois critérios:

1. Os investimentos em participações que não têm influência significativa em ações (não coligadas ou não controladas) devem ser avaliados pelo custo de aquisição, que é o princípio contábil geral.
2. Os investimentos em controladas e coligadas e onde há influência significativa devem ser avaliados pelo método de equivalência patrimonial, que é um princípio que complementa e refina o princípio geral.

---

[1] Denomina-se uma aquisição hostil quando a investidora quer assumir, direta ou indiretamente, via controle acionário, a gestão da investida, sem algum acordo preestabelecido, muitas vezes à revelia da empresa investida.

Perda de influência significativa

A empresa pode perder a influência significativa sobre a investida quando ela perde o poder de participar nas decisões sobre as políticas financeiras e operacionais daquela investida. A perda da influência significativa pode ocorrer com ou sem uma mudança no nível de participação acionária absoluta ou relativa. Exemplos: *quando uma coligada torna-se sujeita ao controle de governo ou entidade reguladora e, ainda, por acordo contratual.*

De acordo com o CPC 18, o investidor deve suspender o uso do método de equivalência patrimonial a partir da data em que deixar de ter influência significativa sobre a coligada e deixar de ter controle sobre a até então controlada. A partir desse momento, contabilizar o investimento como instrumento financeiro de acordo com os requisitos do CPC 38 – Instrumentos Financeiros: Reconhecimento e Mensuração (*adotar os métodos do custo ou do valor justo*).

Quando da perda de influência e do controle, o investidor deve mensurar ao valor justo qualquer investimento remanescente que mantenha na ex-coligada ou ex-controlada, sendo considerado ativo financeiro. As variações são reconhecidas no resultado do período.

2.6.4 Avaliação de investimentos em coligadas

De acordo com o CPC 18,

> um investimento em coligada e em controlada (neste caso, no balanço individual) é inicialmente reconhecido pelo custo e o seu valor contábil será aumentado ou diminuído pelo reconhecimento da participação do investidor nos lucros ou prejuízos do período, gerados pela investida após aquisição. A parte do investidor no lucro ou prejuízo do período da investida é reconhecida no lucro ou prejuízo do período do investidor. As distribuições recebidas da investida reduzem o valor contábil do investimento. Ajustes no valor contábil do investimento também são necessários pelo reconhecimento da participação proporcional do investidor nas variações de saldo dos componentes dos outros resultados abrangentes da investida, reconhecidos diretamente em seu patrimônio líquido. Tais variações incluem aquelas decorrentes da reavaliação de ativos imobilizados, quando permitida legalmente, e das diferenças de conversão em moeda estrangeira, quando aplicável. A parte do investidor nessas mudanças é reconhecida de forma reflexa, ou seja, em outros resultados abrangentes diretamente no patrimônio líquido do investidor.

O método de equivalência patrimonial deverá ser aplicado a todas as coligadas em que a investidora tenha influência significativa (20% ou mais do capital votante).

2.6.5 Método da equivalência patrimonial

De acordo com Leite (Padoveze, Benedicto e Leite, 2011), a palavra patrimonial desse método é utilizada para associar ao valor do patrimônio líquido da investida. Quando se adquire ações ou cotas de uma empresa, está se adquirindo parte proporcional no patrimônio líquido da investida, na proporção que as quantidades das ações ou cotas adquiridas representam no total das quantidades das ações ou cotas da empresa objeto de compra.

Por exemplo, vamos supor que a empresa B tenha um patrimônio líquido em determinada data, digamos 30/06/X1, de $ 400.000, e seu controle acionário seja representado por 100.000 ações, e que outra companhia, a empresa A, adquira 55.000 ações da empresa B. A nova situação indica uma situação de controle, uma vez que a empresa A terá mais de 50% do capital votante da empresa B.

Quantidade de ações da empresa B 100.000 ações
Quantidade de ações adquiridas pela empresa A 55.000 ações
Percentual de ações adquiridas (2:1) 55%

O método da equivalência patrimonial caracteriza-se quando se associa o percentual das ações adquiridas ao valor do patrimônio líquido da controlada. Nesse caso, o valor patrimonial equivalente na aquisição é de $ 220.000.

valor do patrimônio líquido da investida (controlada) $ 400.000
percentual das ações adquiridas 55%
valor patrimonial equivalente na aquisição (1 × 2) $ 220.000

Esse cálculo caracteriza a avaliação pelo método da equivalência patrimonial, que servirá de base para a contabilização da aquisição do investimento.

2.6.6 Resumo da avaliação de investimentos

A essência do relacionamento do investidor com as suas investidas vai determinar qual será o método mais adequado para avaliação dos investimentos. A figura a seguir evidencia bem esse relacionamento considerando diferentes cenários.

```
                    CENÁRIOS
    "Essência do Relacionamento do Investidor com a Investida"
                         ⇓                    ⇓
              Com influência          Pouca ou nenhuma
               significativa          influência significativa
                    ⇓                         ⇓
                 Método                    Método
          Equivalência Patrimonial      Valor Justo ou Custo

                 Coligada                Ativo Financeiro
```

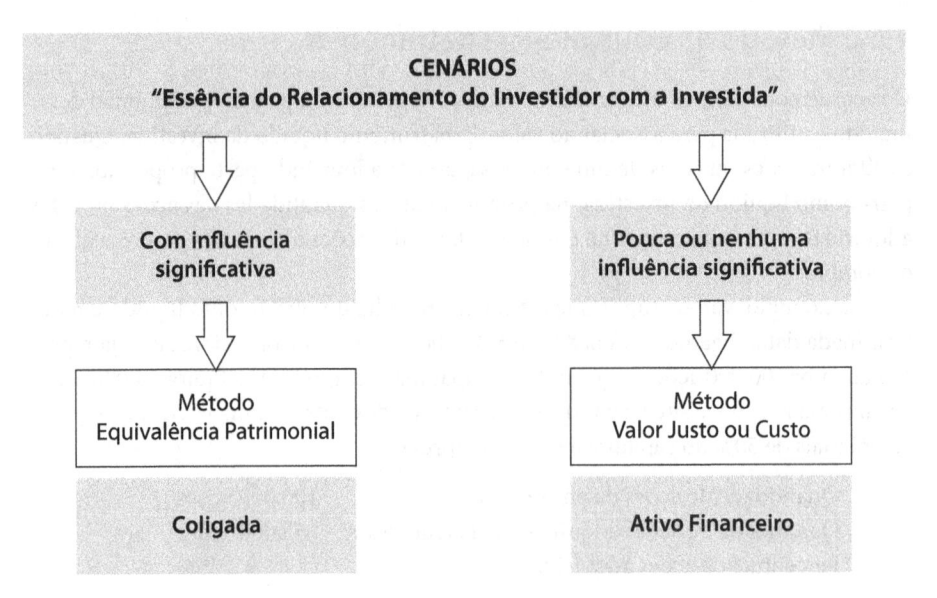

Figura 2.1 Resumo da Avaliação de Investimentos Societários (Adaptado de Iudícibus et al., 2010).

2.6.7 Padronização das políticas contábeis

As demonstrações contábeis do investidor devem ser elaboradas utilizando políticas contábeis uniformes para eventos e transações de mesma natureza em circunstâncias semelhantes. Caso a investida utilize políticas contábeis diferentes daquelas empregadas pelo investidor, são necessários ajustes para adequar as demonstrações contábeis da investida às políticas contábeis do investidor quando da utilização destas para aplicação do método de equivalência patrimonial.

2.6.8 *Impairment*

Depois da aplicação do método de equivalência patrimonial, o investidor deve determinar a necessidade de reconhecer perdas por desvalorização (*impairment*) do investimento, incluindo em seu valor o ágio.

2.6.9 Divulgação

As principais informações que devem ser divulgadas em notas explicativas, de acordo com o CPC 18, são as seguintes:

- o valor justo dos investimentos em coligadas e controladas para os quais existam cotações de preço divulgadas;

- informações financeiras resumidas das coligadas e controladas, incluindo os valores totais de ativos, passivos, receitas e do lucro ou prejuízo do período;
- as razões pelas quais foi desprezada a premissa de não existência de influência significativa, se o investidor tem, direta ou indiretamente por meio de suas controladas, menos de 20% do poder de voto da investida (incluindo o poder de voto potencial), mas conclui que possui influência significativa;
- as razões pelas quais foi desprezada a premissa da existência de influência significativa, se o investidor tem, direta ou indiretamente por meio de suas controladas, 20% ou mais do poder de voto da investida (incluindo o poder de voto potencial), mas conclui que não possui influência significativa;
- a data de encerramento do exercício social refletido nas demonstrações contábeis da coligada e da controlada utilizadas para aplicação do método de equivalência patrimonial, sempre que essa data ou esse período divergirem dos do investidor e as razões pelo uso de data ou período diferente; entre outras.

2.6.10 Tratamento contábil para pequenas e médias entidades

A Seção 14 do Pronunciamento Técnico PME (R1) é semelhante ao Pronunciamento Técnico CPC 18 em conceitos e critérios contábeis. Ressalte-se que as informações em notas explicativas foram reduzidas com relação ao CPC 18.

2.7 Propriedades para investimento

A matéria contábil "Propriedades para Investimento" é regulamentada pelo Pronunciamento Técnico CPC 28, do CPC.

O CPC 28 trata do reconhecimento, mensuração e divulgação das propriedades para investimento, ficando fora do escopo da referida norma contábil os assuntos cobertos pelo CPC 06 (R1) sobre as transações de arrendamentos mercantis.

2.7.1 Despacho Aneel nº 4.722/2009

Em 2009, a Aneel publicou o Despacho nº 4.722 referendando o CPC 28, que trata das propriedades para investimento.

2.7.2 Aspectos conceituais

Propriedade para investimento é a propriedade (terreno ou imóvel, ou parte de um imóvel) mantido pelo proprietário para a obtenção de rendimentos ou para valorização do capital investido, ou para ambos os casos, sem a intenção direta de uso ou alienação, gerando fluxos de caixa independentes dos demais ativos da empresa.

O CPC 28 define propriedade para investimento da seguinte forma:

> ... é a propriedade (terreno ou edifício – ou parte de edifício – ou ambos) mantida (pelo proprietário ou pelo arrendatário em arrendamento financeiro) para auferir aluguel ou para valorização do capital ou para ambas, e não para:
> a. uso na produção ou fornecimento de bens ou serviços ou para finalidades administrativas; ou
> b. venda no curso ordinário do negócio.

Exemplos de propriedades para investimento

A seguir, apresentamos uma relação de ativos considerados propriedades para investimento:

- terrenos mantidos para valorização de capital em longo prazo, e não para venda em curto prazo no curso ordinário dos negócios da empresa;
- terrenos mantidos para futuro uso correntemente indeterminado (se a empresa não tiver determinado que usará o terreno como propriedade ocupada pelo proprietário ou para venda em curto prazo no curso ordinário do negócio, o terreno é considerado mantido para valorização do capital);
- edifício que seja propriedade da empresa (ou mantido pela empresa em arrendamento financeiro) e que seja arrendado sob um ou mais arrendamentos operacionais;
- edifício que esteja desocupado, mas mantido para ser arrendado sob um ou mais arrendamentos operacionais;
- propriedade que esteja sendo construída ou desenvolvida para futura utilização como propriedade para investimento.

Exemplos de ativos que não são propriedades para investimento

Seguem-se exemplos de itens que não são propriedades de investimento, estando, por isso, fora do âmbito do CPC 28:

- propriedade destinada à venda no decurso ordinário da atividade comercial ou em vias de construção ou desenvolvimento para tal venda (ver CPC 16 – R1);
- propriedade que esteja a ser construída ou desenvolvida por conta de terceiros (ver CPC 17).
- Propriedade ocupada pelo dono (ver CPC 27), incluindo (entre outras coisas) propriedade mantida para futuro uso;
- propriedade que seja arrendada a outra empresa segundo um arrendamento financeiro (ver CPC 06 – R1).

Observação

Algumas propriedades podem compreender uma parte que é mantida para obter rendas ou para valorização de capital e uma outra parte que é mantida para uso na produção ou fornecimento de bens ou serviços, ou para finalidades administrativas. Caso essas partes possam ser vendidas separadamente, a empresa contabilizará as partes separadamente (Propriedade para Investimento e Imobilizado). Se as partes não puderem ser vendidas separadamente, a propriedade só é uma propriedade para investimento se uma parte não significativa for mantida para uso na produção ou fornecimento de bens ou serviços ou para finalidades administrativas.

2.7.3 Reconhecimento

As propriedades para investimento são reconhecidas como um ativo somente quando:

- for provável que hajam benefícios econômicos futuros; e
- o seu custo possa ser mensurado com segurança.

Vale ressaltar que os custos de reparo e manutenção da propriedade são apropriados no resultado.

2.7.4 Apresentação no balanço patrimonial

Conforme Leite (Padoveze, Benedicto e Leite, 2011), no balanço patrimonial as propriedades para investimento devidamente reconhecidas como um ativo devem ser apresentadas no ativo não circulante, subgrupo "Investimento", da seguinte forma:

Ativo não circulante
Realizável em longo prazo
Investimento:
Propriedades para Investimento
Imobilizado
Intangível

2.7.5 Mensuração

Método do custo

Uma propriedade para investimento deve ser mensurada inicialmente para reconhecimento pelo seu custo. Os gastos adicionais para realização da transação de aquisição devem ser incluídos na mensuração inicial.

Exemplos de gastos adicionais:

- serviços legais;

- honorários profissionais;
- impostos de transferência de propriedade.

O custo de uma propriedade para investimento de construção própria é *o seu custo à data em que a construção ou o desenvolvimento fique concluído*. Até essa data, uma empresa aplica o CPC 27. Nessa data, a propriedade torna-se propriedade para investimento e aplica-se o CPC 28.

Método do valor justo

O CPC 28 orienta que após o reconhecimento inicial, que deve ser realizado pelo método de custo, uma empresa pode manter tal método de custo ou adotar o método do valor justo para remensuração após o reconhecimento inicial de suas propriedades mantidas para investimento.

Esse procedimento de alteração em política contábil somente é recomendado quando a mudança resultar em uma apresentação mais adequada da situação econômico-financeira da empresa nas demonstrações financeiras (ver o CPC 23, que trata de políticas contábeis, mudanças em estimativas e correções de erros).

Procedimentos para mensuração do valor justo

Ao adotar o método do valor justo, a empresa deve aplicar vários procedimentos contábeis de remensuração. Os principais são os seguintes:

a. Todas as propriedades para investimento devem ser reavaliadas pelo valor justo.

b. O valor justo para propriedades de investimento reflete inicialmente o **valor de mercado** à data do balanço patrimonial. Na ausência de mercado ativo para determinação do valor justo a preço de mercado, os seguintes critérios podem ser adotados:

- **Valor de mercado de similar:** valor de mercado de ativos similares, considerando a sua condição atual.
- **Fluxo de caixa descontado:** valor presente dos fluxos futuros de caixa.

c. Ao adotar o método do valor justo, a empresa deve reconhecer no resultado do período em que ocorram os ganhos ou perdas resultantes de alterações no valor justo.

d. Uma empresa é incentivada, mas não se lhe exige, que o valor justo das propriedades para investimento seja determinado por um avaliador independente que tenha uma qualificação profissional relevante e reconhecida e que tenha experiência recente na localização e na categoria da propriedade para investimento que esteja a ser valorizada.

e. O laudo de avaliação é documento que suportará a remensuração contábil que deverá ser aprovado pelos órgãos competentes da administração da empresa.

2.7.6 Transferências

As transferências para, ou de propriedades para investimento devem ser realizadas quando houver alteração clara e direta de uso, que considere principalmente:

- o início do uso pelo proprietário da propriedade (ver CPC 27);
- a intenção clara de venda da propriedade (ver o CPC 31).

2.7.7 Baixa

Uma propriedade para investimento deve ser desconsiderada (eliminada do balanço patrimonial) na venda ou quando nenhum benefício econômico for esperado dela. Os ganhos ou perdas resultantes das vendas devem ser reconhecidos no resultado do período, considerando a diferença entre o valor contábil líquido escriturado e o valor líquido da venda. O CPC 28 esclarece o seguinte:

"A alienação de propriedade para investimento pode ser alcançada pela venda ou pela celebração de arrendamento financeiro. Ao determinar a data de alienação da propriedade para investimento, a empresa aplica os critérios enunciados no CPC 30 sobre receitas para reconhecimento da receita da venda de bens. O CPC 06 - R1 sobre arrendamentos mercantis se aplica à alienação efetuada pela celebração de arrendamento financeiro e a venda e *leaseback*."

2.7.8 Divulgação

As principais informações que devem ser divulgadas pelas empresas em notas explicativas sobre as propriedades para investimento, de acordo com o CPC 28, estão elencadas a seguir:

- aplica-se o método do valor justo ou o método do custo;
- caso se aplique o método do valor justo, se e em que circunstâncias, os interesses em propriedade mantidos em arrendamentos operacionais são classificados e contabilizados como propriedade para investimento;
- quando a classificação for difícil, os critérios que se aplicam para distinguir propriedades para investimento de propriedades ocupadas pelo proprietário e de propriedades mantidas para venda no curso ordinário dos negócios;
- os métodos e pressupostos significativos aplicados na determinação do valor justo de propriedade para investimento;
- a extensão até a qual o valor justo da propriedade para investimento (tal como mensurado ou divulgado nas demonstrações contábeis) se baseia em avaliação de avaliador independente que possua qualificação profissional reconhecida e relevante e que tenha experiência recente no local e na categoria da propriedade para investimento que está sendo avaliada. Se não tiver havido tal avaliação, esse fato deve ser divulgado;

- as quantias reconhecidas no resultado;
- os valores contábeis e justos na data das demonstrações contábeis;
- a existência e as quantias de restrições sobre a capacidade de realização de propriedades para investimento ou a remessa de lucros e recebimentos de alienação;
- as obrigações contratuais para comprar, construir ou desenvolver propriedades para investimento ou para reparos, manutenção ou aumentos.

2.7.9 Tratamento contábil para pequenas e médias entidades

Conforme o Pronunciamento Técnico PME (R1), caso a empresa consiga mensurar com segurança e sem custo excessivo o valor justo de suas propriedades para investimento, ela deve utilizar o método do valor justo com ajustes no resultado para fins de avaliação contábil. Todas as demais propriedades para investimento devem ser avaliadas pelo método do custo e tratadas como ativo imobilizado. Ressalte-se que as informações em notas explicativas foram reduzidas com relação ao CPC 28. Demais tópicos são semelhantes aos do CPC 28.

2.8 Imobilizado

O assunto "Ativo Imobilizado" é regulamentado pelo Pronunciamento Técnico CPC 27. Tal norma trata da contabilização de ativos imobilizados, e não de:

- ativos imobilizados classificados como mantidos para venda;
- ativos biológicos;
- ativos de exploração e avaliação de recursos minerais;
- direitos sobre jazidas e reservas minerais, tais como petróleo, gás natural, carvão mineral.

2.8.1 Despacho Aneel nº 4.722/2009

A Aneel em 2009 publicou o Despacho nº 4.722 referendando o CPC 27, que regulamenta os ativos imobilizados.

2.8.2 Aspectos conceituais

Ativo imobilizado

Ativos imobilizados (ou ativos fixos tangíveis) representam todos os bens de longa permanência na empresa, destinados ao atendimento do funcionamento normal das atividades da empresa e de seu empreendimento.

Os elementos contábeis a serem classificados como ativos imobilizados são, principalmente, os bens tangíveis, tais como máquinas, equipamentos, veículos, móveis, instalações, entre outros.

O CPC 27 define ativo imobilizado como um item intangível que:

a. é mantido para uso na produção ou no fornecimento de mercadorias ou serviços, para aluguel a outros, ou para fins administrativos; e
b. espera-se utilizar por mais de um período.

Em linhas gerais, de acordo com Leite (Padoveze, Benedicto e Leite, 2011), os ativos imobilizados correspondem aos direitos que tenham por objeto bens tangíveis destinados à manutenção das atividades da empresa ou exercidos com essa finalidade, até os decorrentes de operações que transfiram a ela os benefícios, os riscos e o controle desses bens (no caso das operações de arrendamento mercantil financeiro).

Podemos, ainda, definir os ativos fixos tangíveis como itens que sejam para uso na produção ou no fornecimento de bens ou serviços, para arrendamento a outros, ou para fins administrativos, e que se espera que sejam utilizados durante mais do que um período.

Vida útil e depreciação

De acordo com o CPC 27, a "vida útil" de um ativo imobilizado corresponde ao:

a. período durante o qual a empresa espera utilizar o ativo; ou
b. número de unidades de produção ou de unidades semelhantes que a empresa espera obter pela utilização do ativo.

Já a "depreciação" corresponde ao reconhecimento contábil do valor econômico do desgaste natural do bem por seu uso durante sua vida útil.

2.8.3 Reconhecimento e mensuração

Reconhecimento

Um item do ativo fixo tangível deve ser reconhecido como ativo se:

- forem prováveis os benefícios econômicos futuros para a empresa; e
- seu custo puder ser mensurado com certo grau de confiabilidade.

Mensuração no reconhecimento

Um item do ativo fixo tangível deve ser inicialmente mensurado pelo seu custo para reconhecimento. Tal custo deve compreender os seguintes elementos:

- seu preço de compra incluindo os gastos de importação e os impostos não recuperáveis, deduzindo os descontos comerciais e abatimentos sobre compras;

- outros custos diretamente atribuíveis para colocar o ativo em condições de uso (mão de obra de instalação, gastos com fretes e seguros, entre outros); e
- a estimativa inicial dos custos de desmontagem e remoção do item e de restauração do local (sítio) no qual este está localizado. Tais custos representam a obrigação em que a entidade incorre quando o item é adquirido ou como consequência de usá--lo durante determinado período para finalidades diferentes da produção de estoque durante esse período.

Exemplos de custos diretamente atribuíveis

Para colocar o ativo imobilizado em condições de uso, podem ser necessários alguns serviços profissionais específicos. Tais serviços podem consumir recursos e incorrer em custos que são diretamente atribuíveis ao ativo fixo tangível, como:

- custos de instalação e montagem de equipamentos;
- honorários profissionais;
- custos de testes de equipamentos;
- custos de frete; entre outros.

Exemplo de mensuração

Para ilustrar, quando uma empresa adquire um terreno é necessário incluir no custo de aquisição desse ativo fixo tangível os gastos relacionados com a compra, como honorários profissionais, títulos de propriedade, comissão do corretor de imóveis, imposto de transferência de propriedade, entre outros.

Suponha que a indústria X adquira um terreno para suas instalações pagando à vista R$ 200.000 pelo terreno; R$ 5.000 pela escritura pública; R$ 6.000 em comissões para o corretor e R$ 8.000 pelo imposto de transferência de propriedade. O registro contábil do terreno no subgrupo do Imobilizado deve ser de R$ 219.000.

Custos	Valores
Custo de aquisição	R$ 200.000
Custo de escritura pública	R$ 5.000
Comissões do corretor	R$ 6.000
Imposto de transferência de propriedade	R$ 8.000
Custo total do terreno	R$ 219.000

Observações

A seguir, são apresentados alguns pontos importantes sobre o processo de reconhecimento e mensuração dos ativos imobilizados:

- sobressalentes, peças de reposição, ferramentas e equipamentos de uso interno são classificados como ativos fixos tangíveis quando a empresa espera usá-los por mais de um exercício social;
- custos de manutenção periódica do item não devem ser reconhecidos como ativos fixos tangíveis. Pelo contrário, esses custos devem ser reconhecidos no resultado quando incorridos;
- o reconhecimento dos custos no valor contábil de um item do ativo fixo tangível cessa quando o item está no local e nas condições operacionais pretendidas pela administração;
- os custos incorridos no uso, na transferência ou reinstalação de um item não são incluídos no seu valor contábil.

Mensuração após o reconhecimento

Método do custo

Depois do reconhecimento inicial do item como ativo imobilizado, a empresa deve apresentar tal item por seu custo menos qualquer depreciação e perda por redução ao valor recuperável acumuladas (*impairment*).

Método da reavaliação – CPC 27

A prática de reavaliação dos ativos imobilizados tem por finalidade que os bens sejam reavaliados e registrados pelos seus valores justos, ou seja, dar um novo valor aos bens. A reavaliação ocorre em razão da defasagem entre o valor justo de um bem e seu valor contábil, tais como valorização normal do bem (políticas de mercado, benfeitorias, entre outros).

Depois do reconhecimento inicial como um ativo, o item do ativo fixo tangível cujo valor justo possa ser mensurado confiavelmente pode ser apresentado, "se permitido por lei (atualmente, a Lei nº 11.638/07 proíbe tal prática)", pelo seu valor reavaliado, correspondente a seu valor justo à data da reavaliação menos qualquer depreciação e perda por redução ao valor recuperável acumuladas subsequentes.

2.8.4 Depreciação

Cada componente de um item do ativo imobilizado deve ser depreciado considerando sua vida útil econômica estimada de acordo com o CPC 27 (legislação contábil e societária).

Os principais critérios contábeis da depreciação de ativos imobilizados são:
- a depreciação deve ser ajustada no resultado;
- a vida útil econômica estimada do ativo imobilizado deve ser revisada ao menos anualmente;

- a depreciação de um ativo imobilizado deve cessar quando o ativo é classificado como mantido para venda ou na data de sua baixa;
- o método de depreciação utilizado deve refletir o padrão de consumo pela companhia dos benefícios econômicos futuros;
- o método de depreciação aplicado a um ativo deve ser revisado pelo menos ao final de cada exercício;
- vários métodos de depreciação podem ser utilizados: *método da linha reta; método dos saldos decrescentes; método de unidades produzidas; entre outros.*

2.8.5 Redução ao valor recuperável de ativos imobilizados – *Impairment*

Os ativos imobilizados relevantes com indícios de desvalorizações econômicas devem ter os seus valores recuperáveis estimados e testados por *impairment* de acordo com o CPC 01 (R1).

2.8.6 Baixa

De acordo com o CPC 27, o valor contábil de um item do ativo imobilizado deve ser baixado:

a. por ocasião de sua alienação; ou
b. quando não há expectativa de benefícios econômicos futuros com a sua utilização ou alienação.

Vale ressaltar que os ganhos ou as perdas decorrentes da baixa de um item do ativo imobilizado devem ser reconhecidos no resultado de sua competência.

2.8.7 Divulgação

Uma empresa deve divulgar em notas explicativas às demonstrações contábeis, no mínimo, para cada classe de ativos fixos tangíveis, o seguinte:

- os critérios de mensuração usados para determinar a quantia escriturada bruta;
- os métodos de depreciação aplicados;
- as vidas úteis ou as taxas de depreciação empregadas;
- a quantia escriturada bruta e a depreciação acumulada (agregada com perdas por *impairment* acumuladas) no início e no fim do período; e
- uma conciliação da quantia escriturada no início e no fim do período.

2.8.8 ICPC 10 – Aplicação inicial do CPC 27

O CPC emitiu em dezembro de 2009 a Interpretação Técnica ICPC 10 sobre a aplicação inicial ao Ativo Imobilizado e à Propriedade para Investimento dos pronunciamentos técnicos CPCs 27, 28, 37 e 43. Os principais assuntos contábeis abordados pela referida interpretação são os seguintes:

- depreciação e vida útil econômica estimada dos ativos imobilizados; e
- determinação do valor residual de ativos imobilizados para fins de depreciação.

Custo atribuído (*deemed cost*)

Caso existam ativos imobilizados substancialmente ou totalmente depreciados, conforme a legislação tributária na data da primeira aplicação do CPC 27 (1º de janeiro de 2010), estes poderão ser ajustados contabilmente ao custo atribuído (*deemed cost*) por seus valores justos, caso seja esta a opção da empresa que é admitida apenas na adoção inicial do CPC 27, sendo vedada em períodos subsequentes.

A contrapartida dos ajustes será a conta "Ajustes de Avaliação Patrimonial" no patrimônio líquido. Como exemplo de lançamento contábil que aumenta o valor contábil do imobilizado, temos:

Débito – Ativo imobilizado (Ativo não circulante)
Crédito – Ajustes de avaliação patrimonial (Patrimônio líquido)

De acordo com o CPC 23 (Políticas Contábeis, Mudança de Estimativa e Retificação de Erro), tal procedimento pode ser tratado como mudança em estimativa contábil.

Impostos diferidos

Os tributos diferidos ativos ou passivos, decorrentes dos ajustes contábeis ao custo atribuído, devem ser registrados conforme o CPC 32 – Tributos sobre o Lucro.

Ajustes contábeis

Na medida em que os ativos imobilizados ajustados forem depreciados ou baixados em contrapartida do resultado, os respectivos valores devem ser transferidos da conta "Ajustes de Avaliação Patrimonial" para "Lucros ou Prejuízos Acumulados" no patrimônio líquido.

Avaliadores

A avaliação do valor justo do ativo imobilizado pode ser realizada por profissionais internos ou externos, desde que tenham comprovada experiência em avaliações.

Laudo de avaliação

Conforme a ICPC 10, o laudo de avaliação de responsabilidade da empresa deve conter as seguintes informações:

a. **Antecedentes internos:** investimentos em substituições dos bens, informações relacionadas à sobrevivência dos ativos, informações contábeis, especificações técnicas e inventários físicos existentes.
b. **Antecedentes externos:** informações referentes ao ambiente econômico onde a empresa opera, novas tecnologias, *benchmarking*, recomendações e manuais de fabricantes e taxas de vivência dos bens.
c. **Estado de conservação dos bens:** informações referentes à manutenção, a falhas e eficiência dos bens; e outros dados que possam servir de padrão de comparação, todos, suportados, dentro do possível, pelos documentos relativos aos bens avaliados; localização física e correlação com os registros contábeis ou razões auxiliares; valor residual dos bens para as situações em que a empresa tenha o histórico e a prática de alienar os bens após um período de utilização; a vida útil remanescente estimada com base em informações e alinhamento ao planejamento geral do negócio da empresa.

Ressalte-se que o laudo de avaliação deve ser aprovado pelos órgãos administrativos da empresa (Conselho de Administração, Conselho Fiscal, por exemplo), considerando os requisitos do seu estatuto ou contrato social.

Principais divulgações

No mínimo, as seguintes informações devem ser divulgadas em notas explicativas:

- as premissas e os fundamentos que foram utilizados para proceder à avaliação e à estimativa das vidas úteis e determinação do valor residual;
- as bases da avaliação e os avaliadores;
- as datas e o histórico (descrição) da avaliação;
- o sumário das contas objeto da avaliação e os respectivos valores;
- o efeito no resultado do exercício, oriundo das mudanças nos valores das depreciações;
- a taxa de depreciação anterior e a atual.

2.8.9 Tratamento contábil para pequenas e médias entidades

De acordo com o Pronunciamento Técnico PME (R1), o valor residual, a vida útil e o método de depreciação dos ativos fixos tangíveis necessitam ser revistos apenas quando houver indicação relevante de alteração. Ressalte-se que a divulgação de informações em notas explicativas é reduzida. Demais tópicos são semelhantes aos do CPC 27 e da ICPC 10.

2.9 Intangível

O CPC emitiu o Pronunciamento Técnico CPC 04 (R1), que regulamenta o assunto "Ativos Intangíveis", com o objetivo de definir os critérios contábeis para a mensuração, reconhecimento e divulgação de ativos intangíveis não abrangidos por outras normas.

Vale ressaltar que o CPC 04 (R1) não se aplica:

a. aos ativos intangíveis dentro do alcance de outro pronunciamento;
b. ao *goodwill* (ágio por expectativa de rentabilidade futura) surgido na aquisição de investimento avaliado pelo método de equivalência patrimonial ou decorrente de combinação de negócios;
c. aos ativos financeiros;
d. aos arrendamentos mercantis;
e. aos direitos de exploração de recursos minerais e gastos com a exploração ou o desenvolvimento e a extração de minérios, petróleo, gás natural e outros recursos exauríveis similares;
f. aos ativos intangíveis de longo prazo, classificados como mantidos para venda, ou incluídos em um grupo de itens que estejam classificados como mantidos para venda;
g. aos ativos fiscais diferidos;
h. aos ativos decorrentes de benefícios a empregados; e
i. aos custos de aquisição diferidos e ativos intangíveis resultantes dos direitos contratuais de seguradora conforme contratos de seguro.

2.9.1 Despacho Aneel nº 4.796/2008

A Aneel, em 2008, emitiu o Despacho nº 4.796 referendando o CPC 04, que trata dos ativos intangíveis.

2.9.2 Aspectos conceituais

A Lei nº 11.638/07 no artigo 179, VI, classifica no ativo intangível os direitos que tenham por objeto bens incorpóreos destinados à manutenção da companhia ou exercidos com essa finalidade, inclusive o fundo de comércio adquirido, tais como: *marcas de produtos e empresas, imagem empresarial, posição comercial e outros.*

Conforme Leite (Padoveze, Benedicto e Leite, 2011), os ativos intangíveis são considerados ativos não circulantes que devem ser registrados contabilmente pelo custo, sofrendo posteriormente uma amortização calculada com base em sua vida útil.

Características e pré-requisitos dos ativos intangíveis

Geralmente, as empresas despendem recursos no desenvolvimento, manutenção ou melhoria de itens intangíveis, tais como *conhecimentos científicos ou técnicos, concepção e implementação de novos processos ou sistemas, licenças, propriedade intelectual, conhecimento de mercado e marcas comerciais (incluindo nomes comerciais e títulos de publicações)*. Entretanto, pode ser que os itens mencionados não atendam aos pré-requisitos conceituais de ativos intangíveis, pois talvez não sejam: *identificáveis, controlados e geradores de benefícios econômicos.*

Identificabilidade

O pré-requisito conceitual "identificação" requer que um ativo intangível:

- tenha seu valor distinto ao valor do *goodwill* (ágio por expectativa de rentabilidade futura);
- seja capaz de ser separado da empresa, para venda, aluguel ou troca, através de contrato.

Controle

O "controle" como pré-requisito conceitual considera o direito da empresa de poder obter benefícios econômicos futuros provenientes do ativo intangível e restringir seu acesso a terceiros.

Benefícios econômicos futuros

Já o pré-requisito "benefícios econômicos" determina que o ativo intangível deva ser capaz de gerar benefícios econômicos em favor da empresa, tais como *renda por aluguel, economia de custos por uso, receita por comercialização etc.*

Exemplos de classes de ativos intangíveis

Considerando as características, os pré-requisitos e os critérios de reconhecimento e mensuração dos ativos intangíveis, previstos no CPC 04 (R1), podemos citar alguns exemplos de classes de ativos intangíveis:

- marcas e patentes;
- cabeçalhos e títulos de publicações;
- softwares;
- licenças e franquias;

- *copyrights* (direitos autorais) e outros direitos de propriedade industrial;
- ativos intangíveis em desenvolvimento (projetos de pesquisa e desenvolvimento).

Softwares: ativos tangíveis ou intangíveis?

O CPC 04 (R1) considera que:

"Alguns ativos intangíveis podem estar contidos em elementos que possuem substância física, como um disco (no caso de software), documentação jurídica (no caso de licença ou patente). Para saber se um ativo que contém elementos intangíveis e tangíveis deve ser tratado como ativo imobilizado ou como ativo intangível, a empresa avalia qual elemento é mais significativo.

Por exemplo, um software de uma máquina-ferramenta controlada por computador que não funciona sem esse software específico é parte integrante do referido equipamento, devendo ser tratado como ativo imobilizado. O mesmo se aplica ao sistema operacional de um computador. Quando o software não é parte integrante do respectivo hardware, ele deve ser tratado como ativo intangível."

Portanto, se um software operacional (sistema operacional) for parte integrante de uma máquina ou um equipamento, deve ser tratado como "ativo imobilizado", pelo fato de este não ter vida própria. Por outro lado, um software de gestão (sistema gerencial) que venha a atender aos critérios de reconhecimento e as características de "ativo intangível", conforme o CPC 04 (R1), deve ser tratado contabilmente como tal.

Exemplos de sistemas gerenciais (softwares de gestão) que podem ser tratados como intangíveis:

- software de gerenciamento da produção;
- software de gerenciamento financeiro;
- sistema integrado de gerenciamento de informações.

2.9.3 Reconhecimento

Conforme o CPC 04 (R1) um item para ser reconhecido como ativo intangível no balanço patrimonial deve:

- enquadrar-se na definição de um ativo intangível; e
- atender aos critérios de reconhecimento, considerando:
  - *sua probabilidade de geração de benefícios econômicos em favor da empresa;* e
  - *a mensuração do seu custo com segurança.*

Vale ressaltar que os critérios de reconhecimento aplicam-se aos custos incorridos inicialmente para adquirir ou gerar internamente um ativo intangível e aqueles incorridos posteriormente para adicionar algo, substituir parte ou recolocá-lo em condições de uso.

Um ativo intangível deve ser baixado:

- no momento da alienação (venda); ou
- quando não mais se esperam dele benefícios econômicos futuros.

Os ganhos ou as perdas decorrentes da baixa devem ser ajustados no resultado do período e são determinados pela diferença entre o valor de alienação e o valor contábil líquido (custo menos amortização).

Ativos intangíveis gerados internamente

Ativos intangíveis não vinculados a projetos de pesquisa e desenvolvimento de novos produtos e serviços e novas tecnologias, tais como marcas, títulos de publicações, listas de clientes e outros itens similares gerados internamente, não devem ser reconhecidos, tendo em vista que os custos incorridos com esses ativos intangíveis não podem ser separados dos demais custos relacionados ao desenvolvimento do negócio como um todo.

2.9.4 Mensuração

Método do custo

Um ativo intangível adquirido separadamente deve ser mensurado inicialmente pelo seu custo de aquisição, que inclui:

- preço pago na aquisição (incluindo impostos não recuperáveis); e
- quaisquer custos diretamente atribuíveis na preparação do ativo intangível para o seu uso pretendido pela administração da empresa, por exemplo:
- *honorários profissionais;*
- *custos de testes para avaliar e concluir o ativo;*
- *benefícios aos empregados.*

A contabilização de custos no valor contábil do ativo intangível deve cessar quando esse ativo estiver nas condições operacionais de uso pretendidas pela administração.

Após o reconhecimento inicial, um ativo intangível deve ser escriturado pelo seu custo menos qualquer amortização acumulada e quaisquer perdas por *impairment* acumuladas (CPC 01 – R1). Ressalte-se que a empresa deve ficar atenta aos fundamentos e premissas do CPC 01 (R1), sobre o teste de recuperabilidade dos ativos (*impairment*), que orientam que o cálculo da perda por *impairment* deve ser realizado ao menos uma vez por ano e, também, sempre que houver indicações de desvalorizações ou deteriorações de recuperação do valor contábil dos ativos intangíveis e demais ativos sujeitos a avaliação por *impairment.*

Método da reavaliação

Após o reconhecimento inicial de um ativo intangível pelo método do custo, a empresa tem a opção de adotar o "método da reavaliação" como política contábil, considerando o valor justo do ativo intangível. Entretanto, no Brasil, apesar de o CPC 04 (R1) prever o método da reavaliação, a Lei nº 11.638/07 não permite a reavaliação espontânea de ativos, incluindo os intangíveis.

Ativos intangíveis na combinação de negócios

Em uma combinação de negócios (fusão, aquisição ou incorporação de empresas), o ativo intangível adquirido da empresa investida (adquirida na combinação de negócios), que ora foi registrado por essa empresa pelo método do custo, deve ser remensurado para o valor justo para contabilização na empresa investidora (compradora), de acordo com o CPC 15 (R1), que trata de "combinação de negócios". Os métodos para determinação do valor justo do ativo intangível são os seguintes em uma ordem hierárquica:

a. preço de mercado se houver mercado ativo específico;
b. preço de mercado de itens similares na ausência de mercado ativo específico;
c. custo de reposição na condição atual;
d. valor presente dos fluxos de caixa futuros.

2.9.5 Vida útil e amortização

Uma empresa deve avaliar se a vida útil de um ativo intangível pode ser definida ou indefinida. Considera-se de vida útil indefinida o ativo intangível que não pôde ter seu período de geração de benefícios econômicos futuros estimados pela empresa.

A amortização com base na vida útil econômica estimada do ativo intangível deve começar quando este estiver disponível para uso e cessar quando o ativo for destinado à venda ou baixado. O método de amortização utilizado deve refletir o modelo pelo qual se espera que os futuros benefícios econômicos sejam consumidos pela empresa.

Os fatores a seguir devem ser considerados na determinação da vida útil dos ativos intangíveis para fins de amortização, conforme o CPC 04 (R1):

- uso esperado do ativo;
- ciclos de vida típicos para o ativo;
- obsolescência técnica, tecnológica, comercial;
- estabilidade do setor;
- nível de gastos de manutenção para a obtenção dos benefícios econômicos futuros;
- limites legais e período de controle sobre o ativo, entre outros.

Exemplo de vida útil – Contratos de concessão de serviços públicos

O governo federal (chamado concedente) concede o direito a uma empresa (chamada concessionária/permissionária) de explorar o serviço público relacionado à distribuição de energia elétrica, por meio da assinatura de um contrato, por um período de trinta anos.

O concedente autoriza a concessionária a cobrar valores dos usuários pela prestação dos serviços. A concessionária, nesse caso, registra o direito (autorização) de concessão como ativo intangível e pode amortizar tal item em trinta anos, considerando o prazo do contrato, período em que se espera que o ativo intangível gere benefícios econômicos.

Ativo intangível com vida útil definida

Ativos intangíveis com vida útil definida pela empresa:

- devem ser amortizados, quando estiverem disponíveis para uso ou quando estiverem em condições de gerar qualquer benefício econômico;
- devem ser amortizados conforme a efetiva ocorrência dos benefícios estimados ou, na impossibilidade, através do método da linha reta.

Os critérios adotados pela empresa para estimar a vida útil econômica de cada classe de ativos intangíveis devem ser revisados anualmente.

Ativo intangível com vida útil indefinida

Os ativos intangíveis com vida útil indefinida não podem ser amortizados, porém devem ser testados por *impairment* (conforme a IAS 36 e o CPC 01 – R1), obrigatoriamente, uma vez por ano ou sempre que houver qualquer indicação de redução em seus valores recuperáveis.

2.9.6 Pesquisa e desenvolvimento

De acordo com o CPC 04 (R1), os custos incorridos internamente com as atividades relacionadas aos projetos de pesquisa e desenvolvimento de novos produtos e serviços e de novas tecnologias são separados e tratados na contabilidade diferentemente dos ativos intangíveis adquiridos de terceiros.

Os custos de pesquisa devem ser registrados como despesa quando incorridos, pois nessa fase a administração ainda não consegue estimar com segurança se o projeto será concluído e se benefícios econômicos serão obtidos no futuro.

São exemplos de atividades de pesquisa:

a. atividades destinadas à obtenção de novo conhecimento;
b. busca, avaliação e seleção final das aplicações dos resultados de pesquisa ou outros conhecimentos;
c. busca de alternativas para materiais, dispositivos, produtos, processos, sistemas ou serviços; e
d. formulação, projeto, avaliação e seleção final de alternativas possíveis para materiais, dispositivos, produtos, processos, sistemas ou serviços novos ou aperfeiçoados.

Os custos de desenvolvimento devem ser *capitalizados* quando certos critérios específicos apresentados na norma são cumpridos pelo projeto e pela entidade.

Tais critérios requerem que a administração da empresa demonstre:

a. as seguintes viabilidades: técnica, para concluir o projeto; e comercial, do produto ou serviço desenvolvidos;
b. sua intenção em completar o projeto em questão;
c. sua habilidade em usar ou comercializar o ativo;
d. de que forma o ativo vai gerar benefícios econômicos à empresa;
e. disponibilidade de recursos técnicos, financeiros ou quaisquer outros necessários para a conclusão do projeto; e
f. sua capacidade de mensurar os custos incorridos com o projeto na fase de desenvolvimento.

Caso algum dos critérios anteriores não seja cumprido pela administração da empresa, os custos incorridos com o projeto de desenvolvimento devem ser registrados como *despesa*.

São exemplos de atividades de desenvolvimento:

a. projeto, construção e teste de protótipos e modelos pré-produção ou pré-utilização;
b. projeto de ferramentas, gabaritos, moldes e matrizes que envolvam nova tecnologia;
c. projeto, construção e operação de fábrica-piloto, desde que já não esteja em escala economicamente viável para produção comercial; e
d. projeto, construção e teste da alternativa escolhida de materiais, dispositivos, produtos, processos, sistemas e serviços novos ou aperfeiçoados.

Exemplo de contabilização de custos de projetos de pesquisa e desenvolvimento

---

Uma empresa está desenvolvendo internamente uma nova tecnologia para o gerenciamento integrado dos setores contábil, financeiro, tributário, comercial e de produção (classificada como: software de gestão desenvolvido internamente).

No exercício de 2009, os gastos incorridos foram de R$ 2.000, dos quais R$ 1.100 foram incorridos antes de 1º de dezembro de 2009, e R$ 900, durante todo o mês de dezembro.

A empresa está apta a demonstrar que, em 1º de dezembro de 2009, a nova tecnologia de gestão atendia aos critérios para reconhecimento como ativo intangível.

Ao fim de 2009, a nova tecnologia de gestão está reconhecida como ativo intangível ao custo de R$ 900 (gasto incorrido desde a data em que os critérios de reconhecimento foram atendidos, ou seja, 1º de dezembro de 2009).

De outro modo, os gastos de R$ 1.100 incorridos antes de 1º de dezembro de 2009 são reconhecidos como despesa porque os critérios de reconhecimento somente foram atendidos nessa data.

Pesquisa e desenvolvimento em combinações de negócios

Projetos de pesquisa e desenvolvimento de novos produtos e serviços e de novas tecnologias adquiridos de outras empresas em operações de combinação de negócios, de acordo com o CPC 15 (R1), são registrados como ativos intangíveis por seus valores justos. Custos adicionais incorridos com tais projetos somente podem ser capitalizados quando atenderem aos critérios de reconhecimento de projetos de desenvolvimento.

2.9.7 Gastos pré-operacionais

Gastos de constituição da empresa, gastos para abrir novas instalações ou negócios (gastos pré-abertura), gastos com o lançamento de novos produtos ou processos, entre outros, são contabilizados como despesas no resultado quando incorridos, a não ser que sejam de natureza capitalizável como ativo fixo tangível.

2.9.8 Divulgação

As principais informações para cada classe de ativos intangíveis gerados internamente e adquiridos de terceiros, de acordo com o CPC 04 (R1), são:

- indicação de vida útil indefinida ou definida e, se definida, os prazos de vida útil ou as taxas de amortização utilizados;
- métodos de amortização utilizados para ativos intangíveis com vida útil definida;
- valor contábil bruto e eventual amortização acumulada (mais as perdas acumuladas no valor recuperável) no início e no fim do período;
- rubrica da demonstração do resultado em que qualquer amortização de ativo intangível for incluída;
- conciliação do valor contábil no início e no fim do período, demonstrando:
  a. adições, indicando separadamente as que foram geradas por desenvolvimento interno e as adquiridas, bem como as adquiridas por meio de uma combinação de negócios;

b. ativos classificados como mantidos para venda ou incluídos em grupo de ativos classificados como mantidos para venda e outras baixas;
c. aumentos ou reduções durante o período, decorrentes de reavaliações e perda por desvalorização de ativos, reconhecidas ou revertidas diretamente no patrimônio líquido;
d. provisões para perdas de ativos, reconhecidas no resultado do período;
e. reversão de perda por desvalorização de ativos, apropriada ao resultado do período;
f. qualquer amortização reconhecida no período;
g. variações cambiais líquidas geradas pela conversão das demonstrações contábeis para a moeda de apresentação e de operações no exterior para a moeda de apresentação da entidade; e
h. outras alterações no valor contábil durante o período.

2.9.9 Tratamento contábil para pequenas e médias entidades

De acordo com o Pronunciamento Técnico PME (R1), o valor residual, a vida útil e o método de amortização dos ativos intangíveis necessitam ser revistos apenas quando houver indicação relevante de alteração. Todos os ativos intangíveis devem ser amortizados, inclusive o ágio por expectativa de rentabilidade futura, considerando um prazo máximo de dez anos para amortização, na falta de outro critério mais objetivo.

Gastos com pesquisa e desenvolvimento devem ser contabilizados como despesa no resultado. Ressalte-se que a divulgação de informações em notas explicativas é reduzida. Demais tópicos são semelhantes aos do CPC 04 (R1).

2.10 Arrendamento mercantil

No Brasil, o Pronunciamento Técnico CPC 06 (R1), do CPC, regulamenta o assunto "Arrendamento Mercantil", sendo seu principal objetivo estabelecer políticas e critérios contábeis sobre reconhecimento, mensuração e divulgação de informações de arrendamentos mercantis para os arrendadores e arrendatários.

Estão fora do escopo do CPC 06 (R1) os seguintes assuntos:

a. arrendamentos mercantis para explorar ou usar minérios, petróleo, gás natural e recursos similares não regeneráveis; e
b. acordos de licenciamento para itens, tais como fitas cinematográficas, registros de vídeo, peças de teatro, manuscritos, patentes e direitos autorais (*copyrights*).

Ainda estão fora da referida norma em termos de aplicação da base de mensuração os itens:

a. propriedade detida por arrendatário que seja contabilizada como propriedade de investimento;
b. propriedade de investimento fornecida pelos arrendadores de acordo com arrendamentos mercantis operacionais;
c. ativos biológicos detidos por arrendatários conforme arrendamentos mercantis financeiros;
d. ativos biológicos fornecidos por arrendadores conforme arrendamentos mercantis operacionais;
e. ativo decorrente de contrato de arrendamento mercantil financeiro que seja classificado pelo arrendador como mantido para venda.

2.10.1 Despacho Aneel nº 4.796/2008

Em 2008, a Aneel publicou o Despacho nº 4.796 referendando o CPC 06, que regulamenta as operações de arrendamento mercantil.

2.10.2 Aspectos conceituais

Para fins contábeis, os arrendamentos mercantis devem ser classificados no início do contrato em duas categorias do seguinte modo:

a. **Arrendamento mercantil financeiro:** é aquele que transfere ao arrendatário os riscos e benefícios relacionados à propriedade do bem arrendado, havendo ou não a transferência do título de propriedade. *Na essência econômica da transação, pode tratar-se de um bem que está sendo adquirido por meio de um financiamento.*
b. **Arrendamento mercantil operacional:** é um tipo de arrendamento diferente do arrendamento mercantil financeiro em que não há uma transferência substancial ao arrendatário dos riscos e benefícios inerentes à propriedade do bem arrendado *Pode caracterizar-se pela essência econômica da transação como aluguel de bens.*

De acordo com Leite (Padoveze, Benedicto e Leite, 2011), tal classificação de arrendamentos mercantis baseia-se na extensão até a qual os riscos e as vantagens inerentes à propriedade de um ativo arrendado permanecem no arrendador ou no arrendatário.

2.10.3 Arrendamento mercantil financeiro

As características e situações individuais ou conjuntas inerentes aos benefícios e riscos para se considerar um arrendamento mercantil financeiro são:

a. o arrendamento transfere a propriedade do ativo ao arrendatário no fim do período do arrendamento;

b. o arrendatário tem a opção de comprar o ativo por um preço que se espera ser tão menor que o valor justo na data final do arrendamento;
c. o prazo do arrendamento mercantil reflete a maior parte da vida útil do ativo;
d. no início do contrato, o valor presente dos pagamentos mínimos do arrendamento mercantil totaliza pelo menos substancialmente todo o valor justo do ativo arrendado;
e. os bens objeto de arrendamento mercantil são de natureza especializada de maneira que apenas o arrendatário pode usá-los sem grandes alterações;
f. se o arrendatário puder cancelar o contrato de arrendamento, as perdas do arrendador vinculadas ao cancelamento são de responsabilidade do arrendatário;
g. os ganhos ou as perdas da variação no valor justo do valor residual são atribuídos ao arrendatário; e
h. o arrendatário tem a capacidade de continuar o arrendamento mercantil por um período adicional com pagamentos que sejam substancialmente inferiores ao valor de mercado.

Portanto, não havendo a transferência substancial dos benefícios e riscos relacionados à propriedade do bem arrendado, verificada, principalmente, nas características e situações descritas anteriormente, o arrendamento mercantil deve ser classificado como operacional. Para melhor entendimento a esse respeito, temos a figura a seguir:

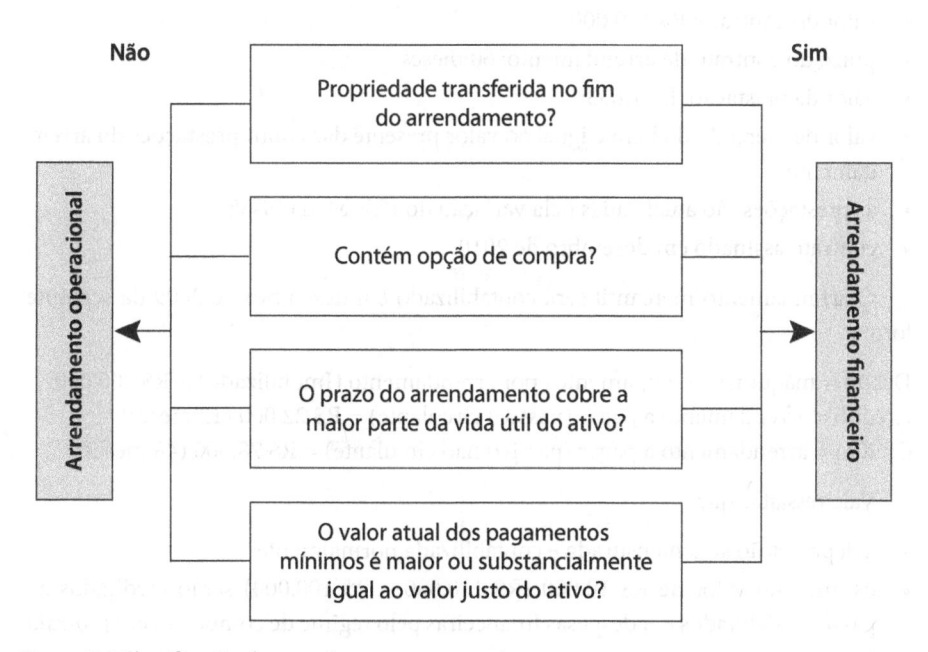

Figura 2.2 Classificação de arrendamentos mercantis.

2.10.4 Demonstrações contábeis do arrendatário

Reconhecimento do arrendamento mercantil

No início do contrato de arrendamento mercantil, a empresa arrendatária deve reconhecer seus arrendamentos em contas contábeis específicas, como segue:

- **Arrendamento financeiro:** deve ser refletido no balanço patrimonial pelo reconhecimento de um ativo e um passivo pelo valor justo do bem arrendado ou, se menor, pelo valor presente das prestações. Quaisquer custos diretos iniciais do arrendatário, tais como os de negociação e de garantia de acordos, são somados ao valor reconhecido como ativo e a depreciação deve ser realizada normalmente.

Considerando esse aspecto, um arrendamento mercantil financeiro de máquinas será contabilizado assim:

Débito	=	máquinas recebidas em arrendamento (ativo imobilizado)
Crédito	=	arrendamento mercantil a pagar (passivos circulante e não circulante)

Exemplo de reconhecimento de arrendamento de máquina (adaptado de Braga et al., 2008):

Características do contrato de arrendamento financeiro de máquina:

- valor do bem constante no contrato (ou valor de mercado): R$ 100.000;
- valor do contrato: R$ 110.000;
- prazo do contrato de arrendamento: 60 meses;
- valor da prestação: R$ 1.833;
- valor de mercado do bem é igual ao valor presente das contraprestações do arrendamento;
- as prestações são atualizadas pela variação do IGP-M, da FGV;
- contrato assinado em dezembro de 2010.

O arrendamento mercantil será contabilizado em dezembro de 2009 da seguinte forma:

Débito = máquinas e equipamentos por arrendamento (Imobilizado) = R$ 100.000
Crédito = arrendamento a pagar (passivo circulante) = R$ 22.000 (12 meses)
Crédito = arrendamento a pagar (passivo não circulante) = R$ 78.000 (48 meses)

Vale ressaltar que:

- a depreciação será mensurada e contabilizada normalmente;
- os juros no valor de R$ 10.000 (R$ 110.000 – R$ 100.000) serão creditados ao passivo e debitados em despesas financeiras pelo regime de competência e *pro-rata temporis*;

- a atualização da dívida pelo IGP-M será debitada em resultado a título de variação monetária passiva.
- **Arrendamento operacional:** deve ser reconhecido na demonstração de resultado como despesa de arrendamento mercantil.

Exemplo de reconhecimento de arrendamento de edifícios:

Débito = despesas de arrendamento mercantil (Resultado)
Crédito = arrendamento mercantil a pagar (Passivo)

Esclarecendo o exemplo anterior, temos: *edifícios arrendados têm uma vida útil que se estende muito além do final do prazo do arrendamento. Além disso, os contratos de arrendamento em longo prazo referentes a edifícios, muitas vezes, contêm cláusulas, segundo as quais os aluguéis são regularmente majorados para atingir preços de mercado. Não havendo transferência do título de propriedade, o arrendador retém uma parte significativa dos riscos e das compensações decorrentes da propriedade e tais arrendamentos são, portanto, normalmente classificados como arrendamentos operacionais.*

Divulgação do arrendamento mercantil financeiro

O CPC 06 (R1) determina que as empresas arrendatárias divulguem, no mínimo, as seguintes informações em notas explicativas às demonstrações contábeis sobre os arrendamentos financeiros:

- Para cada categoria de ativo, valor contábil líquido ao fim do período.
- Conciliação entre o total dos futuros pagamentos mínimos do arrendamento mercantil ao fim do período e seu valor presente. Além disso, a entidade deve divulgar o total dos futuros pagamentos mínimos do arrendamento mercantil ao fim do período, e seu valor presente, para cada um dos seguintes períodos:
  - até um ano;
  - mais de um ano e até cinco anos;
  - mais de cinco anos.
- Pagamentos contingentes reconhecidos como despesa durante o período.
- Valor, no fim do período, referente ao total dos futuros pagamentos mínimos de subarrendamento mercantil que se espera sejam recebidos nos subarrendamentos mercantis não canceláveis.
- Descrição geral dos acordos relevantes de arrendamento mercantil do arrendatário incluindo, mas não se limitando, ao seguinte:
  - base pela qual é determinado o pagamento contingente a efetuar;
  - existência e condições de opção de renovação ou de compra e cláusulas de reajustamento; e
  - restrições impostas por acordos de arrendamento mercantil, tais como as relativas a dividendos e juros sobre o capital próprio, dívida adicional e posterior arrendamento mercantil.

Divulgação do arrendamento mercantil operacional

O CPC 06 (R1) orienta as empresas arrendatárias que divulguem as seguintes informações sobre arrendamentos mercantis operacionais em notas explicativas:

- O total dos futuros pagamentos mínimos dos arrendamentos mercantis operacionais não canceláveis, para cada um dos seguintes períodos:
  - até um ano;
  - mais de um ano e até cinco anos;
  - mais de cinco anos.
- O total dos pagamentos mínimos futuros de subarrendamento mercantil que se espera que sejam recebidos nos subarrendamentos mercantis não canceláveis ao fim do período.
- Os pagamentos de arrendamento mercantil e de subarrendamento mercantil reconhecidos como despesa do período, com valores separados para pagamentos mínimos de arrendamento mercantil, pagamentos contingentes e pagamentos de subarrendamento mercantil.
- Uma descrição geral dos acordos relevantes de arrendamento mercantil do arrendatário incluindo, mas não se limitando, ao seguinte:
  - base pela qual é determinado o pagamento contingente a efetuar;
  - existência e condições de opção de renovação ou de compra e cláusulas de reajustamento; e
  - restrições impostas por acordos de arrendamento mercantil, tais como as relativas a dividendos e juros sobre o capital próprio, dívida adicional e posterior arrendamento mercantil.

2.10.5 Tratamento contábil para pequenas e médias entidades

O Pronunciamento Técnico PME (R1) não exige que o arrendatário reconheça os pagamentos sob os contratos de arrendamento mercantil operacional, em uma base linear, se os pagamentos para o arrendador são estruturados de modo a aumentar de acordo com a inflação esperada, de forma a compensar o arrendador pelo custo inflacionário no período. Ressalte-se que a divulgação de informações em notas explicativas é reduzida. Demais tópicos são semelhantes aos do CPC 06 (R1).

2.11 Ativo não circulante mantido para venda e operação descontinuada

A norma brasileira de contabilidade que regulamenta o assunto "Ativo Não Circulante Mantido para Venda e Operação Descontinuada" é o Pronunciamento Técnico CPC 31, do CPC.

De acordo com o CPC 31, por vezes, *uma companhia pode colocar à venda um grupo de ativos gerador de caixa*, possivelmente com alguns passivos diretamente associados a ele, em conjunto em uma única operação. Desse modo, espera-se que seu valor contábil seja recuperado pela transação de venda. Levando-se em conta esse aspecto, o CPC 31 estabelece critérios para contabilização de ativos não circulantes mantidos para venda (colocados à venda) pela companhia, bem como trata da apresentação e divulgação de operações descontinuadas. Portanto, todos os ativos não circulantes reconhecidos de acordo com o CPC 26 – R1 (Apresentação das Demonstrações Contábeis) são alcançados pelas referidas normas contábeis. Os principais ativos são os seguintes:

- investimentos societários;
- imobilizados; e
- intangíveis.

Ressalte-se que os ativos classificados como não circulantes, de acordo com o CPC 26 (R1), não devem ser reclassificados para ativos circulantes enquanto não satisfizerem aos critérios de classificação como mantidos para venda conforme o CPC 31.

2.11.1 Despacho Aneel nº 4.722/2009

A Aneel em 2009 publicou o Despacho nº 4.722 referendando o CPC 31, que trata dos ativos não circulantes mantidos para venda e das operações descontinuadas.

2.11.2 Aspectos conceituais

Componentes de uma empresa

Componentes de uma empresa são unidades operacionais e fluxos de caixa que podem ser claramente distinguidos do restante da empresa, enquanto detidas para uso, como segmentos econômicos (de negócios).

Operações descontinuadas

De acordo com Leite (Padoveze, Benedicto e Leite, 2011), operações descontinuadas são componentes de uma empresa que foram alienados ou estão classificados como mantidos para venda, representando um segmento econômico ou geográfico, ou ainda pode representar uma subsidiária adquirida exclusivamente para revenda.

2.11.3 Critérios de classificação de ativos não circulantes mantidos para venda

Alguns critérios são estabelecidos pelo CPC 31 para classificação de ativos não circulantes como mantidos para venda. Os principais são os seguintes:

- Uma companhia deve classificar um ativo não corrente ou um grupo para alienação como mantido para venda se seu valor contábil vai ser recuperado principalmente por meio de uma operação de venda, e não pelo uso continuado.
- O ativo ainda deve estar disponível para venda imediata na sua condição presente estando sujeito apenas aos termos habituais de mercado para realização da transação de venda.
- A venda do ativo deve ser altamente provável.
- A administração da companhia deve estar empenhada para vender o ativo, apresentando por meio de um "Plano Estratégico de Venda" as ações que serão desenvolvidas para que a venda possa ser concretizada, considerando o prazo de realização de no máximo um (1) ano.
- Havendo circunstâncias ou acontecimentos fora do controle da companhia que a impossibilite de vender o ativo dentro do prazo de um (1) ano, não há necessidade de reclassificá-lo novamente se os esforços para vendê-lo ainda continuam dentro do "Plano Estratégico de Venda".
- As transações de venda podem incluir trocas de ativos não circulantes por outros ativos não circulantes quando uma troca tiver substância comercial de acordo com o CPC 27, que tratam de ativos imobilizados.
- Quando uma companhia adquire um ativo não circulante (ou um grupo de ativos) exclusivamente para alienação posterior, somente deve classificar o ativo (ou o grupo de ativos) como mantido para venda após a data de aquisição, se o requisito de um (1) ano for satisfeito.

Exemplo de classificação

Contextualização

A administração de uma companhia está empenhada para vender uma de suas unidades fabris por meio de um plano estratégico de venda, iniciando as ações necessárias para localizar um comprador em potencial.

A unidade fabril já está disponível para venda imediata e a companhia pretende transferi-la a um possível comprador após o término da desocupação que deverá levar um mês e depois que o comprador aderir ao plano de venda a partir das negociações habituais que deverá levar nove meses (prazo para localizar o comprador e fechar o acordo de venda).

O andamento do processo de venda da unidade fabril indica que a alienação desse grupo de ativos é altamente provável no momento atual.

Análise

O grupo de ativos vinculado à unidade fabril atende à classificação de ativo não circulante como mantido para venda, pois o principal fator de classificação foi atendido:

O ativo está disponível para venda imediata na sua condição presente estando sujeito apenas aos termos habituais de mercado para realização da transação de venda.

2.11.4 Ativos não circulantes baixados (abandonados)

Uma empresa não deve classificar como mantido para venda um ativo não circulante (ou grupo de ativos) que deverá ser baixado (abandonado). Esse aspecto se deve ao fato de sua quantia escriturada ser recuperada principalmente através do uso continuado.

Os ativos não circulantes (ou grupos de ativos) que serão baixados incluem aqueles que deverão ser usados até o fim de sua vida econômica e os que deverão ser encerrados ou abandonados em vez de vendidos.

Uma empresa não deve reconhecer contabilmente o ativo não circulante que tenha sido temporariamente retirado de serviço como se tivesse sido baixado.

2.11.5 Mensuração

O ativo não circulante mantido para venda deve ser mensurado inicialmente pelo menor valor entre seu custo de aquisição e seu valor justo menos suas despesas de venda estimadas (atendimento ao princípio da prudência/conservadorismo).

Exemplo de mensuração

A seguir, é apresentado certo exemplo de mensuração de um prédio onde está instalada a sede administrativa de determinada companhia, que ora foi classificado como mantido para venda:

Valor contábil	=	R$ 900
Valor justo	=	R$ 1.200
(−) Despesas de venda	=	R$ 400
(=) Valor justo líquido	=	R$ 800

Valor da remensuração = R$ 800 (menor valor entre o valor contábil e o valor justo líquido)
A diferença de R$ 100 (R$ 900 − R$ 800), decorrente da remensuração do prédio, deve ser contabilizada como perda na recuperação do ativo de acordo com o CPC 01 − R1 (Redução ao Valor Recuperável de Ativos).

Observação

Ao esperar que a venda ocorra em determinado período superior a um ano, a companhia deve mensurar os custos estimados de venda pelo valor presente. Qualquer aumento no valor presente dos custos que resulte da passagem do tempo deve ser apresentado no resultado como gastos de financiamento (despesas financeiras).

2.11.6 *Impairment*, depreciação e amortização

O teste de *impairment* deve ser realizado no ativo não circulante até sua definitiva classificação como mantido para venda. A empresa não deve depreciar (ou amortizar) um ativo não circulante classificado como mantido para venda. Sua suspensão se dará a partir da reclassificação como mantido para venda.

2.11.7 Apresentação no balanço patrimonial

Uma empresa deve apresentar um ativo não circulante (ou um grupo de ativos) classificado como mantido para venda separadamente dos outros ativos no balanço patrimonial, bem como os passivos associados diretamente a tais ativos não circulantes mantidos para venda do seguinte modo:

Ativo circulante	Passivo circulante
Caixa e equivalentes	Fornecedores
Contas a receber	Salários
Estoques	Impostos
Ativos não circulantes mantidos para venda	Financiamentos associados a ativos não circulantes mantidos para venda

2.11.8 Apresentação na demonstração do resultado

Depois da alienação do ativo não circulante mantido para venda, a companhia deve apresentar na demonstração de resultado (após os impostos sobre lucro) o valor do resultado da operação descontinuada.

DEMONSTRAÇÃO DO RESULTADO POR FUNÇÃO	NOTA	2011	2010
Receitas líquidas de vendas			
(−) Custo dos produtos vendidos			
Lucro bruto			
(+) Outras receitas (−) Despesas operacionais (gerais, administrativas, comerciais etc.) (−) Outras despesas			
(+/−) Resultado de participações societárias pela equivalência patrimonial			

(continua)

(continuação)

DEMONSTRAÇÃO DO RESULTADO POR FUNÇÃO	NOTA	2011	2010
Lucro líquido antes do resultado financeiro			
1. (+) Receitas financeiras			
2. (−) Despesas financeiras			
3. (+/−) Variação cambial líquida			
4. (+/−) Variação monetária líquida			
5. (+/−) Ganhos e perdas com derivativos			
(=) Resultado Financeiro (1 a 5)			
Resultado antes dos tributos sobre o lucro			
(−) Tributos sobre o lucro correntes			
(−) Tributos sobre o lucro diferidos			
RESULTADO LÍQUIDO DAS OPERAÇÕES CONTINUADAS			
(+/−) Resultado líquido após tributos das operações descontinuadas			
RESULTADO LÍQUIDO DO PERÍODO			
Resultado líquido atribuível aos controladores			
Resultado líquido atribuível aos não controladores			

2.11.9 Divulgação

Em notas explicativas uma empresa deve divulgar as seguintes informações sobre ativos não circulantes mantidos para venda e operações descontinuadas:

- descrição do ativo (ou grupo de ativos) não circulante;
- descrição dos fatos e das circunstâncias da venda, ou que conduziram à alienação esperada, forma e cronograma esperados para essa alienação;
- ganho ou perda reconhecido(a) e, se não for apresentado(a) separadamente na demonstração do resultado, a linha na demonstração do resultado que inclui esse ganho ou perda;
- se aplicável, segmento em que o ativo não circulante ou o grupo de ativos mantido para venda está apresentado de acordo com o CPC 22, que tratam de relatórios por segmento.

2.11.10 Tratamento contábil para pequenas e médias entidades

O Pronunciamento Técnico PME (R1) não aborda o assunto Ativos Não Circulantes Mantidos para Venda e Operações Descontinuadas de maneira específica como preconizado no Pronunciamento Técnico CPC 31. Contudo, é importante a divulgação de informações em notas explicativas.

2.12 Benefícios a empregados de curto prazo

A norma brasileira de contabilidade que regulamenta o tema "Benefícios a Empregados de Curto Prazo" é o Pronunciamento Técnico CPC 33, do CPC.

O objetivo do CPC 33 é estabelecer o reconhecimento e a divulgação dos benefícios concedidos aos empregados. A referida norma deve ser aplicada pela empresa empregadora/patrocinadora na contabilização de todos os benefícios concedidos a empregados.

Os benefícios a empregados, de acordo com o CPC 33, incluem aqueles proporcionados:

a. por planos ou acordos formais entre a empresa e os empregados individuais, grupos de empregados ou seus representantes;
b. por disposições legais, ou por meio de acordos setoriais, pelos quais se exige que as empresas contribuam para planos nacionais, estatais, setoriais ou outros; ou
c. por práticas informais que deem origem a uma obrigação construtiva (ou obrigação não formalizada). Práticas informais dão origem a uma obrigação construtiva quando a empresa não tiver alternativa senão pagar os benefícios. Pode-se citar como exemplo de obrigação construtiva a situação em que uma alteração nas práticas informais da empresa cause dano inaceitável no seu relacionamento com os empregados.

2.12.1 Despacho Aneel nº 4.722/2009

Em 2009, a Aneel publicou o Despacho nº 4.722 referendando o CPC 33, que trata dos benefícios a empregados concedidos por uma empresa.

2.12.2 Aspectos conceituais

Benefício a empregado

Toda forma de compensação proporcionada pela empresa a seus empregados em troca de serviços prestados representa benefício a empregado.

De acordo com o CPC 33, os benefícios a empregados incluem os benefícios oferecidos tanto aos empregados como a seus dependentes e que podem ser liquidados por meio de pagamentos (ou o fornecimento de bens e serviços) feitos diretamente a empregados, seus cônjuges, filhos ou outros dependentes ou ainda por terceiros, como entidades de seguro. Ressalte-se que o empregado pode prestar serviços a uma empresa em período integral, parcial, permanente, casual ou temporariamente.

Os benefícios a empregados podem incluir:

a. **benefícios de curto prazo:** salários, contribuições para a previdência social, licença por doença remunerada, participação nos resultados (se devidos dentro de doze meses) e outros (moradia, assistência médica, automóveis etc.);

b. **benefícios pós-emprego:** pensões, seguro de vida pós-emprego, assistência médica pós-emprego;
c. **outros benefícios de longo prazo:** gratificação por tempo de serviço, benefícios de invalidez de longo prazo, entre outros.
d. **benefícios por desligamento:** relacionados com as adesões em programas de demissão voluntária.

Benefício de curto prazo

Benefícios de curto prazo a empregado é o benefício (exceto benefício por desligamento) devido dentro de um período de doze meses após a prestação do serviço pelos empregados.

Os benefícios de curto prazo a empregados incluem:

a. ordenados, salários e contribuições para a previdência social;
b. licenças remuneradas de curto prazo (tais como licença anual remunerada e licença por doença remunerada) em que se espera que a compensação pelas faltas ocorra dentro de doze meses após o fim do período em que os empregados prestam o respectivo serviço.
c. participação nos lucros e gratificações pagáveis dentro de doze meses após o fim do período em que os empregados prestam o respectivo serviço; e
d. benefícios não monetários (tais como assistência médica, moradia, automóvel e bens ou serviços gratuitos ou subsidiados) para os empregados atuais.

2.12.3 Reconhecimento e mensuração

De acordo com Leite (Padoveze, Benedicto e Leite, 2011), a contabilização dos benefícios de curto prazo aos empregados é geralmente direta, pois não é necessária a adoção de premissas atuariais para mensurar a obrigação ou o custo, e não há possibilidade de qualquer ganho ou perda atuarial. Ressalte-se que as obrigações decorrentes dos benefícios a empregados de curto prazo não são mensuradas a valor presente.

O reconhecimento de montantes não descontados de todos os benefícios de curto prazo deverá considerar:

a. *como passivo*, após a dedução de qualquer quantia já paga. Se a quantia já paga exceder a quantia não descontada dos benefícios, a empresa deve reconhecer o excesso como ativo (despesa paga antecipadamente), contanto que a despesa antecipada conduza, por exemplo, a uma redução dos pagamentos futuros ou a uma restituição de caixa; e
b. *como despesa*, salvo se outra norma exigir ou permitir a inclusão dos benefícios no custo de ativo (ver, por exemplo, a IAS 16 e o CPC 27, que tratam de ativos imobilizados).

Licença remunerada de curto prazo

A empresa pode remunerar os empregados por ausência por várias razões, incluindo: férias, doença e invalidez por curto prazo, maternidade ou paternidade, serviços de tribunais e serviço militar.

A companhia deve reconhecer o custo esperado de benefícios de curto prazo na forma de licenças remuneradas, da seguinte forma conforme o CPC 33:

1. *no caso de licenças remuneradas cumulativas, quando o serviço prestado pelos empregados aumenta o seu direito a ausências remuneradas futuras; e*
2. *no caso de licenças remuneradas não cumulativas, quando ocorrem as faltas.*

Participação nos lucros e resultados

O custo esperado de participação nos lucros e de gratificações deve ser reconhecido, se e somente se:

a. *a empresa tiver a obrigação legal ou construtiva de fazer tais pagamentos em consequência de acontecimentos passados; e*
b. *a obrigação puder ser estimada de maneira confiável.*

Obrigação construtiva

Em alguns planos de participação nos lucros, os empregados só recebem uma parcela do lucro se permanecerem na empresa durante determinado período. Tais planos criam uma obrigação construtiva à medida que os empregados prestam serviço que aumenta a quantia a ser paga se permanecerem na empresa até o fim do período.

A mensuração de tais obrigações construtivas deve refletir a possibilidade de alguns empregados se desligarem e não receberem a participação no lucro.

Exemplo

Um plano de participação nos lucros requer que a empresa pague uma parcela do lucro líquido do ano aos empregados.

Caso nenhum dos empregados se desligue durante o ano, o total dos pagamentos de participação nos lucros será de 3% do lucro líquido.

A empresa estima que a taxa de rotatividade de pessoal reduza os pagamentos para 2,5% do lucro líquido.

A empresa reconhece um passivo e uma despesa de 2,5% do lucro líquido.

2.12.4 Divulgação

Embora o CPC 33 não exija divulgações específicas sobre benefícios de curto prazo a empregados, outras normas podem exigi-las, como o CPC 05 (R1) – Divulgação sobre Partes Relacionadas.

2.12.5 Tratamento contábil para pequenas e médias entidades

A Seção 28 do Pronunciamento Técnico PME (R1) é semelhante ao Pronunciamento Técnico CPC 33 quanto aos critérios contábeis aplicáveis a benefícios de curto prazo concedidos aos empregados. Ressalte-se que a divulgação de informações em notas explicativas não é requerida para benefícios a empregados de curto prazo.

2.13 Provisões e contingências

O Pronunciamento Técnico CPC 25, do Comitê de Pronunciamentos Contábeis, é a norma brasileira que trata do assunto Provisões, Ativos e Passivos Contingentes.

Estabelecer que sejam aplicados critérios de reconhecimento e bases de mensuração apropriados a provisões e a ativos e passivos contingentes e que seja divulgada informação suficiente nas notas explicativas é o principal objetivo do CPC 25.

O CPC 25 deve ser aplicado na contabilização de provisões, ativos e passivos contingentes, exceto:

a. os que resultem de contratos a executar, a menos que o contrato seja oneroso; e
b. os cobertos por outras normas contábeis.

Certas provisões, certos ativos e passivos contingentes são tratados em outras normas e devem seguir suas regras, tais como:

- contratos de construção (CPC 17);
- tributos sobre o lucro (CPC 32);
- arrendamentos mercantis (CPC 06 – R1);
- benefícios a empregados (CPC 33);
- contratos de seguros (CPC 11);
- instrumentos financeiros (CPC 38 e CPC 39);
- combinação de negócios (CPC 15 – R1).

2.13.1 Despacho Aneel nº 4.722/2009

Em 2009, a Aneel emitiu o Despacho nº 4.722 referendando o CPC 25, que regulamenta as provisões contingências.

2.13.2 Aspectos conceituais

O CPC 25 apresenta algumas definições de termos como segue:

- **Provisão:** é um passivo de valor e vencimento incertos.

- **Ativo contingente:** é um possível ativo que surge de eventos passados e que será confirmado a partir de eventos futuros incertos, que não estão sob o controle da empresa.
- **Passivo contingente:** é uma obrigação possível que surge de eventos passados e que será confirmada pela ocorrência de eventos futuros incertos, que não estão sob o controle da empresa.
- **Obrigação legal:** é uma obrigação que deriva de um contrato, da legislação ou de outros dispositivos legais.
- **Reestruturação:** é um programa planejado e controlado pela empresa que muda significativamente seus negócios ou a sua gestão.

Percebe-se que a norma internacional considera "contingência" uma condição ou situação, cujo resultado final, favorável ou desfavorável, será somente confirmado caso ocorram, ou não ocorram, um ou mais eventos futuros incertos.

Dessa forma, as contingentes ativas ou passivas representam condições ou situações existentes, cujo efeito financeiro será determinado por eventos futuros à data das demonstrações contábeis, que podem ou não ocorrer.

Conforme Leite (Padoveze, Benedicto e Leite, 2011), geralmente a probabilidade de acontecimento ou não e os valores estimados correspondentes às provisões das despesas incertas são determinados pelo julgamento e experiência da administração da companhia. A auditoria também recomenda o reconhecimento dessas despesas pela probabilidade e risco de sua efetivação.

Os exemplos mais comuns de passivos contingentes são:

- ações trabalhistas e previdenciárias em julgamento; e
- processos judiciais fiscais e tributários em andamento.

2.13.3 Provisões e outros passivos

As provisões são distinguidas de outros passivos que apresentam valores e vencimentos para liquidação certos e conhecidos, como fornecedores, salários a pagar, pois elas, de acordo com o CPC 25, são caracterizadas pela incerteza de realização.

2.13.4 Provisões e passivos contingentes

No sentido geral, todas as provisões são passivos contingentes em razão de sua incerteza quanto ao vencimento e valor. O termo "passivo contingente" é usado para passivos que não satisfaçam os critérios de reconhecimento nas demonstrações contábeis.

2.13.5 Reconhecimento de provisões

Para reconhecer uma provisão, a companhia deve observar os seguintes critérios contábeis de reconhecimento:

a. a companhia tem uma obrigação presente (legal ou não formalizada) como resultado de evento passado;
b. seja provável que será necessária uma saída de recursos que incorporam benefícios econômicos para liquidar a obrigação; e
c. possa ser feita uma estimativa confiável do valor da obrigação.

Caso essas condições não sejam satisfeitas, nenhuma provisão deve ser reconhecida.

2.13.6 Reconhecimento de ativos e passivos contingentes

Ativos contingentes

O ativo contingente somente é reconhecido se a realização da receita for praticamente certa, esgotando-se todas as possibilidades de recurso. Sendo provável a entrada de benefícios econômicos, os ativos contingentes devem ser divulgados em nota explicativa.

Ativos contingentes não devem ser reconhecidos (Princípio da Prudência/Conservadorismo).

Reembolsos

Nos casos em que há a expectativa de que parte ou todo o valor requerido para liquidar a obrigação provisionada será reembolsado por terceiros (exemplos: contratos de seguros e garantias de fornecedores), o reembolso somente deverá ser reconhecido quando for praticamente certo seu recebimento.

O reembolso deverá ser tratado como um ativo separado e não poderá exceder o valor da provisão.

Passivos contingentes

A Figura, 2.3, resume o processo de reconhecimento e divulgação dos passivos contingentes.

a. **Obrigação provável:** quando a obrigação for classificada pelo setor jurídico da empresa como de provável realização financeira, de acordo com sua experiência em transações semelhantes e se for possível estimar seu valor com segurança, a companhia realiza a provisão e ainda divulga informações em notas explicativas.
b. **Obrigação possível:** nessa categoria as obrigações são apenas divulgadas em notas explicativas, sendo dispensada a empresa das provisões correspondentes.
c. **Obrigação remota:** a empresa nesse caso não provisiona nem divulga informações sobre os passivos contingentes remotos.

Processo de reconhecimento e divulgação

Obrigação provável	→	Provisionar e divulgar em Nota Explicativa *A estimativa é confiável*
Obrigação possível	→	Divulgar em Nota Explicativa
Obrigação remota	→	Não fazer nada

Figura 2.3 Reconhecimento e divulgação de passivos contingentes.

2.13.7 Mensuração

O valor de reconhecimento nas demonstrações contábeis como provisão deverá ser a melhor estimativa do gasto exigido para liquidar a obrigação na data do balanço patrimonial. Essa estimativa é determinada pela administração da empresa, baseada na experiência de transações similares e pela análise de especialistas independentes. Riscos e incertezas deverão ser considerados para alcançar a melhor estimativa da provisão.

Conforme o CPC 25, uma provisão deve ser mensurada antes dos impostos. As consequências tributárias da provisão são tratadas pelas normas sobre tributos sobre o lucro (CPC 32).

2.13.8 Ajuste a valor presente

Quando o efeito do valor do dinheiro no tempo é material, o valor da provisão deve ser o valor presente dos desembolsos que se espera que sejam exigidos para liquidar a obrigação. A taxa de desconto deve ser a taxa antes dos impostos que reflita as atuais avaliações de mercado quanto ao valor do dinheiro no tempo e os riscos específicos para o passivo.

2.13.9 Alterações em provisões

As provisões devem ser revistas em cada fechamento das demonstrações contábeis e ajustadas como forma de refletir a melhor estimativa corrente. Se deixar de ser provável a obrigação provisionada, seu valor deverá ser revertido.

2.13.10 Reestruturação

A provisão para custos de reestruturação somente é reconhecida nas demonstrações contábeis quando os critérios gerais para reconhecimento são atendidos.

São exemplos de atividades de reestruturação da gestão e dos negócios de uma empresa:
- venda, encerramento ou realocação de uma linha de negócios;
- eliminação de um nível da administração;
- fechamento de instalações industriais.

2.13.11 Divulgação

O CPC 25 requer que sejam divulgadas, no mínimo, as seguintes informações em notas explicativas para cada classe de provisão:
- uma breve descrição da natureza da obrigação e o cronograma esperado de quaisquer saídas de benefícios econômicos resultantes;
- uma indicação das incertezas sobre o valor ou o cronograma dessas saídas. Sempre que necessário para fornecer informações adequadas, a companhia deve divulgar as principais premissas adotadas em relação a eventos futuros;
- a quantia escriturada no começo e no fim do período;
- as provisões adicionais feitas no período, incluindo aumentos nas provisões existentes;
- as quantias usadas (isto é, incorridas e debitadas à provisão) durante o período;
- quantias não usadas revertidas durante o período;
- o aumento durante o período na quantia descontada proveniente da passagem do tempo e o efeito de qualquer alteração na taxa de desconto;
- o valor de qualquer reembolso esperado, declarando o valor de qualquer ativo que tenha sido reconhecido por conta desse reembolso esperado;
- não é exigida informação comparativa.

2.13.12 Tratamento contábil para pequenas e médias entidades

De acordo com o Pronunciamento Técnico PME (R1), os passivos contingentes classificados como "prováveis" e "possíveis" devem ser divulgados em notas explicativas. Ressalte-se que a divulgação de informações em notas explicativas é reduzida. Demais tópicos são semelhantes aos do CPC 25.

2.14 Tributos sobre o lucro

No Brasil, o Pronunciamento Técnico CPC 32 regulamenta o assunto "Tributos sobre o Lucro".

De acordo com o CPC 32, o ponto principal no reconhecimento dos tributos sobre o lucro é como contabilizar os efeitos fiscais correntes e futuros de:

- futura recuperação (liquidação) do valor contábil dos ativos (passivos) que são reconhecidos no balanço patrimonial da empresa; e
- operações e outros eventos do período atual que são reconhecidos nas demonstrações contábeis da empresa.

2.14.1 Despacho Aneel nº 4.722/2009

A Aneel emitiu em 2009 o Despacho nº 4.722 referendando o CPC 32, que regulamenta a contabilização dos tributos sobre o lucro.

2.14.2 Aspectos conceituais

Tributo sobre o lucro (impostos sobre a renda)

Imposto sobre a renda pode ser definido como uma operação de tributação sobre o lucro auferido pelas companhias em determinado período, sendo cobrado pelas autoridades tributárias do Brasil.

Lucro tributável

Lucro tributável é o lucro de um período, determinado de acordo com as regras estabelecidas pelas autoridades fiscais, sobre o qual são pagos (ou recuperáveis) impostos sobre a renda.

Tributo corrente

Tributo corrente é a quantia a pagar (ou a recuperar) de impostos sobre a renda conforme o lucro tributável de um período.

Passivos por impostos diferidos

Passivos por impostos diferidos são as quantias de impostos sobre a renda pagáveis em períodos futuros com respeito a diferenças temporárias tributáveis.

Ativos por impostos diferidos

Ativos por impostos diferidos são as quantias de impostos sobre a renda recuperáveis em períodos futuros inerentes a:

- diferenças temporárias dedutíveis;
- compensação de perdas fiscais não utilizadas; e
- compensação de créditos tributáveis não utilizados.

Diferença temporária

Diferença temporária é a diferença entre o valor contábil de ativo ou passivo no balanço patrimonial e sua base fiscal. As diferenças temporárias podem ser tanto:

a. *diferença temporária tributável* é a diferença temporária que resulta em valores tributáveis para determinar o lucro tributável (prejuízo fiscal) de períodos futuros quando o valor contábil de ativo ou passivo é recuperado ou liquidado; ou
b. *diferença temporária dedutível* é a diferença temporária que resulta em valores que são dedutíveis para determinar o lucro tributável (prejuízo fiscal) de futuros períodos quando o valor contábil do ativo ou passivo é recuperado ou liquidado.

Exemplos de diferenças temporárias tributáveis que afetam o resultado:

- A depreciação do ativo imobilizado é acelerada para fins fiscais.
- Os custos de desenvolvimento foram capitalizados e serão amortizados na demonstração do resultado, mas foram deduzidos para determinar o lucro tributável no período em que eles foram incorridos.

Ressalte-se que todas as diferenças temporárias tributáveis dão margem ao passivo fiscal diferido.

Exemplos de diferenças temporárias dedutíveis que afetam o resultado:

- A depreciação acumulada do ativo no balanço patrimonial é maior que a depreciação acumulada permitida até o fim do período que está sendo reportado para fins fiscais.
- Os gastos com pesquisa são reconhecidos como despesa na apuração do lucro contábil, mas somente são permitidos como dedução para determinar o lucro tributável em período posterior.

Vale ressaltar que todas as diferenças temporárias dedutíveis dão origem a ativos fiscais diferidos.

Base fiscal de ativo

De acordo com o CPC 32, a base fiscal de um ativo é o valor que será dedutível para fins fiscais contra quaisquer benefícios econômicos tributáveis que fluirão para a empresa quando ela recuperar o valor contábil desse ativo. Se aqueles benefícios econômicos não forem tributáveis, a base fiscal do ativo é igual a seu valor contábil.

Exemplo de base fiscal de ativo

Os juros a receber têm o valor contábil de R$ 800. A receita de juros relacionada é tributada pelo regime de caixa. A base fiscal dos juros a receber é zero.

Base fiscal de passivo

Conforme o CPC 32, a base fiscal de um passivo é seu valor contábil, menos qualquer valor que será dedutível para fins fiscais relacionado àquele passivo em períodos futuros. No caso da receita que é recebida antecipadamente, a base fiscal do passivo resultante é seu valor contábil, menos qualquer valor da receita que não será tributável em períodos futuros.

Exemplo de base fiscal de passivo

O passivo circulante inclui receita de juros recebidos antecipadamente com o valor contábil de R$ 800. A receita de juros correspondente foi tributada em regime de caixa. A base fiscal dos juros recebidos antecipadamente é zero.

2.14.3 Reconhecimento de passivos e ativos fiscais correntes

Os tributos sobre lucros correntes e anteriores devidos devem ser reconhecidos como passivos. De outro modo, caso o montante já pago de tributos sobre lucros de períodos atual e anteriores exceder o montante devido para aqueles períodos, o excesso deve ser reconhecido como ativo.

Já o benefício referente a um prejuízo fiscal que pode ser compensado para recuperar o tributo sobre lucro corrente de um período anterior deve ser reconhecido como ativo.

A contrapartida do reconhecimento dos passivos e ativos fiscais correntes será como receita ou despesa no resultado, exceto quando o tributo provenha de:
- transação ou evento que é reconhecido no mesmo período ou em um período diferente, fora do resultado, em outros resultados abrangentes ou diretamente no patrimônio líquido; ou
- combinação de negócios.

2.14.4 Reconhecimento de passivos e ativos fiscais diferidos

De acordo com Leite (Padoveze, Benedicto e Leite, 2011), tributos diferidos representam o processo de registro dos efeitos fiscais futuros nas demonstrações contábeis, considerando a recuperação (ativo fiscal diferido) ou liquidação (passivo fiscal diferido). Caracteriza-se pelo reconhecimento nas demonstrações contábeis das "diferenças temporárias", mensuradas a partir de distintos tratamentos do lucro contábil e do lucro fiscal.

A diferença entre o lucro contábil e o lucro tributável surge em razão de adições e/ou exclusões de despesas dedutíveis e/ou indedutíveis, consideradas:

a. **diferenças permanentes:** quando adicionadas ou excluídas do lucro não serão mais consideradas, exemplo: doações; e

b. **diferenças temporárias:** são adicionadas ou excluídas em períodos diferentes nos livros contábeis e fiscais, exemplo: provisão para devedores duvidosos (PDD).

Para visualizarmos melhor as diferenças encontradas no lucro contábil e fiscal, suponha os acontecimentos das seguintes operações em uma companhia:

Operações	Visão contábil	Visão fiscal
Lucro líquido antes do imposto de renda	10.000,00	10.000,00
(−) Lucro inflacionário não realizado (Exclusão)	−	(1.000,00)
(=) Lucro contábil/fiscal antes do imposto de renda	10.000,00	9.000,00
(×) Alíquota do imposto de renda	25%	25%
(=) Imposto de renda	2.500,00	2.250,00

A operação que diferiu o imposto de renda em R$ 250,00 (R$ 2.500,00 menos R$ 2.250,00) foi o lucro inflacionário não realizado. A importância de R$ 250,00 correspondente ao imposto de renda diferido deverá ser paga em exercícios futuros. Nesse caso, a postergação do prazo de pagamento será refletida na contabilidade desta forma:

Débito − Despesas com imposto de renda (despesa)   R$ 2.500,00
Crédito − Imposto de renda a pagar (passivo circulante)   R$ 2.250,00
Crédito − Imposto de renda diferido (passivo não circulante)   R$ 250,00

A seguir, apresentamos outro exemplo de avaliação e cálculo de imposto de renda diferido:

1. **Resultado contábil e fiscal**
   Lucro contábil   R$ 100.000
   Diferenças temporárias:
   Adições ao lucro − PDD   R$ 20.000
   Diferenças permanentes:
   Adições ao lucro − Doações   R$ 10.000
   Lucro tributável   **R$ 130.000**

2. **Composição da conta clientes**

	Contábil	Fiscal	Diferença
Clientes brutos	R$ 100.000	R$ 100.000	–
(–) PDD	(R$ 20.000)	–	(R$ 20.000)
Clientes líquidos	**R$ 80.000**	**R$ 100.000**	**(R$ 20.000)**

3. **Cálculo do imposto de renda diferido**

   R$ 20.000 (diferença temporária) × 25% (alíquota do imposto de renda)
   R$ 5.000 (Imposto de renda diferido ativo)

4. **Contabilização**

   Débito – Imposto de renda diferido (ativo não circulante)
   Crédito – Imposto de renda diferido (resultado)
   Valor = R$ 5.000

Diferença temporária tributável

De acordo com o CPC 32, um passivo fiscal diferido deve ser reconhecido para todas as diferenças temporárias tributáveis, exceto o passivo fiscal diferido que advenha de:

- reconhecimento inicial de ágio derivado da expectativa de rentabilidade futura (*goodwill*); ou
- reconhecimento inicial de ativo ou passivo em transação que:
  - não é combinação de negócios; e
  - no momento da transação, não afeta nem o lucro contábil nem o lucro tributável (prejuízo fiscal).

A contrapartida do reconhecimento dos passivos fiscais diferidos será como despesa no resultado, exceto quando o tributo provenha de:
- transação ou evento que é reconhecido no mesmo período ou em um período diferente, fora do resultado, em outros resultados abrangentes ou diretamente no patrimônio líquido; ou
- combinação de negócios.

Diferença temporária dedutível

Conforme o CPC 32, o ativo fiscal diferido deve ser reconhecido para todas as diferenças temporárias dedutíveis na medida em que seja provável a existência de lucro tributável contra o qual a diferença temporária dedutível possa ser utilizada, a não ser que o ativo fiscal diferido surja do reconhecimento inicial de ativo ou passivo na transação que:

- não é uma combinação de negócios; e
- no momento da transação não afeta nem o lucro contábil nem o lucro tributável (prejuízo fiscal).

A contrapartida do reconhecimento dos ativos fiscais diferidos será como receita no resultado, exceto quando o tributo provenha de:

- transação ou evento que é reconhecido no mesmo período ou em um período diferente, fora do resultado, em outros resultados abrangentes ou diretamente no patrimônio líquido; ou
- combinação de negócios.

Prejuízos e créditos fiscais não utilizados

Um ativo fiscal diferido deve ser reconhecido no balanço patrimonial para o registro de prejuízos fiscais não utilizados e créditos fiscais não utilizados na medida em que seja provável que estarão disponíveis lucros tributáveis futuros contra os quais os prejuízos fiscais não utilizados e créditos fiscais não utilizados possam ser usados. Para o CPC 32, uma empresa deve avaliar a probabilidade de que haverá disponibilidade de lucro tributável no futuro para compensação de prejuízos ou créditos fiscais ainda não utilizados. Os critérios de avaliação estão dispostos a seguir:

- se a empresa tem diferenças temporárias tributáveis suficientes relacionadas com a mesma autoridade tributária e a mesma entidade tributável que resultarão em valores tributáveis contra os quais os prejuízos fiscais ou créditos fiscais não utilizados podem ser usados antes que expirem;
- se for provável que a empresa terá lucros tributáveis antes que os prejuízos fiscais ou créditos fiscais não utilizados expirem;
- se os prejuízos fiscais não utilizados resultarem de causas identificáveis que são improváveis de ocorrer novamente; e
- se estiverem disponíveis para a empresa oportunidades de planejamento tributário que criarão lucro tributável no período em que prejuízos fiscais ou créditos fiscais não utilizados possam ser usados.

Como exemplo de avaliação, temos o seguinte:

Uma empresa melhora e flexibiliza suas políticas de distribuição de energia elétrica, aumentando assim sua capacidade de gerar lucros futuros que sejam tributáveis.

2.14.5 Mensuração

Passivos e ativos de tributos sobre lucros correntes devem ser mensurados pelo valor esperado que seja liquidado ou recuperado, utilizando as alíquotas de tributos e legislação tributária que estejam aprovadas no fim do período que está sendo reportado.

De outro modo, o CPC 32 ressalta que os ativos e passivos fiscais diferidos devem ser mensurados pelas alíquotas que se espera que sejam aplicáveis no período quando for realizado o ativo, ou liquidado o passivo, com base nas alíquotas e legislação tributária que estejam em vigor ao fim do período que está sendo reportado.

Vale ainda ressaltar que os ativos e passivos fiscais correntes e diferidos são, geralmente, mensurados utilizando as alíquotas de tributos e legislação tributária que estejam em vigor.

2.14.6 Apresentação no balanço patrimonial dos ativos e passivos fiscais

De acordo com o CPC 32, a empresa somente pode compensar os saldos dos ativos e passivos fiscais correntes, para fins de apresentação no balanço patrimonial, se ela:

- tiver o direito legalmente executável para compensar os valores reconhecidos; e
- pretender liquidar em bases líquidas, ou realizar o ativo e liquidar o passivo simultaneamente.

Já os ativos e passivos fiscais diferidos somente podem ter seus saldos compensados pela empresa se:

- a empresa tem o direito legalmente executável de compensar os ativos fiscais correntes contra os passivos fiscais correntes; e
- os ativos fiscais diferidos e os passivos fiscais diferidos estão relacionados com tributos sobre o lucro lançados pela mesma autoridade tributária:
- na mesma entidade tributável; ou
- nas entidades tributáveis diferentes que pretendem liquidar os passivos e os ativos fiscais correntes em bases líquidas, ou realizar os ativos e liquidar os passivos simultaneamente, em cada período futuro no qual se espera que valores significativos dos ativos ou passivos fiscais diferidos sejam liquidados ou recuperados.

2.14.7 Divulgação

Devem ser divulgadas as seguintes informações em notas explicativas sobre os tributos sobre o lucro:

- Os principais componentes de despesa (receita) de impostos devem ser divulgados separadamente;
- O que se segue deve ser também divulgado separadamente:
  - o imposto diferido e corrente agregado relacionado com itens que sejam debitados ou creditados ao capital próprio;
  - uma explicação do relacionamento entre despesa (receita) de impostos e lucro contábil em uma ou em ambas das seguintes formas:

(i) uma reconciliação numérica entre gasto (renda) de impostos e o produto de lucro contábil multiplicado pela(s) taxa(s) de imposto aplicável(eis) divulgando também a base pela qual a(s) taxa(s) de imposto aplicável(eis) é(são) calculada(s); ou

(ii) uma reconciliação numérica entre a taxa média efetiva de imposto e a taxa de imposto aplicável, divulgando também a base pela qual é calculada a taxa de imposto aplicável;

- uma explicação de alterações nas taxas de impostos aplicáveis comparada com o período contábil anterior;
- a quantia (e a data de extinção, se houver) de diferenças temporárias dedutíveis, perdas fiscais não usadas, e créditos por impostos não usados relativamente aos quais nenhum ativo por impostos diferidos seja reconhecido no balanço patrimonial;
- a quantia agregada de diferenças temporárias associadas com investimentos em subsidiárias, sucursais e associadas e interesses em empreendimentos conjuntos, relativamente aos quais passivos por impostos diferidos não tenham sido reconhecidos;
- com respeito a cada tipo de diferença temporária e com respeito a cada tipo de perdas por impostos não usadas e créditos por impostos não usados:
    (i) a quantia de ativos e passivos por impostos diferidos reconhecidos no balanço para cada período apresentado;
    (ii) a quantia de rendimentos ou gastos por impostos diferidos reconhecidos na demonstração dos resultados, se isto não for evidente das alterações das quantias reconhecidas no balanço;
- com respeito a operações descontinuadas, o gasto de impostos relacionado com:
    (i) o ganho ou perda da descontinuação; e
    (ii) o resultado das atividades ordinárias da operação descontinuada do período, junto com as quantias correspondentes de cada período anterior apresentado; e
    (iii) a quantia consequente do imposto de renda dos dividendos da empresa que foram propostos ou declarados antes das demonstrações financeiras serem autorizadas para emissão, mas que não são reconhecidos como passivo nas demonstrações financeiras.
- Uma empresa deve divulgar a quantia de um ativo por impostos diferidos e a natureza das provas que suportam o seu reconhecimento, quando:
    - a utilização do ativo por impostos diferidos seja dependente de lucros tributáveis futuros em excesso dos lucros provenientes da reversão de diferenças temporárias tributáveis existentes; e
    - a empresa tenha sofrido um prejuízo quer no período corrente quer no período precedente na jurisdição fiscal com que se relaciona o ativo por impostos diferidos.

2.14.8 Tratamento contábil para pequenas e médias entidades

A Seção 29 do Pronunciamento Técnico PME (R1) é semelhante ao Pronunciamento Técnico CPC 32 no que se refere aos critérios contábeis e fundamentos conceituais. Ressalte-se que a divulgação de informações em notas explicativas é reduzida.

2.15 Receitas

O Pronunciamento Técnico CPC 30 do CPC é a norma brasileira que trata da contabilização das receitas. Seu principal objetivo é estabelecer o tratamento contábil de receitas provenientes de certos tipos de transações e eventos. Ressalte-se que o CPC 30 não trata de receitas regulamentadas por normas contábeis específicas, tais como as provenientes de:

- contratos de arrendamento mercantil;
- dividendos provenientes de investimentos que sejam contabilizados pelo método da equivalência patrimonial;
- contratos de seguro;
- alterações no valor justo de ativos e passivos financeiros, ou da sua alienação;
- alterações no valor de outros ativos circulantes;
- reconhecimento inicial e alterações no valor justo de ativos biológicos, relacionados com a atividade agrícola;
- reconhecimento inicial de produtos agrícolas; e
- a extração de recursos minerais.

2.15.1 Despacho Aneel nº 4.722/2009

Em 2009, a Aneel publicou o Despacho nº 4.722 referendando o CPC 30, que trata das receitas.

2.15.2 Aspectos conceituais

De acordo com Leite (Padoveze, Benedicto e Leite, 2011), as receitas englobam tanto as receitas propriamente ditas como os ganhos e surgem no curso das atividades ordinárias da companhia e é designada por uma diversidade de nomes, tais como:

a. Venda de bens: inclui bens fabricados pela companhia com a finalidade de venda e bens comprados para revenda, tais como mercadorias compradas para venda no atacado e no varejo, terrenos e outras propriedades mantidas para revenda.

b. Prestação de serviços (honorários): envolve tipicamente o desempenho da companhia em face da tarefa estabelecida contratualmente a ser executada ao longo de um período acordado entre as partes.
c. Juros: encargos pela utilização de caixa e equivalentes de caixa ou de quantias devidas à companhia.
d. Royalties: encargos pela utilização de ativos de longo prazo da companhia, como: patentes, marcas, direitos autorais e software de computadores.
e. Dividendos: distribuição de lucros a detentores de instrumentos patrimoniais na proporção das suas participações em uma classe particular do capital.

2.15.3 Mensuração

A receita deve ser mensurada pelo valor justo do benefício recebido ou a receber. O valor justo é o valor pelo qual um ativo pode ser trocado, ou um passivo, liquidado, entre as partes conhecedoras e dispostas a efetuar uma operação em que não existe relacionamento entre essas partes e sem favorecimentos.

O valor da receita proveniente de uma operação é geralmente determinado por um acordo entre a companhia e o comprador ou proprietário de um ativo. É mensurada pelo valor justo do benefício recebido ou a receber levando em consideração o valor de quaisquer descontos comerciais e de valores concedidos pela companhia.

2.15.4 Reconhecimento

A receita deve ser reconhecida quando for provável que benefícios econômicos futuros fluam para a entidade e esses benefícios possam ser mensurados com segurança.

De acordo com o CPC 30, as receitas que devem ser reconhecidas são as provenientes de:

a. venda de bens;
b. prestação de serviços;
c. utilização, por parte de terceiros, de outros ativos da companhia que geram:
- juros;
- *royalties*;
- dividendos.

Reconhecimento da receita das vendas de bens

A receita proveniente da venda e/ou revenda de bens deve ser reconhecida quando tiverem sido satisfeitas as seguintes condições:

- a companhia tenha transferido para o comprador os riscos e as vantagens significativas da propriedade dos bens;

- a companhia não está envolvida com a gestão, a posse e nem o controle dos bens vendidos;
- o valor da receita possa ser mensurado com certo grau de confiança;
- seja provável que os benefícios econômicos identificados com a operação fluam para a companhia; e
- os custos incorridos ou a serem incorridos referentes à operação possam ser identificados e mensurados.

Reconhecimento da receita da prestação de serviços

Quando a realização de uma operação que envolve a prestação de serviços possa ser estimada com certo grau de certeza, a receita associada com a operação deve ser reconhecida levando em consideração a fase de acabamento na data do balanço patrimonial. A efetivação de uma operação pode ser estimada com certo grau de certeza quando todas as condições seguintes forem satisfeitas:

- o valor da receita possa ser mensurado de forma confiável;
- seja provável que os benefícios econômicos identificados com a operação fluam para a companhia;
- a fase de acabamento da operação na data do balanço patrimonial possa ser mensurada de forma confiável; e
- os custos incorridos com a operação e os custos para efetivar a operação possam ser mensurados de forma confiável.

Para o reconhecimento da receita referente à fase de acabamento de uma operação, às vezes, utiliza-se o método da porcentagem de acabamento. Nesse método, a receita é reconhecida nos períodos contábeis em que os serviços estiverem sendo prestados. O reconhecimento da receita com a utilização do referido método possibilita a informação útil sobre a extensão da atividade de serviço e permite a avaliação de desempenho da companhia em determinado período.

Quando ocorre a efetivação da operação que não envolva a estimativa de forma confiável da prestação de serviços, a receita somente deve ser reconhecida na medida em que sejam recuperáveis os gastos identificados.

Reconhecimento das receitas de juros, *royalties* e dividendos

As receitas de juros, *royalties* e dividendos devem ser reconhecidas nas seguintes condições:

- os *juros* devem ser reconhecidos usando-se o método das taxas efetivas: *é o método utilizado para calcular o custo amortizado de ativo ou de passivo financeiro e de alocar a receita ou a despesa de juros no período que, aplicada na forma de desconto sobre os pagamentos ou recebimentos futuros estimados ao longo da expectativa de vigência do instrumento financeiro, resulta no valor contábil líquido do ativo ou passivo financeiro.*

- os *royalties* devem ser reconhecidos de acordo com cláusulas estabelecidas em contrato; e
- os *dividendos* devem ser reconhecidos quando for estabelecido o direito do acionista de receber o efetivo pagamento.

2.15.5 Apresentação da receita na demonstração de resultado

Para fins de evidenciação na demonstração do resultado, a receita inclui somente os ingressos brutos de benefícios econômicos recebidos e a receber pela companhia quando originários de suas próprias atividades.

As quantias cobradas por conta de terceiros, tais como tributos sobre vendas, tributos sobre bens e serviços e tributos sobre valor adicionado não são benefícios econômicos que fluam para a companhia e não resultam em aumento do patrimônio líquido. Portanto, são excluídos da receita.

Sendo assim, as receitas líquidas (sem tributos sobre receitas brutas) são as apresentadas na demonstração de resultado, ficando o início da referida demonstração da seguinte forma:

Receitas líquidas de vendas e serviços	**R$ 1.000**	100%
(−) Custos dos produtos e serviços	(R$ 500)	(50%)
(=) **Lucro bruto**	**R$ 500**	50% (**margem bruta**)

Ressalte-se que, em notas explicativas, a companhia deve apresentar conciliações entre os valores das receitas brutas de vendas e serviços que são tributáveis com as receitas líquidas apresentadas na demonstração de resultado.

2.15.6 Divulgação

Uma companhia deve divulgar em notas explicativas:

- As políticas contábeis adotadas para o reconhecimento das receitas incluindo os métodos para determinar a fase de acabamento de transações que envolvam a prestação de serviços.
- A quantia de cada categoria significativa de receita reconhecida durante o período incluindo a receita proveniente de:
    a. a venda de bens;
    b. a prestação de serviços;

c. juros;
d. *royalties*;
e. dividendos.

- A quantia de receita proveniente de trocas de bens ou serviços incluídos em cada categoria significativa da receita.

2.15.7 Tratamento contábil para pequenas e médias entidades

A Seção 23 do Pronunciamento Técnico PME (R1) é semelhante ao Pronunciamento Técnico CPC 30 no que se refere aos critérios contábeis e fundamentos conceituais. Ressalte-se que a divulgação de informações em notas explicativas é reduzida.

2.16 Subvenção e assistência governamentais

O Pronunciamento Técnico CPC 07 (R1) do CPC regulamenta a contabilização das subvenções e assistências governamentais recebidas por uma empresa.

O principal objetivo do CPC 07 (R1) é estabelecer os critérios para o reconhecimento e divulgação das subvenções governamentais recebidas por uma empresa, bem como orientar a divulgação de assistências governamentais.

2.16.1 Despacho Aneel nº 4.796/2008

Em 2008, a Aneel emitiu o Despacho nº 4.796 referendando o CPC 07, que trata das subvenções e assistências governamentais.

2.16.2 Aspectos conceituais

Assistência governamental

Assistência governamental tal como é definida pelo CPC 07 (R1) representa a ação de um governo destinada a fornecer benefício econômico específico a uma empresa que atenda a critérios normalmente preestabelecidos.

Subvenção governamental

O CPC 07 (R1) define subvenção governamental como uma forma de assistência do governo em termos de contribuição pecuniária, que pode não se restringir somente a ela, concedida a uma empresa normalmente em troca do cumprimento passado ou futuro de certas condições relacionadas às suas atividades operacionais. A subvenção governamental pode ser designada por prêmio, doação, subsídio, incentivo fiscal, entre outros.

2.16.3 Critérios de reconhecimento

A subvenção governamental, inclusive a subvenção não monetária avaliada a valor justo, conforme Leite (Padoveze, Benedicto e Leite, 2011), não deve ser reconhecida até que exista segurança de que a empresa receberá a tal subvenção e cumprirá todas as condições estabelecidas pelo governo.

De acordo com o CPC 07 (R1), uma subvenção governamental deve ser reconhecida como receita ao longo do período confrontada com as despesas que pretende compensar, em base sistemática, de acordo com o regime de competência, não devendo, portanto, ser creditada diretamente no patrimônio líquido em conta de reserva de capital como era na sistemática antiga. Dessa forma, a parcela do lucro líquido decorrente de doações e subvenções governamentais para investimento poderá ser destinada para reserva de incentivos fiscais, sendo excluída da base de cálculo do dividendo obrigatório, para que a empresa não venha a perder o benefício fiscal da subvenção, como demonstrado no exemplo seguinte em que uma empresa recebeu uma doação de equipamentos no valor de R$ 1.000.000:

Contabilização pela sistemática nova:

Pela doação
Débito = Máquinas e equipamentos (Imobilizado – Ativo não circulante)
Crédito = Receita de doações (Outras receitas – Resultado)

Pela constituição da reserva de incentivos fiscais
Débito = Lucro do exercício (Lucros acumulados – Patrimônio líquido)
Crédito = Reserva de incentivos fiscais (Reservas de lucros – Patrimônio líquido)

Contabilização pela Sistemática Antiga (não mais aceita em BR GAAP):

Débito = Máquinas e equipamentos (Imobilizado)
Crédito = Reserva de capital (Patrimônio Líquido)

Observação

Vale ressaltar que, enquanto não atendidos os requisitos para reconhecimento no resultado, a contrapartida da subvenção governamental registrada no ativo deve ser em conta específica do passivo.

2.16.4 Apresentação no balanço patrimonial

Dois métodos de apresentação no balanço patrimonial de subvenção que não mantenham vínculo com obrigações futuras, relacionadas com ativos, são aceitos:

a. receita diferida no passivo, sendo reconhecida como receita em base sistemática e racional durante a vida útil do ativo; e
b. dedução da contrapartida do próprio ativo recebido como subvenção para chegar ao valor escriturado líquido do ativo, que pode ser nulo. A subvenção é reconhecida como receita durante a vida do ativo depreciável por meio de crédito à depreciação registrada no resultado.

2.16.5 Perda da subvenção governamental

Uma subvenção governamental a ser devolvida pela empresa deve ser reconhecida como revisão de estimativa contábil.

Conforme o CPC 07 (R1), o reembolso realizado deve ser contabilizado contra qualquer crédito diferido ainda não amortizado que seja relacionado à subvenção governamental. Na medida em que o reembolso exceda tal crédito diferido, ou quando não exista crédito diferido, o reembolso deve ser reconhecido imediatamente como despesa.

De outro modo, o reembolso de subvenção relacionada a ativo deve ser registrado aumentando o valor escriturado do ativo ou reduzindo o saldo da receita diferida pelo montante reembolsável. A depreciação adicional acumulada que deveria ter sido reconhecida até a data como despesa na ausência da subvenção deve ser imediatamente reconhecida como despesa.

2.16.6 Divulgação

De acordo com o CPC 07 (R1), uma empresa deve divulgar as seguintes informações em notas explicativas sobre as subvenções governamentais:

- a política contábil adotada para as subvenções governamentais, incluindo os métodos de apresentação adotados nas demonstrações contábeis;
- a natureza e os montantes reconhecidos das subvenções governamentais ou das assistências governamentais, bem como a indicação de outras formas de assistência governamental de que a empresa tenha diretamente se beneficiado;
- condições a serem regularmente satisfeitas ligadas à assistência governamental que tenha sido reconhecida;
- descumprimento de condições relativas às subvenções ou existência de outras contingências;
- eventuais subvenções a reconhecer contabilmente após cumpridas as condições contratuais;
- premissas utilizadas para o cálculo do valor justo;
- informações relativas às parcelas aplicadas em fundos de investimentos regionais e às reduções ou isenções de tributos em áreas incentivadas.

2.16.7 Tratamento contábil para pequenas e médias entidades

De acordo com o Pronunciamento Técnico PME (R1), todas as subvenções governamentais devem ser contabilizadas como receita no resultado quando as condições de desempenho forem atendidas ou quando não existirem condições de desempenho. Ressalte-se que a divulgação de informações em notas explicativas é reduzida. Demais tópicos são semelhantes aos do CPC 07 (R1).

2.17 Contratos de concessão

O CPC emitiu a ICPC 01 (R1), que trata da contabilização dos contratos de concessão, bem como a OCPC 05 (contratos de concessão) e a ICPC 17 (contratos de concessão: evidenciação). A ICPC 01 (R1) orienta os concessionários sobre a forma de contabilização de concessões de serviços públicos a entidades privadas, sendo aplicável caso:

a. o concedente controle ou regulamente quais serviços o concessionário deve prestar com a infraestrutura, a quem os serviços devem ser prestados e seu preço;

Estudo de caso – Contrato de permissão:

- *Cláusula sobre as áreas de permissão;*
- *Cláusula sobre as condições de prestação do serviço público permitido;*
- *Cláusula sobre as tarifas aplicáveis na comercialização de energia; entre outras.*

b. o concedente controle, por meio de titularidade, usufruto ou de outra forma, qualquer participação residual significativa na infraestrutura no fim do prazo da concessão.

Estudo de caso – Contrato de permissão:

- *Cláusula sobre a extinção da permissão;*
- *Cláusula sobre a reversão e a indenização.*

Observação
A infraestrutura utilizada na concessão de serviços públicos a entidades privadas durante toda a sua vida útil (toda a vida do ativo) ou durante a fase contratual está no alcance da ICPC 01 (R1) se atendidas às condições descritas na letra (a).

A ICPC 01 (R1) aplica-se:

a. à infraestrutura construída ou adquirida junto a terceiros pelo concessionário para cumprir o contrato de prestação de serviços; e
b. à infraestrutura já existente, que o concedente repassa durante o prazo contratual ao concessionário para efeitos do contrato de prestação de serviços.

Estudo de caso – Contrato de permissão:

- *Cláusula sobre as prerrogativas da permissionária;*
- *Cláusula sobre as instalações elétricas da permissionária; entre outras.*

2.17.1 Assuntos contábeis

A ICPC 01 (R1) trata do reconhecimento e da mensuração das obrigações e os respectivos direitos dos contratos de concessão. Os assuntos contábeis tratados são os seguintes:

a. tratamento dos direitos do concessionário sobre a infraestrutura;
b. reconhecimento e mensuração do valor do contrato;
c. serviços de construção ou melhoria;
d. serviços de operação;
e. custos de empréstimos;
f. tratamento contábil subsequente de ativo financeiro e de ativo intangível; e
g. itens fornecidos ao concessionário pelo concedente.

Tratamento dos direitos do concessionário sobre a infraestrutura

A infraestrutura alcançada pela ICPC 01 (R1) não será registrada como ativo imobilizado do concessionário porque o contrato de concessão não transfere ao concessionário o direito de controle (muito menos de propriedade) do uso da infraestrutura de serviços públicos. É prevista apenas a cessão de posse desses bens para realização dos serviços públicos, sendo eles revertidos ao concedente após o encerramento do respectivo contrato.

O concessionário tem acesso para operar a infraestrutura para a prestação dos serviços públicos em nome do concedente, nas condições previstas no contrato.

Estudo de caso – Contrato de permissão:

- *Cláusula sobre a reversão e indenização.*

Reconhecimento e mensuração do valor do contrato

O concessionário constrói ou melhora a infraestrutura (serviços de construção ou melhoria) usada para prestar um serviço público e opera e mantém essa infraestrutura (serviços de operação) durante determinado prazo.

Estudo de caso – Contrato de permissão:

- *Cláusula sobre o objeto do contrato.*

O concessionário deve registrar e mensurar a receita dos serviços que presta de acordo com o CPC 17 – Contratos de Construção e CPC 30 – Receitas.

Caso o concessionário realize mais de um serviço (serviços de construção ou melhoria e serviços de operação) regidos por um único contrato, a remuneração recebida ou a receber deve ser alocada com base nos valores justos relativos dos serviços prestados caso os valores sejam identificáveis separadamente. A natureza da remuneração determina seu subsequente tratamento contábil como ativo financeiro e como ativo intangível.

Serviços de construção ou melhoria

As receitas e os custos devem ser contabilizados pelo concessionário conforme o CPC 17 – Contratos de Construção.

Valor pago pelo concedente ao concessionário

A remuneração recebida ou a receber pelo concessionário deve ser registrada pelo seu valor justo. Essa remuneração pode corresponder a direitos sobre:

- um ativo financeiro (indenização paga pelo concedente – final do contrato);
- um ativo intangível (autorização para cobrar os serviços dos usuários).

Ativo financeiro

O concessionário deve reconhecer um ativo financeiro à medida que tem o direito contratual incondicional de receber caixa ou outro ativo financeiro do concedente pelos serviços de construção.

O concessionário tem o direito incondicional de receber caixa se o concedente garantir em contrato o pagamento:

a. de valores preestabelecidos ou determináveis; ou
b. insuficiência, se houver, dos valores recebidos dos usuários dos serviços públicos com relação aos valores preestabelecidos ou determináveis, mesmo se o pagamento estiver condicionado à garantia pelo concessionário de que a infraestrutura atende a requisitos específicos de qualidade ou eficiência.

Estudo de caso – Contrato de permissão:

- *Cláusula sobre a reversão e a indenização.*

Exemplo de ativo financeiro – "Contrato 1" – (adaptado da ICPC 01 – R1):

- Os termos do contrato requerem que o operador construa uma rede de distribuição de energia, completando a construção em dois anos, mantendo-a e operando-a em determinado padrão de qualidade por oito anos (anos 3 a10).
- Ao fim do ano 10, o contrato terminará. O operador estima que os custos que incorrerão para atender às obrigações serão os seguintes:

Serviços de construção do ano 1	=	R$ 500
Serviços de construção do ano 2	=	R$ 500
Serviços de operação anual (anos 3 a 10)	=	R$ 10

- Os termos do contrato preveem que o concedente pague ao operador R$ 200 ao ano, nos anos 3 a 10, para disponibilizar a energia ao público.
- Os valores justos da contraprestação recebida ou a receber são:

Serviços de construção	=	custo previsto + 5%
Serviços de operação	=	custo previsto + 20%
Taxa efetiva de juros	=	6,18% ao ano

Resultados dos Anos 1 e 2 (custos e receita conforme os CPCs 17 e 30):

Custos de construção	=	R$ 500 (contabilizados no resultado)
Receita de construção	=	R$ 525 (R$ 500 + 5% – contabilizada no resultado)
Lucro da construção	=	**R$ 25**

Mensuração do recebível nos anos 1 e 2:

Valor devido pela construção no ano 1	=	R$ 525
Crédito no fim do ano 1 *	=	**R$ 525**
Juros efetivos no ano 2 sobre o crédito do ano 1	=	R$ 32
Valor devido pela construção no ano 2	=	R$ 525
Crédito no fim do ano 2	=	**R$ 1.082**

* Não há juros efetivos no ano 1, pois os fluxos de caixa ocorrem no fim do exercício.

Ativo intangível

O concessionário deve reconhecer um ativo intangível à medida que recebe o direito (autorização) de cobrar os usuários dos serviços públicos. Esse direito não constitui direito incondicional de receber caixa porque os valores são condicionados à utilização do serviço pelo público.

Estudo de caso – Contrato de permissão:

- Cláusula sobre as tarifas aplicáveis na comercialização de energia.

Exemplo de ativo intangível – "Contrato 2" (adaptado da ICPC 01 – R1):

- Os termos do contrato requerem que o operador construa uma rede de distribuição de energia, completando a construção em dois anos e mantendo-a e operando-a em determinado padrão de qualidade por oito anos (anos 3 a 10).
- Ao fim do ano 10, o contrato terminará. O operador estima que os custos que incorrerão para atender às obrigações serão os seguintes:

    Serviços de construção do ano 1   = R$ 500
    Serviços de construção do ano 2   = R$ 500
    Serviços de operação anual (anos 3 a 10) = R$ 10

- Os valores justos da contraprestação recebida ou a receber estimados são:

    Serviços de construção   = custo previsto + 5%
    Serviços de operação   = custo previsto + 20%
    Custos de empréstimos (CPC 20) = 6,18% durante a construção

Custos e receitas de construção nos anos 1 e 2 (CPCs 17 e 30):

    Custos de construção   = R$ 500
    Receita de construção = R$ 525
    Lucro da construção = **R$ 25**

- Os termos do contrato permitem ao operador cobrar tarifas dos usuários de energia. O operador prevê que receberá R$ 200 em cada um dos anos 3 a 10.
- O operador fornece serviços de construção ao concedente em troca de ativo intangível (direito de cobrar os usuários).
- De acordo com o CPC 04 (R1) o ativo intangível é reconhecido pelo custo (que é a contraprestação recebida ou a receber pelos serviços de construção).

Mensuração inicial do ativo intangível:

    Serviços de construção no ano 1   = R$ 525
    Custos de empréstimos de 6,18%   = R$ 31 (sobre o custo de R$ 500)
    Serviços de construção no ano 2   = R$ 525
    Ativo intangível ao fim do ano 2 = **R$ 1.081 ***

* O ativo intangível é amortizado durante os anos 3 a 10 – período de operação da rede distribuição – método linear – amortização anual de R$ 135 (R$ 1.081/8 anos).

Observação

Caso os serviços de construção do concessionário sejam pagos parte em ativo financeiro e parte em ativo intangível, é necessário contabilizar cada componente da remuneração separadamente.

Serviços de operação

As receitas e custos devem ser contabilizadas pelo concessionário conforme o CPC 30 – Receitas.

Obrigações contratuais de recuperação da infraestrutura a um nível específico de operacionalidade

O concessionário pode ter obrigações contratuais que devem ser atendidas no âmbito da sua concessão:

a. para manter a infraestrutura com um nível específico de operacionalidade; ou
b. recuperar a infraestrutura na condição especificada antes de devolvê-la ao concedente no fim do contrato de serviço.

Estudo de caso – Contrato de permissão:

- Cláusula sobre as obrigações e encargos da permissionária; entre outras.

Tais obrigações contratuais de manutenção ou recuperação da infraestrutura, exceto eventuais melhorias, devem ser registradas e avaliadas de acordo com o CPC 25 – Provisões, Passivos Contingentes e Ativos Contingentes, ou seja, pela melhor estimativa de gastos necessários para liquidar a obrigação presente na data do balanço. Isso vale tanto no caso de concessão reconhecida como ativo financeiro, como ativo intangível ou como parte de uma forma e parte de outra.

Custos de empréstimos incorridos pelo concessionário

Os custos de empréstimos atribuíveis ao contrato de concessão devem ser registrados como despesa se o contrato estiver relacionado com um ativo financeiro.

Caso seja relacionado com um ativo intangível, os custos de empréstimos devem ser capitalizados durante a fase de construção.

Ativo financeiro

Os CPCs 38, 39 e 40, que tratam dos instrumentos financeiros aplicam-se ao ativo financeiro registrado pelo concessionário. O valor devido, direta ou indiretamente, pelo concedente é contabilizado de acordo com o CPC 38 – Instrumentos Financeiros: Reconhecimento e Mensuração como:

a. empréstimo ou recebível (custo amortizado);
b. ativo financeiro disponível para venda (valor justo); ou
c. ativo financeiro pelo valor justo por meio do resultado (mantido para negociação – valor justo).

Ativo intangível

O CPC 04 (R1) fornece orientações para reconhecimento e mensuração de ativos intangíveis.

Itens fornecidos ao concessionário pelo concedente

O concedente pode fornecer outros ativos ao concessionário além da infraestrutura, que pode retê-los ou negociá-los, se assim o desejar. Caso esses outros ativos façam parte da remuneração a pagar pelo concedente pelos serviços, não constituem subvenções governamentais, tal como são definidas no CPC 07 (R1) – Subvenção e Assistência Governamentais.

Esses outros ativos devem ser registrados como ativos do concessionário, avaliados pelo valor justo no seu reconhecimento inicial.

O concessionário deve registrar um passivo relativo a obrigações não cumpridas que ele tenha assumido em troca desses outros ativos.

2.17.2 Resumo da contabilização de contratos de concessão

A seguir, é apresentado um diagrama que tem como objetivo resumir o processo de contabilização de contratos de concessão.

```
┌─────────────────────────────────────────────────────────┐
│ O concedente controla ou regula quais serviços o        │      ┌──────────┐
│ operador deve prestar com a infraestrutura, para quem   │ Não─▶│ FORA DO  │
│ deve prestá-los e a qual preço?                         │      │ ESCOPO   │
└─────────────────────────────────────────────────────────┘      │ DA       │
              │ Sim                                              │          │
              ▼                                                  │          │
┌─────────────────────────────────────────────────────────┐      │          │
│ O outorgante controla, por meio de titularidade,        │      │ ICPC 01  │
│ direito beneficiário ou de outro modo, qualquer         │ Não─▶│          │
│ participação residual significativa na infraestrutura   │      │          │
│ ao fim do contrato de serviço? Ou a infraestrutura      │      │          │
│ é utilizada no contrato durante toda a sua vida útil?   │      │          │
└─────────────────────────────────────────────────────────┘      └──────────┘
              │ Sim                                       ▲ Não
              ▼                                           │
┌──────────────────────────┐      ┌──────────────────────────┐
│ A infraestrutura é       │      │ A infraestrutura é       │
│ construída ou adquirida  │      │ infraestrutura existente │
│ pelo operador de um      │ Não─▶│ do concedente à qual é   │
│ terceiro para o objetivo │      │ dado acesso ao operador  │
│ do contrato de prestação │      │ para o propósito do      │
│ de serviço?              │      │ contrato de prestação    │
│                          │      │ de serviço               │
└──────────────────────────┘      └──────────────────────────┘
         │ Sim                              │ Sim
         ▼                                  ▼
╔═════════════════════════════════════════════════════╗
║           DENTRO DO ESCOPO DA ICPC 01               ║
╚═════════════════════════════════════════════════════╝
         │ Sim                              │ Sim
         ▼                                  ▼
┌──────────────────────┐          ┌──────────────────────┐
│ O operador tem um    │          │ O operador tem um    │      ┌──────────┐
│ direito contratual   │          │ direito contratual   │      │ FORA DO  │
│ de receber caixa ou  │ Não ─ ─ ▶│ de cobrar os usuários│ Não─▶│ ESCOPO   │
│ outro ativo          │          │ dos serviços         │      │ DA ICPC  │
│ financeiro do        │          │ públicos?            │      │ 01       │
│ concedente?          │          │                      │      └──────────┘
└──────────────────────┘          └──────────────────────┘
         │ Sim                              │ Sim
         ▼                                  ▼
   ATIVO FINANCEIRO                    ATIVO INTANGÍVEL
```

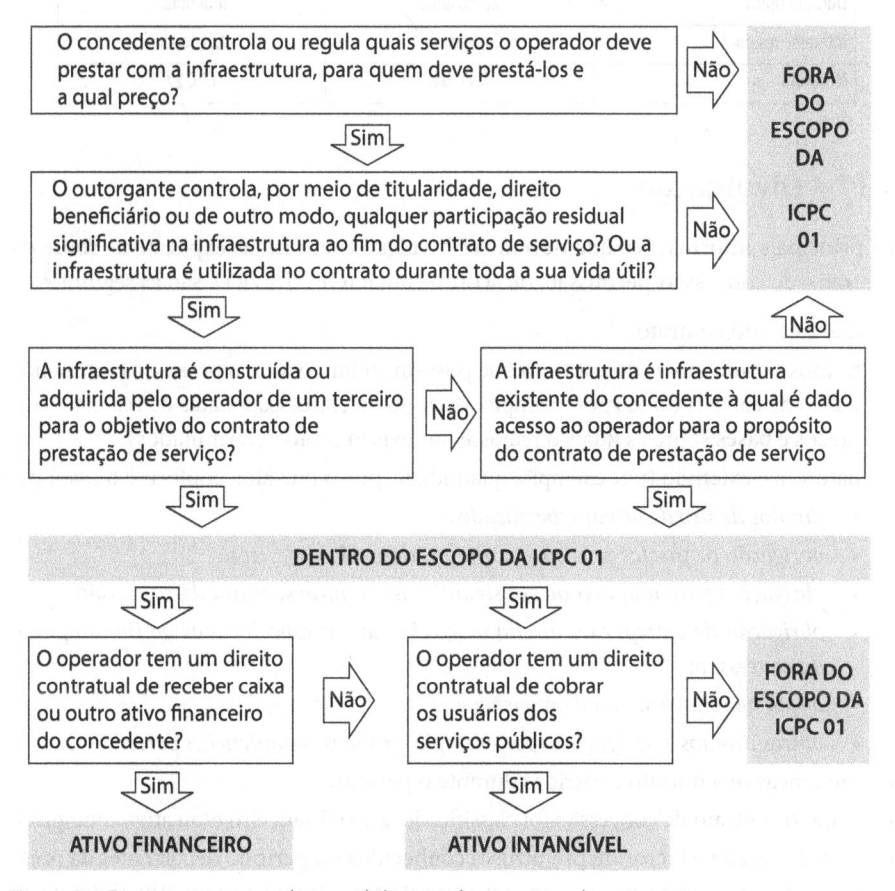

Figura 2.4 Diagrama: resumo da contabilização de contratos de concessão.

2.17.3 Resumo de normas aplicáveis aos contratos público-privados

No quadro apresentado a seguir encontra-se um resumo de normas contábeis aplicáveis aos contratos público-privados.

Quadro 2.2 Resumo de normas aplicáveis aos contratos público-privados

Categoria	Provedor de serviços		Proprietário	
Contratos	Recuperar Operar Transferir	Construir Operar Transferir	Constrói e Opera	100% Privatização Constituição
Propriedade do ativo	Concedente		Operador	
Investimento de capital	Concedente		Operador	
Risco de demanda	Operador e/ou Concedente		Operador	
Duração típica	20-30 anos		Indefinida	
Interesse residual	Concedente		Operador	
NORMAS	ICPC 01		CPC 27	

2.17.4 Divulgação

As principais informações que devem ser divulgadas em notas explicativas sobre os contratos de concessão/permissão, de acordo com a ICPC 01 (R1), são as seguintes:

- descrição do contrato;
- termos significativos do contrato que possam afetar o valor, o prazo e a certeza dos fluxos de caixa futuros (por exemplo, período da concessão, datas de reajustes nos preços e bases sobre as quais o reajuste ou revisão serão determinados);
- natureza e extensão (por exemplo, quantidade, prazo ou valor, conforme o caso) de:
  - *direitos de uso de ativos especificados;*
  - *obrigação de prestar serviços ou direitos de receber serviços;*
  - *obrigações para adquirir ou construir itens da infraestrutura da concessão;*
  - *obrigação de entregar ou direito de receber ativos especificados no fim do prazo da concessão;*
  - *opção de renovação ou de rescisão; e*
  - *outros direitos e obrigações (por exemplo, grandes manutenções periódicas).*
- mudanças no contrato ocorridas durante o período;
- como o contrato de concessão foi classificado: ativo financeiro e/ou ativo intangível;
- total da receita e lucros ou prejuízos reconhecidos no período decorrentes da prestação de serviços de construção, em troca de ativo financeiro ou ativo intangível.

2.17.5 Tratamento contábil para pequenas e médias entidades

A Seção 34 – Atividades Especializadas, tópico sobre os "Acordos de Concessão de Serviços", do Pronunciamento Técnico PME (R1), é semelhante à Interpretação Técnica ICPC 01 (R1) – Contratos de Concessão, no que se refere aos critérios contábeis e fundamentos conceituais. Ressalte-se que a divulgação de informações em notas explicativas é reduzida.

2.18 Cotas de cooperados

O Comitê de Pronunciamentos Contábeis emitiu a Interpretação Técnica ICPC 14 – Cotas de Cooperados em Entidades Cooperativas e Instrumentos Similares. Porém, o Conselho Federal de Contabilidade, por meio da Resolução 1.365/2011, exige a adoção obrigatória dos critérios de classificação das cotas de cooperados a partir de 1º de janeiro de 2016.

A ICPC 14 se aplica a instrumentos financeiros no alcance do Pronunciamento Técnico CPC 39 (Instrumentos Financeiros: apresentação), incluindo instrumentos financeiros emitidos aos cooperados de entidades cooperativas que comprovam a participação societária na entidade.

Ressalte-se que os fundamentos e critérios contábeis aplicados às "Cotas de Cooperados" apresentados neste tópico foram analisados e extraídos da "ICPC 14"

2.18.1 Questão

Muitos instrumentos financeiros, *incluindo as cotas de cooperados*, possuem características de patrimônio líquido, incluindo direitos de voto e direitos de participar nas distribuições de resultados. Alguns instrumentos financeiros concedem ao titular o direito de solicitar resgate em caixa ou outro ativo financeiro, mas podem incluir ou estar sujeitos a limites sobre se os instrumentos financeiros serão resgatados. Sendo assim,

"como esses termos de resgate devem ser avaliados ao determinar se os instrumentos financeiros devem ser classificados como passivo ou patrimônio líquido?".

2.18.2 Consenso

O direito contratual do titular de um instrumento financeiro (incluindo cotas de cooperados em entidades cooperativas) de solicitar resgate não exige, por si só, que o instrumento financeiro seja classificado como um passivo financeiro. Em vez disso, a entidade deve considerar todos os termos e condições do instrumento financeiro ao determinar sua classificação como um passivo financeiro ou patrimônio líquido. Esses termos e essas condições incluem a legislação vigente, regulamentos e estatutos da entidade em vigor na data da classificação, mas não incluem as alterações futuras esperadas nessa legislação, regulamentos ou estatutos.

As cotas de cooperados que seriam classificadas como patrimônio líquido se os membros não tivessem um direito de solicitar resgate constituem patrimônio líquido se uma das condições descritas a seguir estiver presente ou se essas cotas tiverem todas as características e atenderem às condições especificadas nos itens 16A e 16B ou nos itens 16C e 16D do Pronunciamento Técnico CPC 39. Depósitos à vista, incluindo contas-correntes, contas de depósito e contratos similares que surjam quando os cooperados agem na condição de clientes, constituem passivos financeiros da entidade.

As cotas de cooperados constituem patrimônio líquido se a entidade tiver um direito incondicional de recusar resgate das cotas de cooperados.

A legislação, o regulamento ou o estatuto da entidade podem impor diversos tipos de proibições de resgate das cotas de cooperados; por exemplo, proibições incondicionais ou proibições baseadas em critérios de liquidez. Se o resgate estiver proibido de forma incondicional pela legislação, regulamento ou estatuto da entidade, as cotas de cooperados constituem patrimônio líquido. Contudo, as disposições na legislação, no regulamento ou no estatuto da entidade que proíbem o resgate somente se forem cumpridas (ou não forem cumpridas) condições – tais como restrições de liquidez – não resultam no fato de as cotas de cooperados constituírem patrimônio líquido.

Segue-se um exemplo ilustrativo de "direito incondicional de recusar resgate":

Fatos

O estatuto da entidade afirma que os resgates são feitos a critério exclusivo da entidade. O estatuto não fornece outras limitações sobre esse critério. Em sua história, a entidade nunca recusou o resgate de cotas de cooperados, embora o conselho diretor tenha o direito de fazê-lo.

Classificação

A entidade tem o direito incondicional de recusar resgate e as cotas de cooperados constituem patrimônio líquido. O Pronunciamento Técnico CPC 39 estabelece princípios para classificação, que são baseados nos termos do instrumento financeiro, e observa que um histórico ou intenção de fazer pagamentos discricionários não aciona a classificação de passivo. O item AG26 do Pronunciamento Técnico CPC 39 afirma que:

> Quando a ação preferencial não é resgatável, a classificação apropriada deve ser determinada por outros direitos associados a ela. A classificação deve ser baseada na verificação da substância dos acordos contratuais e das definições de passivos financeiros e de instrumentos patrimoniais. Quando as distribuições aos acionistas das ações preferenciais, cumulativas ou não, ocorrem de acordo com o critério do emissor, as ações são instrumentos patrimoniais. A classificação de ação preferencial como passivo financeiro ou instrumento patrimonial não deve ser afetada pelos seguintes aspectos:
> a. histórico de realização dessas distribuições;
> b. intenção de realizar essas distribuições no futuro;

c. possível impacto negativo no preço das ações ordinárias do emissor se distribuições não são realizadas (devido a restrições ao pagamento de dividendos sobre as ações ordinárias se os dividendos sobre as ações preferenciais não são pagos);
d. montante das reservas do emissor;
e. expectativa do emissor de lucro ou prejuízo no período; ou
f. capacidade ou incapacidade do emissor de influenciar seu lucro ou prejuízo no período.

Uma proibição incondicional pode ser absoluta, quando todos os resgates são proibidos. Uma proibição incondicional pode ser parcial, em que ela proíbe o resgate das cotas de cooperados se o resgate causar a redução do número de cotas de cooperados ou do valor do capital integralizado proveniente das cotas de cooperados para abaixo de um nível especificado. As cotas de cooperados que excederem a proibição de resgate constituem passivos, exceto se a entidade tiver o direito incondicional de recusar resgate, conforme descrito anteriormente, ou se essas cotas tiverem todas as características e atenderem às condições especificadas nos itens 16A e 16B ou nos itens 16C e 16D do Pronunciamento Técnico CPC 39. Em alguns casos, o número de cotas ou o valor do capital integralizado sujeito à proibição de resgate pode mudar de tempos em tempos. Essa mudança na proibição de resgate leva a uma transferência entre passivos financeiros e patrimônio líquido.

No reconhecimento inicial, a entidade mensura seu passivo financeiro para resgate pelo valor justo. No caso de cotas de cooperados com uma característica de resgate, a entidade mensura o valor justo do passivo financeiro para resgate a um valor não inferior ao valor máximo possível de pagamento, de acordo com as disposições de resgate de seu estatuto ou legislação aplicável, descontado a partir da primeira data em que o valor a ser pago poderia ser exigido. Segue-se um exemplo ilustrativo:

Fatos
Uma entidade cooperativa emitiu cotas aos seus cooperados em datas diferentes e em valores diferentes no passado, conforme descrito a seguir:

a. 1º de janeiro de 20X1 = 100.000 cotas a $ 10 cada ($ 1.000.000);
b. 1º de janeiro de 20X2 = 100.000 cotas a $ 20 cada (um adicional de $ 2.000.000, de modo que o total de cotas emitidas é de $ 3.000.000).

As cotas são resgatáveis à vista, pelo valor em que foram emitidas.

O estatuto da entidade afirma que os resgates acumulados não podem exceder 20% do número mais alto de cotas de seus cooperados que já esteve em circulação. Em 31 de dezembro de 20X2, a entidade tem 200.000 cotas em circulação, que é o número mais alto de cotas de cooperados que já esteve em circulação e nenhuma cota foi resgatada no passado. Em 1º de janeiro de 20X3, a entidade altera seu estatuto e aumenta o nível permitido de resgates acumulados para 25% do número mais alto de cotas de seus cooperados que já esteve em circulação.

Classificação
Antes da alteração do estatuto

As cotas de cooperados que excederem à proibição de resgate constituem passivos financeiros. A entidade cooperativa mensura esse passivo financeiro pelo valor justo no reconhecimento inicial. Uma vez que essas cotas são resgatáveis à vista, a entidade cooperativa determina o valor justo desses passivos financeiros, conforme exigido pelo item 49 do Pronunciamento Contábil CPC 39, que afirma: "O valor justo de um passivo financeiro com um elemento à vista (por exemplo, um depósito à vista) não é inferior ao valor pagável à vista...". Consequentemente, a entidade cooperativa classifica como passivo financeiro o valor máximo pagável à vista de acordo com as disposições de resgate.

Em 1º de janeiro de 20X1, o valor máximo possível de pagamento, de acordo com as disposições de resgate, é de 20.000 cotas a $ 10 cada e, consequentemente, a entidade classifica $ 200.000 como passivo financeiro e $ 800.000 como patrimônio líquido. Entretanto, em 1º de janeiro de 20X2, por causa da nova emissão de cotas a $ 20, o valor máximo possível de pagamento, de acordo com as disposições de resgate, aumenta para 40.000 cotas a $ 20 cada. A emissão de cotas adicionais a $ 20 cria um novo passivo que é mensurado no reconhecimento inicial pelo valor justo. O passivo, após essas cotas terem sido emitidas, é de 20% das cotas totais em emissão (200.000), mensurado a $ 20, ou $ 800.000. Isso exige o reconhecimento de um passivo adicional de $ 600.000. Neste exemplo não há ganho ou perda a ser reconhecido. Consequentemente, a entidade agora classifica $ 800.000 como passivo financeiro e $ 2.200.000 como patrimônio líquido. Esse exemplo assume que esses valores não foram alterados entre 1º de janeiro de 20X1 e 31 de dezembro de 20X2.

Após a alteração do estatuto

Após a alteração de seu estatuto, a entidade cooperativa pode, então, ser obrigada a resgatar no máximo 25% de suas cotas em circulação ou no máximo 50.000 cotas a $ 20 cada. Consequentemente, em 1º de janeiro de 20X3 a entidade cooperativa classifica como passivo financeiro um valor de $ 1.000.000, sendo o valor máximo pagável à vista, de acordo com as disposições de resgate, como determinado de acordo com o item 49 do Pronunciamento Contábil CPC 39. Ela, portanto, transfere, em 1º de janeiro de 20X3, do patrimônio líquido para passivos financeiros, um valor de $ 200.000, deixando $ 2.000.000 classificados como patrimônio líquido. Nesse exemplo, a entidade não deve reconhecer ganho ou perda na transferência.

Consoante o item 35 do Pronunciamento Técnico CPC 39, as distribuições de resultado aos titulares de instrumentos de patrimônio são reconhecidas diretamente no patrimônio líquido, líquidas de quaisquer benefícios de tributos sobre o lucro. Os juros, dividendos e outros retornos relacionados a instrumentos financeiros classificados como passivos financeiros constituem despesas, independentemente de esses valores pagos estarem formalmente caracterizados como dividendos, juros ou outros.

2.18.3 Divulgação

Quando uma mudança na proibição de resgate levar a uma transferência entre passivos financeiros e patrimônio líquido, a entidade divulgará separadamente o valor, a época e o motivo da transferência.

2.18.4 Tratamento contábil para pequenas e médias entidades

O assunto "Cotas de Cooperados em Entidades Cooperativas" não foi abordado pelo Pronunciamento Técnico PME (R1). Ressalte-se que, com a publicação da ICPC 14, as pequenas e médias entidades poderão tratar contabilmente o assunto considerando seus termos e critérios.

2.19 Políticas contábeis, estimativas e correção de erros

O Pronunciamento Técnico CPC 23 do Comitê de Pronunciamentos Contábeis é a norma de contabilidade que trata das políticas contábeis, das mudanças em estimativas e da correção de erros contábeis.

O CPC 23 deve ser aplicado na seleção e na aplicação de políticas contábeis, bem como na contabilização de mudança nas políticas contábeis, de mudança nas estimativas contábeis e de retificação de erros de períodos anteriores. Os efeitos tributários de retificação de erros de períodos anteriores e de ajustes retrospectivos feitos para a aplicação de alterações nas políticas contábeis são contabilizados e divulgados de acordo com a norma sobre tributos sobre o lucro (CPC 32).

2.19.1 Despacho Aneel nº 4.722/2009

O Despacho nº 4.722 da Aneel publicado em 2009 referendou o CPC 23, que regulamenta os assuntos: *políticas contábeis, estimativas e correção de erros*.

2.19.2 Políticas contábeis

Políticas contábeis são os princípios, bases, convenções, regras e práticas específicos aplicados por uma entidade na preparação e apresentação de demonstrações financeiras.

Seleção e aplicação

A companhia deve selecionar e aplicar as políticas contábeis que são determinadas nas normas que tratam das diversas transações e eventos. Entretanto, quando o efeito de uma política contábil for imaterial, a entidade não precisa aplicá-la (princípio da relevância).

De acordo com Leite (Padoveze, Benedicto e Leite, 2011), na ausência de normas contábeis que se apliquem especificamente a uma transação, outro evento ou condição, a administração da companhia exercerá seu julgamento no desenvolvimento e na aplicação de política contábil que resulte em informação que seja:

a. relevante para a tomada de decisão econômica por parte dos usuários; e

b. confiável, de tal modo que as demonstrações contábeis:
- *representem adequadamente a posição patrimonial e financeira, o desempenho financeiro e os fluxos de caixa da entidade;*
- *reflitam a essência econômica de transações, outros eventos e condições, e não meramente a forma legal;*
- *sejam neutras, isto é, que estejam isentas de viés;*
- *sejam prudentes; e*
- *sejam completas em todos os aspectos materiais.*

Nesse julgamento, a administração pode também considerar as mais recentes posições técnicas assumidas por outros órgãos normatizadores contábeis que usem uma estrutura conceitual semelhante à do CPC para desenvolver pronunciamentos de contabilidade, ou, ainda, outra literatura contábil e práticas geralmente aceitas do setor. Essa mudança deve ser contabilizada e divulgada como mudança voluntária na política contábil.

Alteração

A empresa deve alterar uma política contábil apenas se a mudança:

a. for exigida por normas de contabilidade; ou
b. resultar em informação confiável e mais relevante nas demonstrações contábeis sobre os efeitos das transações, outros eventos ou condições acerca da posição patrimonial e financeira, do desempenho ou dos fluxos de caixa da empresa.

Aplicação retrospectiva

Quando uma mudança na política contábil é aplicada, retrospectivamente, a companhia deve ajustar o saldo de abertura de cada componente do patrimônio líquido afetado para o período anterior mais antigo apresentado e os demais montantes comparativos divulgados para cada período anterior apresentado, como se a nova política contábil tivesse sempre sido aplicada.

De acordo com o CPC 23, uma mudança na política contábil deve ser aplicada retrospectivamente, exceto quando for impraticável determinar os efeitos específicos do período ou o efeito cumulativo da mudança. Quando for impraticável determinar o período dos efeitos específicos da mudança na política contábil na informação comparativa para um ou mais períodos anteriores apresentados, a companhia deve aplicar a nova política contábil aos saldos contábeis de ativos e passivos de abertura do período mais antigo para o qual seja praticável a aplicação retrospectiva, que pode ser o período corrente, e deve proceder ao ajuste correspondente no saldo de abertura de cada componente do patrimônio líquido desse período.

Divulgação

As principais informações que devem ser divulgadas em notas explicativas sobre mudanças em políticas contábeis são:

a. o título da norma contábil;
b. quando aplicável, que a mudança na política contábil é feita de acordo com as disposições da aplicação inicial das normas contábeis;
c. a natureza da mudança na política contábil;
d. quando aplicável, uma descrição das disposições transitórias na adoção inicial;
e. quando aplicável, as disposições transitórias que possam ter efeito em futuros períodos;
f. o montante dos ajustes para o período corrente e para cada período anterior apresentado até o ponto em que seja praticável:
   - para cada item afetado da demonstração contábil; e
   - se as normas sobre o resultado por ação se aplicarem à companhia para resultados por ação básicos e diluídos.
g. o montante do ajuste relacionado com períodos anteriores aos apresentados até o ponto em que seja praticável; e
h. se a aplicação retrospectiva for impraticável para um período anterior em particular, ou para períodos anteriores aos apresentados, as circunstâncias que levaram à existência dessa condição e uma descrição de como e desde quando a política contábil tem sido aplicada.

2.19.3 Mudanças em estimativas

Estimativas contábeis são ajustes em quantias escrituradas de um ativo ou de um passivo.

O uso de estimativas razoáveis é parte essencial da elaboração de demonstrações contábeis e não reduz sua confiabilidade.

Exemplos de estimativas:

- créditos de liquidação duvidosa;
- obsolescência de estoque;
- valor justo de ativos financeiros e passivos financeiros;
- vida útil de ativos depreciáveis ou o padrão esperado de consumo dos futuros benefícios econômicos incorporados nesses ativos; e
- obrigações decorrentes de garantias; entre outros.

Revisão e mudança

A estimativa pode necessitar de revisão se ocorrer alterações nas circunstâncias em que a estimativa se baseou ou em consequência de novas informações ou de maior experiência (deve ser refletida a melhor estimativa corrente). Ressalte-se que a revisão da estimativa não se relaciona com períodos anteriores nem representa correção de erro.

Caso a mudança na estimativa contábil resulte em mudanças em ativos e passivos, ou se relacionar a componente do patrimônio líquido, ela deve ser reconhecida pelo ajuste no correspondente item do ativo, do passivo ou do patrimônio líquido no período da mudança.

Divulgação

As principais informações que devem ser divulgadas em notas explicativas sobre alterações em estimativas contábeis são as seguintes:

a. A natureza e o montante de mudança na estimativa contábil que tenha efeito no período corrente ou se espera que tenha efeito em períodos subsequentes, salvo quando a divulgação do efeito de períodos subsequentes for impraticável.
b. Se o montante do efeito de períodos subsequentes não for divulgado porque a estimativa deste é impraticável, a companhia deve divulgar tal fato.

2.19.4 Correção de erros

Erros contábeis são omissões e distorções nas demonstrações financeiras da companhia de um ou mais períodos anteriores decorrentes da falta de uso ou uso incorreto de informação confiável que:

a. estava disponível quando as demonstrações financeiras desses períodos foram autorizadas para divulgação; e
b. poderia razoavelmente esperar-se que tivesse sido obtida e tomada em consideração na preparação e apresentação dessas demonstrações financeiras.

Tais erros incluem os efeitos de erros matemáticos, erros na aplicação de políticas contábeis, descuidos ou interpretações incorretas de fatos e fraudes.

Retificação

Erros de períodos anteriores são corrigidos na informação comparativa apresentada nas demonstrações contábeis do período subsequente. A empresa deve corrigir os erros materiais de períodos anteriores retrospectivamente no primeiro conjunto de demonstrações contábeis cuja autorização para publicação ocorra após a descoberta de tais erros:

a. por reapresentação dos valores comparativos para o período anterior apresentado em que tenha ocorrido o erro; ou

b. se o erro ocorreu antes do período anterior mais antigo apresentado, da reapresentação dos saldos de abertura dos ativos, dos passivos e do patrimônio líquido para o período anterior mais antigo apresentado.

Um erro de período anterior deve ser corrigido por reapresentação retrospectiva, salvo quando for impraticável determinar os efeitos específicos do período ou o efeito cumulativo do erro. Quando for impraticável determinar os efeitos de erro em um período específico na informação comparativa para um ou mais períodos anteriores apresentados, a entidade deve retificar os saldos de abertura de ativos, passivos e patrimônio líquido para o período mais antigo para o qual seja praticável a reapresentação retrospectiva (que pode ser o período corrente).

A retificação de erro de período anterior deve ser excluída dos resultados do período em que o erro é descoberto.

Divulgação

As informações principais que devem ser divulgadas em notas explicativas a título de correção de erros contábeis são:

a. a natureza do erro de período anterior;

b. o montante da retificação para cada período anterior apresentado na medida em que seja praticável:
- para cada item afetado da demonstração contábil; e
- se as normas sobre resultado por ação se aplicarem à companhia para resultados por ação básicos e diluídos;

c. o montante da retificação no início do período anterior mais antigo apresentado; e

d. as circunstâncias que levaram à existência dessa condição e uma descrição de como e desde quando o erro foi corrigido, se a reapresentação retrospectiva for impraticável para um período anterior em particular.

2.19.5 Tratamento contábil para pequenas e médias entidades

A Seção 10 do Pronunciamento Técnico PME (R1) é semelhante ao Pronunciamento Técnico CPC 23, no que se refere aos critérios contábeis e fundamentos conceituais. Ressalte-se que a divulgação de informações em notas explicativas é reduzida.

2.20 Informações por segmentos de negócios

No Brasil, o Pronunciamento Técnico CPC 22 regulamenta a evidenciação de informações por segmentos de negócios. Seus principais objetivos são:

a. estabelecer princípios para divulgação de informações financeiras por segmento econômico e por área geográfica para auxiliar os usuários das demonstrações contábeis a entender melhor o desempenho passado e presente da entidade; e
b. avaliar melhor os riscos e as oportunidades de investimentos da entidade.

O CPC 22 deve ser aplicado por empresas cujas ações (títulos) são publicamente comercializadas e por empresas que estão em processo de emitir títulos em mercados públicos de valores. Se uma empresa, *cujos valores não são comercializados publicamente*, escolhe divulgar segmentos de informações voluntariamente em demonstrações contábeis que seguem as normas brasileiras, a empresa deverá obedecer completamente os requerimentos do padrão. Se um único relatório financeiro contiver demonstrações contábeis consolidadas de uma empresa, cujos valores são publicamente comercializados e demonstrações contábeis separadas da matriz ou de mais subsidiárias, segmentos de informações devem ser apresentados apenas na base das demonstrações contábeis consolidadas. Se uma subsidiária for a própria empresa, cujos valores são publicamente comercializados, ela vai apresentar segmentos de informações em um próprio relatório financeiro separado.

Similarmente, se um relatório financeiro tiver demonstrações contábeis de uma empresa, cujos valores são publicamente comercializados e demonstrações contábeis separadas pelo método de equivalência associado ou uma fusão na qual o empreendimento possui um interesse final, o segmento de informação precisa ser apresentado apenas na base das demonstrações contábeis da empresa. Se a equivalência patrimonial ou se uma fusão seja a própria empresa, cujos valores são publicamente comercializados, ele vai apresentar segmento de informações em um relatório financeiro separado.

2.20.1 Despacho Aneel nº 4.722/2009

O Despacho nº 4.722 da Aneel emitido em 2009 referendou o CPC 22, que regulamenta a apresentação de informações por segmentos de negócios.

2.20.2 Aspectos conceituais

O CPC 22 apresenta as seguintes definições para os termos especificados a seguir:
Segmento operacional: é um componente de uma companhia:
- que desenvolve atividades de negócio de que obtêm receitas e pelas quais incorrem gastos;

- cujos resultados operacionais são regularmente revisados e avaliados pelo executivo responsável pela tomada de decisões sobre a alocação de recursos;
- sobre a qual esteja disponível informação financeira diferenciada.

Observação: Nem todas as partes da entidade constituem, necessariamente, *segmento operacional ou parte de segmento operacional*. Por exemplo, a sede corporativa ou alguns departamentos funcionais podem não obter receitas ou podem obter receitas que sejam apenas ocasionais em relação às atividades da entidade e não são segmentos operacionais.

Isto é, segmento operacional é um segmento econômico ou de negócio (componente distinguível e separado de uma companhia que fornece produtos ou serviços que está sujeito a riscos e rendimentos diferentes de outros segmentos de negócios). Tal segmento é baseado principalmente:

- na natureza dos produtos ou serviços;
- na natureza dos processos de produção;
- no tipo ou classe de clientes dos produtos ou serviços.

Segmento geográfico: é um componente distinguível e separado de um grupo empresarial que fornece produtos ou serviços em um ambiente econômico diferente da companhia matriz (controladora) ou do país de origem do grupo em que o segmento econômico está localizado. Isto é, o país em que opera a linha de negócios. Os segmentos geográficos são baseados:

- na localização das instalações e ativos de produção ou de serviços de uma empresa; ou
- na localização dos seus mercados e clientes.

Observação: Inicialmente a área geográfica pode ser considerada um país individual ou região e continente do mundo em que o segmento econômico desenvolve a sua operação.

Segmento divulgável ou reportável: é um segmento operacional (econômico e/ou geográfico) identificado que deverá divulgar separadamente relatórios por segmento em atendimento ao CPC 22.

2.20.3 Segmentos divulgáveis ou reportáveis

Parâmetros mínimos quantitativos

A empresa deve divulgar separadamente informações sobre o segmento operacional quando:

- sua receita proveniente de vendas a clientes internos e externos for 10% ou mais da receita total consolidada do grupo;

- seu resultado por segmento for 10% ou mais do resultado consolidado do grupo; ou
- seus ativos forem 10% ou mais dos ativos totais de todos os segmentos.

Conforme Leite (Padoveze, Benedicto e Leite, 2011), os segmentos operacionais que não atingirem quaisquer dos parâmetros mínimos quantitativos podem ser considerados divulgáveis e ser apresentados separadamente se a "Administração" entender que essa informação sobre o segmento possa ser útil para os usuários das demonstrações contábeis.

Combinação de segmentos

Dois ou mais segmentos operacionais que forem substancialmente semelhantes podem ser combinados em um único segmento operacional. As principais características de semelhança são:

- natureza dos produtos e serviços;
- natureza dos processos de produção;
- tipo ou categoria de clientes;
- desempenho econômico-financeiro semelhante em longo prazo.

As informações sobre outras atividades de negócio e outros segmentos operacionais não divulgáveis devem ser combinadas e apresentadas em uma categoria denominada "outros segmentos".

2.20.4 Fontes de informações

Normalmente, as companhias divulgam informações por segmento em "notas explicativas", a partir das informações apresentadas nas demonstrações contábeis consolidadas e no sistema gerencial de reporte ao principal gestor das operações.

2.20.5 Divulgação de informações

Informações gerais

As principais informações gerais que devem ser divulgadas pela companhia são:

a. os fatores utilizados para identificar os segmentos divulgáveis da entidade, incluindo a base da organização (por exemplo, se a administração optou por organizar a entidade em torno das diferenças entre produtos e serviços, áreas geográficas, ambiente regulatório, ou combinação de fatores, e se os segmentos operacionais foram agregados); e
b. os tipos de produtos e serviços a partir dos quais cada segmento divulgável obtém suas receitas.

Principais informações sobre resultado, ativo e passivo de cada segmento operacional (econômico)

As principais informações sobre resultado, ativo e passivo são as seguintes:

a. ativo total;
b. passivo total;
c. lucro ou prejuízo;
d. receitas operacionais;
e. receitas de transações com outros segmentos;
f. receitas financeiras;
g. despesas financeiras;
h. depreciações e amortizações;
i. despesas ou receitas com tributos sobre o lucro;
j. participações societárias avaliadas pela equivalência patrimonial; entre outras.

Informações sobre produtos e serviços

A companhia deve divulgar as receitas para cada produto ou serviço ou cada grupo de produtos e serviços semelhantes, salvo se as informações necessárias não se encontrarem disponíveis e o custo da sua elaboração for excessivo, devendo tal fato ser divulgado.

Informações sobre os principais clientes

Sobre os principais clientes as informações que devem ser divulgadas são:

a. a entidade deve fornecer informações sobre seu grau de dependência de seus principais clientes;
b. se as receitas provenientes das transações com um único cliente representarem 10% ou mais das receitas totais da empresa, esse fato deve ser divulgado.

Informações sobre área geográfica

As seguintes informações geográficas devem ser divulgadas, *salvo se as informações necessárias não se encontrarem disponíveis e o custo da sua elaboração for excessivo*:

a. Receitas provenientes de clientes externos:
   - *atribuídos ao país-sede da entidade; e*
   - *atribuídos a todos os países estrangeiros de onde a entidade obtém receitas. Se as receitas provenientes de clientes externos atribuídas a determinado país estrangeiro forem materiais, devem ser divulgadas separadamente.*

b. Ativo não circulante:
- *localizados no país-sede da entidade; e*
- *localizados em todos os países estrangeiros em que a entidade mantém ativos. Se os ativos em determinado país estrangeiro forem materiais, devem ser divulgados separadamente.*

Os montantes divulgados devem basear-se nas informações utilizadas para elaborar as demonstrações contábeis da entidade. Se as informações necessárias não se encontrarem disponíveis e o custo da sua elaboração for excessivo, tal fato deve ser divulgado.

Caso sejam relevantes as informações por região geográfica no país (Brasil, por exemplo) e se essas informações forem utilizadas gerencialmente, as mesmas regras de evidenciação devem ser observadas.

2.20.6 Mensuração

O montante de cada item dos segmentos divulgados deve corresponder ao valor reportado ao principal gestor das operações para fins de tomada de decisão sobre a alocação de recursos ao segmento e de avaliação do seu desempenho.

A companhia deve apresentar explicação das mensurações do lucro ou do prejuízo, dos ativos e dos passivos do segmento para cada segmento divulgável.

2.20.7 Conciliação

A companhia deve fornecer conciliações dos seguintes elementos:

a. o total das receitas dos segmentos divulgáveis com as receitas da entidade;
b. o total dos valores de lucro ou prejuízo dos segmentos divulgáveis com o lucro ou o prejuízo da entidade antes das despesas (receitas) de imposto de renda e contribuição social e das operações descontinuadas;
c. o total dos ativos dos segmentos divulgáveis com os ativos da entidade;
d. o total dos passivos dos segmentos divulgáveis com os passivos da entidade;
e. o total dos montantes de quaisquer outros itens materiais das informações evidenciadas dos segmentos divulgáveis com os correspondentes montantes da entidade.

2.20.8 Modelos de relatórios por segmento

A estrutura organizacional seguinte apresenta exemplos de segmentos operacionais de uma "Cooperativa de Energia Elétrica", que será a base para a evidenciação de modelos de relatórios por segmento.

Os segmentos operacionais divulgáveis separadamente que foram identificados são:
a. distribuição de energia elétrica; e
b. geração de energia elétrica.

Os demais segmentos não alcançaram individualmente os parâmetros quantitativos mínimos para apresentação destacada nos relatórios por segmento e estão sendo evidenciados na coluna "Outros segmentos".

Por sua vez, as áreas geográficas correspondentes, ou seja, a localização dos segmentos econômicos são as diversas regiões do Estado do Rio Grande do Sul onde estas estão operacionalizando suas atividades.

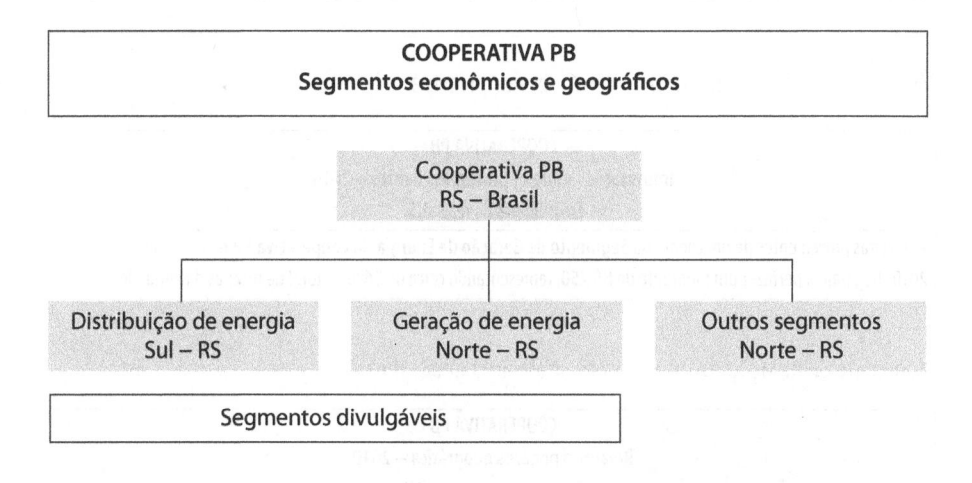

COOPERATIVA PB
Segmentos econômicos e geográficos

Cooperativa PB
RS – Brasil

- Distribuição de energia — Sul – RS
- Geração de energia — Norte – RS
- Outros segmentos — Norte – RS

Segmentos divulgáveis

Modelo de divulgação de informações sobre resultado, ativo e passivo

COOPERATIVA PB Relatório por segmento econômico – 2010 Informações sobre resultado, ativo e passivo Em milhares de reais (R$)				
	Distribuição de energia	Geração de energia	Outros segmentos	Total
Receitas operacionais	1.000	500	50	**1.550**
Receitas entre os segmentos	100	200	20	**320**
Receitas financeiras	20	10	5	**35**
Despesas financeiras	10	15	2	**27**
Depreciação e amortização	100	20	2	**122**
Resultado do segmento	400	200	50	**650**
Ativo total	10.000	5.000	1.000	**16.000**
Passivo total	5.500	2.000	500	**8.000**

Modelo de divulgação de conciliação de informações sobre resultado, ativo e passivo

COOPERATIVA PB Relatório por segmento econômico – 2010 Informações sobre resultado, ativo e passivo Conciliação das receitas operacionais Em milhares de reais (R$)	
Total de receitas de segmentos divulgáveis	1.800
(+) Outras receitas	70
(−) Eliminação de receitas entre os segmentos	(320)
Receitas operacionais	1.550

Modelo de divulgação de informações sobre os principais clientes

COOPERATIVA PB Informações sobre os principais clientes – 2010 Em milhares de reais (R$)
As receitas provenientes de um cliente do **Segmento de Geração de Energia da Cooperativa PB** no exercício social de 2010 chegaram a perfazer um montante de **R$ 250**, representando cerca de **16%** do total de receitas da entidade.

Modelo de divulgação de informações sobre área geográfica

COOPERATIVA PB Relatório por área geográfica – 2010 Em milhares de reais (R$)		
Áreas geográficas	Receitas operacionais	Ativos não circulantes
Sul – RS	1.000	6.000
Norte – RS	550	2.000
Total	1.550	8.000

Modelo divulgação de informações por segmento econômico/geográfico

COOPERATIVA PB Relatório por segmento econômico e por área geográfica – 2010 Em milhares de reais (R$)					
	Distribuição de energia	Geração de energia	Outros segmentos	Ajustes e eliminações	Total
Receitas	1.000	500	50		1.550
Depreciação e amortização	100	20	2		122
Resultado	400	200	50		650

(continua)

(continuação)

	COOPERATIVA PB Relatório por segmento econômico e por área geográfica – 2010 Em milhares de reais (R$)				
	Distribuição de energia	Geração de energia	Outros segmentos	Ajustes e eliminações	Total
Ativo total	10.000	5.000	1.000		16.000
Passivo total	5.500	2.000	500		8.000
Nota 1 Modelo baseado apenas nas informações das demonstrações contábeis consolidadas e quando há poucos segmentos econômicos e geográficos. Nota 2 A coluna "Ajustes e Eliminações" serve para promover os ajustes decorrentes das transações entre os segmentos na consolidação dos resultados.					

2.20.9 Tratamento contábil para pequenas e médias entidades

O assunto "Informações por Segmentos de Negócios" não foi abordado pelo Pronunciamento Técnico PME (R1) – Contabilidade para Pequenas e Médias Empresas.

2.21 Partes relacionadas

A norma brasileira de contabilidade que regulamenta o assunto "Divulgação sobre Partes Relacionadas" é o Pronunciamento Técnico CPC 05 (R1), do Comitê de Pronunciamentos Contábeis. Seu principal objetivo é estabelecer que as demonstrações contábeis da empresa contenham as divulgações necessárias para evidenciar a possibilidade de que sua posição financeira e seu resultado possam ter sido afetados pela existência de transações e saldos com partes relacionadas.

O CPC 05 (R1) deve ser aplicado ao:

a. identificar relacionamentos e transações com partes relacionadas;
b. identificar saldos existentes entre a entidade e suas partes relacionadas;
c. identificar as circunstâncias em que é exigida a divulgação dos itens mencionados nas alíneas (a) e (b); e
d. determinar as divulgações a serem feitas relativamente a essas alíneas.

2.21.1 Despacho Aneel nº 4.796/2008

A Aneel emitiu o Despacho nº 4.796 em 2008 referendando o CPC 05, que regulamenta a divulgação de informações sobre as partes relacionadas.

2.21.2 Aspectos conceituais

Parte relacionada é a parte que está relacionada com a empresa:

a. direta ou indiretamente por um ou mais intermediários, quando a parte:
   - controlar, for controlada por, ou estiver sob o controle comum da empresa (isso inclui controladoras ou controladas);
   - tiver interesse na empresa e que lhe confira influência significativa sobre a entidade; ou
   - tiver controle conjunto sobre a empresa;
   - controlar, for controlada por, ou estiver sob o controle comum da empresa (isso inclui controladoras ou controladas);
   - tiver interesse na empresa que lhe confira influência significativa sobre a empresa; ou
   - tiver controle conjunto sobre a empresa;
b. se for coligada da empresa;
c. se for *joint venture* (empreendimento conjunto) em que a empresa seja um investidor;
d. se for membro do pessoal-chave da administração da empresa ou de sua controladora;
e. se for membro próximo da família ou de qualquer pessoa referidos nas alíneas (a) ou (d);
f. se for empresa controlada, controlada em conjunto ou significativamente influenciada por, ou em que o poder de voto significativo nessa empresa reside em, direta ou indiretamente, qualquer pessoa referida nas alíneas (d) ou (e); ou
g. se for plano de benefícios pós-emprego para benefício dos empregados da empresa, ou de qualquer empresa que seja parte relacionada dessa empresa.

Transação com partes relacionadas é a transferência de recursos, serviços ou obrigações entre partes relacionadas, independentemente de haver ou não um valor alocado à transação.

Membros próximos da família de uma pessoa são aqueles membros da família que se espera que influenciem ou sejam influenciados por essa pessoa nos seus negócios com a empresa. Podem incluir:

a. seu cônjuge ou companheiro(a) e filhos;
b. filhos de seu cônjuge ou de companheiro(a); e
c. seus dependentes ou os de seu cônjuge.

Pessoal-chave da administração são as pessoas que têm autoridade e responsabilidade pelo planejamento, direção e controle das atividades da empresa, direta ou indiretamente, incluindo qualquer administrador (executivo ou outro) dessa empresa.

2.21.3 Divulgação

Relacionamentos entre controladora e controladas ou coligadas

De acordo com o CPC 05 (R1), os relacionamentos entre controladora e controladas ou coligadas devem ser divulgados independentemente de ter havido ou não transações entre essas partes relacionadas. Em uma estrutura societária com múltiplos níveis de participações, a entidade deve divulgar o nome da entidade controladora direta e, se for diferente, da parte controladora final. Se a entidade controladora direta e a parte controladora final não elaborarem demonstrações contábeis disponíveis para uso público, o nome da controladora do nível seguinte, se houver, deve também ser divulgado.

Para permitir aos usuários de demonstrações contábeis uma visão acerca dos efeitos dos relacionamentos com partes relacionadas na entidade, é apropriado divulgar o relacionamento com partes relacionadas onde exista controle, tendo havido ou não transações entre as partes relacionadas.

A identificação de relacionamentos com partes relacionadas entre controladoras ou investidoras e controladas ou coligadas é uma exigência adicional ao já requerido por outras normas, tais como a divulgação dos investimentos significativos em controladas, coligadas e controladas em conjunto.

Quando nem a entidade controladora nem a parte controladora final produzirem demonstrações contábeis disponíveis para uso público, a entidade divulga o nome da controladora do nível seguinte que as produza. A controladora do nível seguinte é a primeira controladora do grupo acima da controladora direta imediata que produza demonstrações contábeis consolidadas disponíveis para utilização pública.

Pessoal-chave da administração

A entidade deve divulgar a remuneração do pessoal-chave da administração no total e para cada uma das seguintes categorias:

a. benefícios de curto prazo a empregados e administradores;
b. benefícios pós-emprego;
c. outros benefícios de longo prazo;
d. benefícios de rescisão de contrato de trabalho; e
e. remuneração baseada em ações.

Outras divulgações

Caso tenha havido transações entre partes relacionadas, a entidade deve divulgar a natureza do relacionamento com as partes relacionadas, assim como informações sobre as transações e os saldos existentes necessários para a compreensão do potencial efeito desse relacionamento nas demonstrações contábeis. Esses requisitos de divulgação são adicionais aos referidos no tópico "Pessoal-chave da administração" para divulgar a remuneração do pessoal-chave da administração. No mínimo, as divulgações devem incluir:

a. montante das transações;
b. montante dos saldos existentes e:
   - seus termos e suas condições, incluindo se estão ou não com cobertura de seguro, e a natureza da remuneração a ser paga; e
   - informações de quaisquer garantias dadas ou recebidas;
c. provisão para créditos de liquidação duvidosa relacionada com o montante dos saldos existentes; e
d. despesa reconhecida durante o período a respeito de dívidas incobráveis ou de liquidação duvidosa de partes relacionadas.

As divulgações exigidas e evidenciadas anteriormente devem ser feitas separadamente para cada uma das seguintes categorias:

a. controladora;
b. entidades com controle conjunto ou influência significativa sobre a entidade;
c. controladas;
d. coligadas;
e. *joint ventures* nas quais a entidade seja uma investidora;
f. pessoal-chave da administração da entidade ou da respectiva controladora; e
g. outras partes relacionadas.

A classificação de montantes "a pagar a", e "a receber de", partes relacionadas em diferentes categorias é uma extensão dos requerimentos de divulgação da norma que trata da apresentação e divulgação das demonstrações contábeis. As categorias de partes relacionadas são estendidas para proporcionar uma análise mais abrangente dos saldos e das transações com essas partes.

Seguem exemplos de transações que devem ser divulgadas, se feitas com parte relacionada:

a. compras ou vendas de bens (acabados ou não acabados);
b. compras ou vendas de propriedades e outros ativos;
c. prestação ou recebimento de serviços;
d. locações;
e. transferências de pesquisa e desenvolvimento;
f. transferências mediante contratos de cessão de uso de marcas e patentes ou licenças;
g. transferências de natureza financeira (incluindo empréstimos e contribuições para capital em dinheiro ou equivalente);
h. fornecimento de garantias, avais ou fianças;

i. liquidação de passivos em nome da entidade ou pela entidade em nome de outra parte;
j. novação, perdão ou outras formas pouco usuais de cancelamento de dívidas;
k. prestação de serviços administrativos e/ou qualquer forma de utilização da estrutura física ou de pessoal da entidade pela outra ou pelas outras, com ou sem contraprestação financeira;
l. aquisição de direitos ou opções de compra ou qualquer outro tipo de benefício e seu respectivo exercício do direito;
m. quaisquer transferências de bens, direitos e obrigações;
n. concessão de comodato de bens imóveis ou móveis de qualquer natureza;
o. manutenção de quaisquer benefícios para funcionários de partes relacionadas, tais como: planos suplementares de previdência social, plano de assistência médica, refeitório, centros de recreação etc.;
p. limitações mercadológicas e tecnológicas.

As divulgações de que as transações com partes relacionadas foram realizadas em termos equivalentes aos que prevalecem nas transações com partes independentes são feitas apenas se esses termos puderem ser efetivamente comprovados.

Para quaisquer transações entre partes relacionadas, faz-se necessária a divulgação das condições em que as mesmas transações foram efetuadas. Transações atípicas com partes relacionadas após o encerramento do exercício ou período também devem ser divulgadas.

Os itens de natureza semelhante podem ser divulgados de forma agregada, exceto quando divulgações separadas forem necessárias para a compreensão dos efeitos das transações com partes relacionadas nas demonstrações contábeis da entidade.

2.21.4 Tratamento contábil para pequenas e médias entidades

A Seção 33 do Pronunciamento Técnico PME (R1) é semelhante ao Pronunciamento Técnico CPC 05 (R1), no que se refere aos critérios contábeis e fundamentos conceituais. Ressalte-se que a divulgação de informações em notas explicativas é reduzida.

2.22 Eventos subsequentes

O Pronunciamento Técnico CPC 24 do CPC é a norma brasileira que regulamenta o assunto "Eventos Subsequentes". Seus objetivos principais são determinar:

- quando a empresa deve ajustar suas demonstrações contábeis com respeito a eventos subsequentes ao período contábil a que se referem essas demonstrações; e

- as informações que a empresa deve divulgar sobre a data em que é concedida a autorização para emissão das demonstrações contábeis e sobre os eventos subsequentes ao período contábil a que se referem essas demonstrações.

2.22.1 Despacho Aneel nº 4.722/2009

A Aneel publicou o Despacho nº 4.722 em 2009 referendando o CPC 24, que regulamenta a evidenciação de eventos subsequentes.

2.22.2 Aspectos conceituais

O CPC 24 define eventos subsequentes da seguinte forma:

"Evento subsequente ao período a que se referem às demonstrações contábeis é aquele evento, favorável ou desfavorável, que ocorre entre a data final do período a que se referem as demonstrações contábeis e a data na qual é autorizada a emissão dessas demonstrações. Dois tipos de eventos podem ser identificados:

a. *os que evidenciam condições que já existiam na data final do período a que se referem as demonstrações contábeis (evento subsequente ao período contábil a que se referem as demonstrações que originam ajustes);*
b. *os que são indicadores de condições que surgiram subsequentemente ao período contábil a que se referem as demonstrações contábeis (evento subsequente ao período contábil a que se referem as demonstrações que não originam ajustes)."*

Eventos subsequentes à data do balanço, conforme Leite (Padoveze, Benedicto e Leite, 2011), são aqueles acontecimentos, favoráveis e desfavoráveis, que ocorram entre a data do balanço e a data em que as demonstrações financeiras forem autorizadas para divulgação.

Podem ser identificados dois tipos de acontecimentos:

a. acontecimentos após a data do balanço que geram ajustes contábeis;
b. acontecimentos após a data do balanço que não geram ajustes contábeis.

Exemplos de eventos ocorridos após a data do balanço patrimonial, mas antes da divulgação das demonstrações financeiras:

- sinistro por incêndio nas dependências da empresa;
- aquisição e incorporação de empresas;
- processo judicial importante que tenha tido solução definitiva; entre outros.

2.22.3 Reconhecimento e mensuração

Eventos subsequentes que originam ajustes contábeis

Devem ser ajustados os valores contábeis reconhecidos nas demonstrações contábeis da empresa que reflitam os eventos subsequentes que venham a evidenciar condições já existentes na data final do período contábil a que se referem às demonstrações contábeis, como:

- a obtenção de informações, após o encerramento do exercício social, sobre ativos relevantes que estejam desvalorizados ao fim do período e que precisam ser ajustados pelas perdas por *impairment*;
- a descoberta de fraudes que evidenciem que as demonstrações contábeis estavam incorretas.

Eventos subsequentes que não originam ajustes contábeis

Uma empresa não deve ajustar os valores contábeis reconhecidos em suas demonstrações financeiras por eventos subsequentes que são indicadores de condições que surgiram após o período contábil. Como exemplos, temos os seguintes:

- sinistro por incêndio nas dependências da companhia ocorrido após o encerramento do exercício social;
- alienação de um segmento de negócio.

2.22.4 Dividendos

Caso a empresa venha a declarar dividendos aos acionistas após o encerramento do exercício social, nenhum passivo para dividendos a pagar deve ser reconhecido no balanço patrimonial ao fim do período e ser divulgados em notas explicativas, pois não atendem aos critérios de reconhecimento de obrigações presentes na data das demonstrações contábeis, conforme o CPC 25, que trata de provisões e contingências.

2.22.5 Continuidade

De acordo com o CPC 24:

> A entidade não deve elaborar suas demonstrações contábeis com base no pressuposto de continuidade se sua administração determinar após o período contábil a que se referem às demonstrações contábeis que pretende liquidar a entidade, ou deixar de operar ou que não tem alternativa realista senão fazê-lo.
>
> A deterioração dos resultados operacionais e da situação financeira após o período contábil a que se referem às demonstrações contábeis pode indicar a necessidade de considerar

se o pressuposto da continuidade ainda é apropriado. Se o pressuposto da continuidade não for mais apropriado, o efeito é tão profundo que este Pronunciamento requer uma mudança fundamental nos critérios contábeis adotados, em vez de apenas um ajuste dos valores reconhecidos pelos critérios originais.

No caso de descontinuidade a empresa deve observar os critérios de divulgação do CPC 26, que trata da apresentação das demonstrações contábeis.

2.22.6 Divulgação

Data de autorização para emissão das demonstrações contábeis

A empresa deve divulgar a data em que foi concedida a autorização para emissão das demonstrações contábeis e quem forneceu tal autorização. Se os sócios/acionistas da empresa ou outros tiverem o poder de alterar as demonstrações contábeis após sua emissão, a empresa deve divulgar esse fato.

Atualização da divulgação sobre condições existentes ao final do período a que se referem às demonstrações contábeis

A empresa deve atualizar a divulgação com novas informações que se relacionam com condições existentes ao fim do período a que se referem às demonstrações contábeis.

Em atendimento ao CPC 25, que trata de provisões e contingências ativas e passivas, a empresa deve atualizar a divulgação de contingências ativas que apresentem evidências de novas condições.

Evento subsequente ao período contábil a que se referem às demonstrações contábeis que não originam ajustes

A empresa deve divulgar as seguintes informações para cada categoria significativa de eventos subsequentes ao período contábil a que se referem às demonstrações contábeis que não originam ajustes:

- a natureza do evento;
- a estimativa de seu efeito financeiro ou uma declaração de que tal estimativa não pode ser feita.

A seguir, relacionamos alguns eventos subsequentes que não originam ajustes, mas que devem ser divulgados, pois são relevantes:

- combinações de negócios;
- alienação de uma importante subsidiária;
- alienação de um importante segmento de negócio;

- anúncio de planos de reestruturação dos negócios ou da gestão;
- destruições por incêndios;
- alterações importantes nas legislações societária e tributária; entre outros.

2.22.7 Tratamento contábil para pequenas e médias entidades

A Seção 32 do Pronunciamento Técnico PME (R1) é semelhante ao Pronunciamento Técnico CPC 24 no que se refere aos critérios contábeis e fundamentos conceituais. Ressalte-se que a divulgação de informações em notas explicativas é reduzida.

2.23 Resumo de normas e critérios contábeis de mensuração e reconhecimento

Item patrimonial	Principais normas contábeis aplicáveis	Principais critérios de mensuração e reconhecimento
Caixa e equivalentes	CPCs 03 (R2), 26 (R1), 38, 39 e 40, OCPC 03 e Pronunciamento Conceitual Básico (R1).	Registrados pelos valores de custo e, quando aplicável, ajustados pelos rendimentos.
Títulos e valores mobiliários	CPCs 01 (R1), 38, 39 e 40, OCPC 03 e Pronunciamento Conceitual Básico (R1).	Registrados inicialmente pelos valores de custo e, quando aplicável, ajustados pelos rendimentos e valores justos.
Instrumentos Financeiros	CPCs 38, 39 e 40, OCPC 03 e Pronunciamento Conceitual Básico (R1).	Dependendo do tipo de instrumento financeiro será registrado pelos métodos do custo amortizado ou do valor justo.
Propriedades para investimento	CPCs 28, 26 (R1) e Pronunciamento Conceitual Básico (R1).	Registrados pelos valores de custo ou justos.
Imobilizado	CPCs 01 (R1), 06 (R1), 20 (R1), 26 (R1) e 27, ICPC 10 e Pronunciamento Conceitual Básico (R1).	Registrados pelos valores de custo e, quando aplicável, ajustados pela depreciação acumulada e por perdas por redução nos valores de recuperação. Pode incluir ainda os encargos financeiros gerados durante o período de construção.
Intangível	CPCs 01 (R1), 04 (R1), 26 (R1) e Pronunciamento Conceitual Básico (R1).	Registrados pelos valores de custo e, quando aplicável, ajustados pela amortização acumulada e por perdas por redução nos valores de recuperação.
Arrendamento mercantil	CPCs 06 (R1), 12 e Pronunciamento Conceitual Básico (R1).	Os contratos que transferem ao arrendatário os riscos, benefícios, controle da propriedade são contabilizados como ativos.

(continua)

(continuação)

Item patrimonial	Principais normas contábeis aplicáveis	Principais critérios de mensuração e reconhecimento
Ativo não circulante mantido para venda	CPCs 26 (R1), 31 e Pronunciamento Conceitual Básico (R1).	São mensurados pelo menor valor entre o custo e o valor justo menos as despesas estimadas para vender.
Fornecedores	CPCs 12, 26 (R1) e Pronunciamento Conceitual Básico (R1).	Registrados pelos valores de custos e demonstrados a valor presente.
Benefícios a empregados de curto prazo	CPC 33 e Pronunciamento Conceitual Básico (R1).	Reconhecidos no resultado a partir dos valores de custo obedecendo-se o regime de competência.
Empréstimos e financiamentos	CPCs 12, 26 (R1), 38, 39 e 40, OCPC 03 e Pronunciamento Conceitual Básico (R1).	Registrados pelos valores de custo e, quando aplicável, ajustados pelas variações monetárias e cambiais. Demonstrados a valor presente.
Provisões e contingências	CPCs 25, 26 (R1) e Pronunciamento Conceitual Básico (R1).	Sendo prováveis são reconhecidos por valores estimados e divulgados em notas explicativas. Sendo possíveis não são reconhecidos e, sim, divulgados em notas. Sendo remotas não são reconhecidos nem divulgados e em notas.
Tributos correntes e diferidos	CPCs 26 (R1), 32 e Pronunciamento Conceitual Básico (R1).	Os tributos sobre lucros correntes e anteriores devidos devem ser reconhecidos como passivos. Por outro lado, caso o montante já pago de tributos sobre lucros de períodos atual e anteriores exceder o montante devido para aqueles períodos, o excesso deve ser reconhecido como ativo. O reconhecimento de impostos diferidos é baseado nas diferenças temporárias entre o valor contábil e o valor para base fiscal dos ativos e passivos e nos prejuízos fiscais do Imposto de Renda e na base de cálculo negativa de Contribuição Social sobre o Lucro na medida em que foi considerada provável sua realização contra resultados tributáveis futuros. Se a Cooperativa não for capaz de gerar lucros tributáveis futuros, ou se houver uma mudança significativa no tempo necessário para que os impostos diferidos sejam dedutíveis, a Administração deve avaliar a necessidade de constituir provisão para perda desses impostos diferidos.
Receitas	CPCs 26 (R1), 30 e Pronunciamento Conceitual Básico (R1).	Reconhecidas pelo regime de competência.

(continua)

(continuação)

Item patrimonial	Principais normas contábeis aplicáveis	Principais critérios de mensuração e reconhecimento
Custos e despesas	CPC 26 (R1) e Pronunciamento Conceitual Básico (R1).	Reconhecidas pelo regime de competência.
Subvenção e assistência governamentais	CPC 07 (R1) e Pronunciamento Conceitual Básico (R1).	A subvenção governamental, inclusive a subvenção não monetária avaliada a valor justo não deve ser reconhecida até que exista segurança de que a empresa receberá a tal subvenção e cumprirá todas as condições estabelecidas pelo governo. Uma subvenção governamental deve ser reconhecida como receita ao longo do período confrontada com as despesas que pretende compensar, em base sistemática, de acordo com o regime de competência.
Contratos de concessão	ICPC 01 (R1), OCPC 05, ICPC 17 e Pronunciamento Conceitual Básico (R1).	A remuneração recebida ou a receber pelo concessionário deve ser registrada pelo seu valor justo. Essa remuneração pode corresponder a direitos sobre: • um ativo financeiro (indenização paga pelo concedente – fim do contrato); • um ativo intangível (autorização para cobrar os serviços dos usuários).
Cotas de cooperados	ICPC 14 e Pronunciamento Conceitual Básico (R1).	As cotas de cooperados constituem patrimônio líquido se a entidade tiver um direito incondicional de recusar resgate das cotas de cooperados.
Mudanças em estimativas	CPC 23 e Pronunciamento Conceitual Básico (R1).	Todas as estimativas contábeis devem ser revistas na data de cada balanço patrimonial.
Correção de erros	CPC 23 e Pronunciamento Conceitual Básico (R1).	A correção de erros de períodos anteriores deve ser efetuada contra o patrimônio líquido.

Parte 3

Demonstrações Contábeis

3.1 Demonstrações contábeis societárias

O CPC 26 (R1) – Apresentação das Demonstrações Contábeis determina a base de apresentação de demonstrações contábeis de uso geral a fim de assegurar a comparação, tanto com as próprias demonstrações contábeis de períodos anteriores como com as demonstrações contábeis de outras entidades.

De acordo com o CPC 26 (R1), um conjunto completo de demonstrações contábeis envolve a apresentação de:

- balanço patrimonial;
- demonstração do resultado;
- demonstração do resultado abrangente;
- demonstração das mutações do patrimônio líquido;
- demonstração dos fluxos de caixa;
- demonstração do valor adicionado (exigência legal para companhias abertas – Lei nº 11.638/07);
- notas explicativas.

3.1.1 Finalidade das demonstrações contábeis

Conforme o item 09, do CPC 26 (R1), as demonstrações contábeis são:

> [...] uma representação estruturada da posição patrimonial e financeira e do desempenho da companhia. O objetivo das demonstrações contábeis é o de proporcionar informação acerca da posição patrimonial e financeira, do desempenho e dos fluxos de caixa da entidade que seja útil a um grande número de usuários em suas avaliações e tomada de decisões econômicas.

Para atender a esse objetivo, as demonstrações contábeis devem fornecer informações a respeito de:

- ativos;
- passivos;
- patrimônio líquido;
- receitas e despesas, incluindo ganhos e perdas;
- alterações no capital próprio mediante integralizações dos proprietários e distribuições a eles; e
- de fluxos de caixa.

3.1.2 Elementos das demonstrações contábeis

O Pronunciamento Conceitual Básico (R1) do CPC considera que os elementos diretamente relacionados com a avaliação e mensuração da posição patrimonial e financeira de uma companhia são:

a. **Ativos:** são recursos controlados como resultados de eventos passados e dos quais se esperam que resultem futuros benefícios econômicos para a companhia.
b. **Passivos:** são obrigações presentes, derivadas de eventos já ocorridos, cujas liquidações se espera que resultem em saída de recursos capazes de gerar benefícios econômicos.
c. **Patrimônio líquido:** é o valor residual dos ativos da companhia depois de deduzidos todos os seus passivos, também tratado como fonte de recursos próprios, ou seja, capital próprio ou ativo líquido.

Já o resultado da companhia é normalmente empregado como medida de desempenho e envolve:

a. **Receitas:** são aumentos nos benefícios econômicos durante o período contábil na forma de entrada de recursos ou aumento de ativos ou diminuição de passivos, que resultam em aumentos do patrimônio líquido e que não sejam provenientes de aporte dos proprietários da companhia.
b. **Despesas:** são decréscimos nos benefícios econômicos durante o período contábil na forma de saída de recursos ou redução de ativos ou incrementos em passivos, que resultam em decréscimo do patrimônio líquido e que não sejam provenientes de distribuição aos proprietários da companhia.
c. **Ganhos:** representam outros itens que se enquadram na definição de receita e podem ou não surgir no curso das atividades ordinárias da companhia, representando aumentos nos benefícios econômicos.
d. **Perdas:** representam outros itens que se enquadram na definição de despesas e podem ou não surgir no curso das atividades ordinárias da companhia, representando decréscimos nos benefícios econômicos.

3.1.3 Pressupostos básicos das demonstrações contábeis – CPC 26 (R1)

Regime de competência

Uma companhia deve elaborar suas demonstrações contábeis, exceto para a demonstração dos fluxos de caixa, utilizando-se do regime de competência.

Continuidade

Quando da elaboração de demonstrações contábeis, a administração deve fazer a avaliação da capacidade de a entidade continuar em operação no futuro previsível. As demonstrações contábeis devem ser elaboradas no pressuposto da continuidade, a menos que a administração tenha intenção de liquidar a companhia ou cessar seus negócios, ou ainda não possua uma alternativa realista senão a descontinuação de suas atividades. Quando a administração tiver ciência, ao fazer sua avaliação, de incertezas relevantes relacionadas com eventos ou condições que possam lançar dúvidas significativas a respeito da capacidade de a companhia continuar em operação no futuro previsível, essas incertezas devem ser divulgadas.

3.1.4 Informações comparativas

Conforme o CPC 26 (R1), a menos que outra norma permita ou exija de outra forma, as informações comparativas devem ser divulgadas em relação ao período anterior para todos os valores incluídos nas demonstrações contábeis. As informações comparativas também devem ser incluídas nas notas explicativas, quando forem materiais para melhor entendimento das demonstrações contábeis do período atual.

Caso uma política contábil seja aplicada retrospectivamente ou quando houver uma reclassificação de itens, a empresa deve apresentar três exercícios sociais comparativos para o balanço patrimonial.

3.1.5 Identificação das demonstrações contábeis

Cada demonstração contábil e notas explicativas devem ser identificadas claramente, conforme o CPC 26 (R1), levando-se em conta:

- o nome da empresa;
- se a demonstração e notas se referem a uma empresa individual ou grupo consolidado;
- a data-base da demonstração contábil e notas explicativas;
- a moeda de apresentação (relatório);
- o nível de arredondamento empregado nos valores apresentados em cada uma das demonstrações contábeis e notas explicativas.

3.1.6 Apresentação apropriada das demonstrações contábeis

Com o objetivo de preservar a essência sobre a forma, o CPC 26 (R1) permite que, em casos extremamente raros, nos quais a administração vier a concluir que a conformidade com um requisito de Pronunciamento Técnico, Interpretação ou Orientação do CPC conduziria a uma apresentação tão enganosa que entraria em conflito com o objetivo das demonstrações contábeis estabelecido na Estrutura Conceitual para Elaboração e Divulgação de Relatório Contábil-Financeiro, a entidade não aplicará esse requisito, a não ser que esse procedimento seja terminantemente vedado do ponto de vista legal e regulatório.

Caso a companhia deixe de aplicar uma disposição prevista em determinado Pronunciamento, esta deverá reportar as seguintes informações:

a. que a administração concluiu que as demonstrações contábeis apresentam adequadamente sua posição patrimonial e financeira, o resultado de suas operações e os fluxos de caixa;
b. que as demonstrações contábeis estão de acordo com os Pronunciamentos do CPC, exceto quanto à mudança descrita, que teve como objetivo apresentar de modo mais adequado essas demonstrações;
c. qual é a disposição e qual é o número do Pronunciamento que deixaram de ser adotados, a natureza do desvio, incluindo o tratamento que o Pronunciamento exige, a razão pela qual esse tratamento causaria distorções nas circunstâncias de tal forma que os objetivos das demonstrações contábeis não seriam atingidos, bem como o tratamento adotado; e
d. qual seria o efeito financeiro nas demonstrações contábeis em cada período apresentado, caso o Pronunciamento tivesse sido adotado.

3.1.7 Balanço patrimonial

De acordo com o CPC 26 (R1), um balanço patrimonial deve apresentar o seguinte conjunto mínimo de contas contábeis:

a. caixa e equivalentes de caixa;
b. clientes e outros recebíveis;
c. estoques;
d. ativos financeiros (exceto: *caixa e equivalentes de caixa, clientes e outros recebíveis e investimentos avaliados pelo método de equivalência patrimonial*);

e. ativos financeiros classificados como disponíveis para venda e ativos não circulantes à disposição para venda;
f. ativos biológicos;
g. investimentos avaliados pelo método da equivalência patrimonial;
h. propriedades para investimento;
i. imobilizado;
j. intangível;
k. contas a pagar comerciais e outras;
l. provisões;
m. obrigações financeiras (exceto as referidas nas alíneas "k" e "l");
n. obrigações e ativos relativos à tributação corrente;
o. impostos diferidos ativos e passivos, classificados no não circulante;
p. obrigações associadas a ativos à disposição para venda;
q. participação de não controladores apresentada de forma destacada dentro do patrimônio líquido; e
r. capital integralizado e reservas e outras contas atribuíveis aos proprietários da entidade.

Desse modo, levando-se em conta as Leis nº 11.638/07 e nº 11.941/09, e o CPC 26 (R1), um balanço patrimonial pode ser apresentado a partir do seguinte formato:

ATIVO	NOTA	2011	2010	PASSIVO E PATRIMÔNIO LÍQUIDO	NOTA	2011	2010
Ativo circulante				Passivo circulante			
Caixa e equivalentes				Fornecedores			
Títulos e valores mobiliários				Salários e benefícios			
Contas a receber de Clientes				Impostos e contribuições			
Estoques				Empréstimos e financiamentos			
Outros Ativos...				Outros passivos...			
Ativo não circulante				Passivo não circulante			
Realizável Longo Prazo:				Empréstimos e financiamentos			
Contas a receber				Impostos diferidos			
Impostos diferidos				Provisão para contingências			
Títulos e valores mobiliários				Arrendamentos e compromissos			
Depósitos judiciais				Contratuais			
Outros ativos...				Receitas diferidas líquidas			
				Outros passivos...			

(continua)

(continuação)

ATIVO	NOTA	2011	2010	PASSIVO E PATRIMÔNIO LÍQUIDO	NOTA	2011	2010
Investimento				**Patrimônio líquido**			
Imobilizado				Capital social integralizado			
Intangível				Reservas de capital			
				Reservas de lucros			
				Outros resultados abrangentes			
				Total patrimônio líquido dos controladores			
				Participação dos não controladores			
				Total do patrimônio líquido incluindo part. não control.			
TOTAL DO ATIVO				**TOTAL DO PASSIVO E PATRIMÔNIO LÍQUIDO**			

A seguir, são apresentados alguns procedimentos para evidenciação de ativos, passivos e itens de patrimônio líquido:

- **Ativos e passivos:** são separados em circulantes (curto prazo) e não circulantes (longo prazo).
- **Caixa e equivalentes:** envolve as disponibilidades financeiras imediatas (dinheiro em caixa, depósitos bancários e aplicações financeiras com prazo de liquidez de até noventa dias).
- **Impostos diferidos:** geralmente classificados como ativos e/ou passivos não circulantes.
- **Títulos e valores mobiliários:** classificados em títulos "para negociação", "disponíveis para venda" e "mantidos até o vencimento", conforme as normas sobre instrumentos financeiros: CPC 38 e CPC 39.
- **Outros resultados abrangentes:** compreende *variações na reserva de reavaliação, ajustes acumulados de conversão, variação cambial de investimento societário no exterior, ganhos e perdas com parcela efetiva de* hedge *de fluxo de caixa, ganhos e perdas com ativos financeiros disponíveis para venda, ganhos e perdas atuariais com planos de pensão com benefício definido.*
- **Participação dos não controladores:** é apresentada dentro do patrimônio líquido como demonstrado no balanço patrimonial anterior.
- **Notas explicativas:** deve haver indicação do número da nota explicativa a que se refere o ativo, passivo e item de patrimônio líquido.

Ativos e passivos circulantes

De acordo com o CPC 26 (R1), um ativo deve ser classificado como circulante quando satisfizer qualquer dos seguintes critérios:

1. espera-se que seja realizado ou pretende-se que seja vendido ou consumido no decurso normal do ciclo operacional da companhia;
2. está mantido essencialmente com o propósito de ser negociado;
3. espera-se que seja realizado até doze meses após a data do balanço; ou
4. é caixa ou equivalente de caixa (conforme definido no CPC 03 (R2) – Demonstração dos Fluxos de Caixa), a menos que sua troca ou seu uso para liquidação de passivo se encontrem vedadas durante pelo menos doze meses após a data do balanço.

Todos os demais ativos devem ser classificados como não circulantes.

Já um passivo deve ser classificado como circulante quando satisfizer qualquer dos seguintes critérios:

1. espera-se que seja liquidado durante o ciclo operacional normal da companhia;
2. está mantido essencialmente para a finalidade de ser negociado;
3. deve ser liquidado no período de até doze meses após a data do balanço; ou
4. a entidade não tem direito incondicional de diferir a liquidação do passivo durante pelo menos doze meses após a data do balanço.

Todos os outros passivos devem ser classificados como não circulantes.

Patrimônio líquido

Levando-se em conta as alterações no patrimônio líquido introduzidas pelas Leis nº 11.638/07 e nº 11.941/09, e o CPC 26 (R1), os principais componentes do novo patrimônio líquido, do balanço patrimonial consolidado são os seguintes:

Patrimônio líquido
Capital social integralizado
Reserva de capital
Reserva de reavaliação (saldo antigo mantido até a sua realização)
Reservas de lucros:
   Legal
   Estatutária
   Incentivos Fiscais
   Lucros Retidos
Prejuízos acumulados

Outros resultados abrangentes:
> Ajustes de Avaliação Patrimonial (ativos financeiros disponíveis para venda e hedges *de fluxo de caixa e de investimento líquido no exterior*)
> Ajustes Acumulados de Conversão (variação cambial de investimento societário no exterior)
> Ganhos e Perdas Atuariais em Planos de Pensão com Benefício Definido

Total do patrimônio líquido dos controladores
Participação dos não controladores
Total do patrimônio líquido incluindo a participação de não controladores

3.1.8 Demonstração do resultado

O CPC 26 (R1) ressalta que uma demonstração do resultado do período deve, no mínimo, apresentar as seguintes rubricas:

a. receitas;
b. custo dos produtos, das mercadorias ou dos serviços vendidos;
c. lucro bruto;
d. despesas com vendas gerais, administrativas e outras despesas e receitas operacionais;
e. parcela dos resultados de empresas investidas reconhecida por meio do método de equivalência patrimonial;
f. resultado antes das receitas e despesas financeiras;
g. despesas e receitas financeiras;
h. resultado antes dos tributos sobre o lucro;
i. despesa com tributos sobre o lucro;
j. resultado líquido das operações continuadas;
k. valor líquido dos seguintes itens:
   1. resultado líquido após tributos das operações descontinuadas;
   2. resultado após os tributos decorrente da mensuração ao valor justo menos despesas de venda ou na baixa dos ativos ou do grupo de ativos à disposição para venda que constituem a unidade operacional descontinuada;
l. resultado líquido do período;
m. resultados líquidos atribuíveis:
   1. à participação de sócios não controladores; e
   2. aos detentores do capital próprio da empresa controladora;

A demonstração de resultado pode ser apresentada por função ou natureza de receitas e despesas com base nos seguintes formatos:

DEMONSTRAÇÃO DO RESULTADO POR FUNÇÃO	NOTA	2011	2010
Receitas líquidas de vendas			
(—) Custo dos produtos vendidos			
Lucro bruto			
(+) Outras receitas			
(—) Despesas operacionais (gerais, administrativas, comerciais etc.)			
(—) Outras despesas			
(+/—) Resultado de participações societárias pela equivalência patrimonial			
Lucro Líquido Antes do Resultado Financeiro			
1. (+) Receitas financeiras			
2. (—) Despesas financeiras			
3. (+/—) Variação cambial líquida			
4. (+/—) Variação monetária líquida			
5. (+/—) Ganhos e perdas com derivativos			
(=) Resultado financeiro (1 a 5)			
Resultado antes dos tributos sobre o lucro			
(—) Tributos sobre o Lucro Corrente			
(—) Tributos sobre o Lucro Diferido			
RESULTADO LÍQUIDO DAS OPERAÇÕES CONTINUADAS			
(+/—) Resultado líquido após tributos das operações descontinuadas			
RESULTADO LÍQUIDO DO PERÍODO			
Resultado líquido atribuível aos controladores			
Resultado líquido atribuível aos não controladores			

DEMONSTRAÇÃO DO RESULTADO POR NATUREZA	NOTA	2011	2010
Receitas líquidas de vendas			
(+) Outras receitas			
(—) Variação dos estoques de produtos acabados			
(—) Consumo de matérias-primas e materiais			
(—) Depreciação, amortização e exaustão			
(—) Perda com *impairment*			
(—) Despesas com pesquisa e desenvolvimento			
(—) Outras despesas			
(+/—) Resultado de participações societárias pela equivalência patrimonial			

(*continua*)

(continuação)

DEMONSTRAÇÃO DO RESULTADO POR NATUREZA	NOTA	2011	2010
Lucro líquido antes do resultado financeiro			
1. (+) Receitas financeiras 2. (−) Despesas financeiras 3. (+/−) Variação cambial líquida 4. (+/−) Variação monetária líquida 5. (+/−) Ganhos e perdas com derivativos (=) Resultado Financeiro (1 a 5)			
Resultado antes dos tributos sobre o lucro			
(−) Tributos sobre o Lucro Corrente (−) Tributos sobre o Lucro Diferido			
RESULTADO LÍQUIDO DAS OPERAÇÕES CONTINUADAS			
(+/−) Resultado líquido após tributos das operações descontinuadas			
RESULTADO LÍQUIDO DO PERÍODO			
Resultado líquido atribuível aos controladores			
Resultado líquido atribuível aos não controladores			

A seguir, são apresentados os procedimentos de alguns itens de resultado:

- **Resultado de equivalência patrimonial:** é apresentado em conta específica da demonstração de resultado.
- **Receitas e despesas financeiras:** não compõem o lucro proveniente das operações, são apresentados individualmente em linhas específicas.
- **Resultado das operações descontinuadas:** apresentado em conta específica e destacado.
- **Notas explicativas:** os principais itens de resultado são mais bem detalhados em notas explicativas.

Conforme o item 99, do CPC 26 (R1), a companhia deve:

> ...apresentar análise das despesas utilizando uma classificação baseada na sua natureza, se permitida legalmente, ou na sua função dentro da entidade, devendo eleger o critério que proporcionar informação confiável e mais relevante, obedecidas as determinações legais.

3.1.9 Demonstração do resultado abrangente

Conforme Leite (Padoveze, Benedicto e Leite, 2011), a demonstração do resultado abrangente tem por objetivo apresentar o resultado líquido do período, bem como possíveis resultados futuros ajustados no patrimônio líquido (outros resultados abrangentes), decorrentes de transações que ainda não se realizaram financeiramente, pois dependem de eventos futuros.

O CPC 26 (R1) estabelece que os resultados abrangentes de uma companhia devam considerar:

- o resultado líquido do período (apurado na demonstração do resultado);
- as variações na reserva de reavaliação (quando a reavaliação de ativos for permitida legalmente);
- os ganhos e as perdas com parcela efetiva de *hedge* de fluxo de caixa;
- os ganhos e as perdas com a remensuração de ativos financeiros disponíveis para venda;
- os ajustes acumulados de conversão – variação cambial de investimento societário no exterior;
- os ganhos e as perdas atuariais com planos de pensão com benefício definido.

Os componentes de resultado abrangente devem ser apresentados "líquidos dos seus efeitos tributários".

Desse modo, a demonstração do resultado abrangente deve evidenciar as seguintes rubricas:

a. resultado líquido do período;
b. cada item dos outros resultados abrangentes classificados conforme sua natureza;
c. parcela dos outros resultados abrangentes de empresas investidas reconhecida por meio do método de equivalência patrimonial;
d. resultado abrangente do período;
e. resultados abrangentes totais do período atribuíveis:
   1. à participação de sócios não controladores; e
   2. aos detentores do capital próprio da empresa controladora.

Com isso, a demonstração do resultado abrangente pode ser elaborada e apresentada com base no modelo a seguir:

	NOTA	2011	2010
Resultado líquido do período			
(+/−) Outros resultados abrangentes da companhia:			
Variações na reserva de reavaliação			
Ajustes acumulados de conversão – Variação cambial de investimento societ. no exterior			
Ganhos e perdas com parcela efetiva de *hedge* de fluxo de caixa			
Ganhos e perdas com ativos financeiros disponíveis para venda			
Ganhos e perdas atuariais com planos de pensão com benefício definido			
(+/−) Outros resultados abrangentes de participações societárias pela equivalência patrimonial			
RESULTADO ABRANGENTE DO PERÍODO			
Resultado abrangente atribuível aos controladores			
Resultado abrangente atribuível aos não controladores			

3.1.10 Demonstração das mutações do patrimônio líquido

De acordo com o CPC 26 (R1), as informações constantes de uma demonstração das mutações do patrimônio líquido são as seguintes:

a. "o resultado abrangente do período, apresentando separadamente o montante total atribuível aos proprietários da entidade controladora e o montante correspondente à participação de não controladores;
b. para cada componente do patrimônio líquido, os efeitos das alterações nas políticas contábeis e as correções de erros reconhecidas de acordo com o Pronunciamento Técnico CPC 23 – Políticas Contábeis, Mudança de Estimativa e Retificação de Erro;
c. para cada componente do patrimônio líquido, a conciliação do saldo no início e no fim do período, demonstrando-se separadamente as mutações decorrentes:
    i. do resultado líquido;
    ii. de cada item dos outros resultados abrangentes; e
    iii. de transações com os proprietários realizadas na condição de proprietário, demonstrando separadamente suas integralizações e as distribuições realizadas, bem como modificações nas participações em controladas que não implicaram perda do controle.

O patrimônio líquido deve apresentar o capital social, as reservas de capital, os ajustes de avaliação patrimonial, as reservas de lucros, as ações ou cotas em tesouraria, os prejuízos acumulados, se legalmente admitidos os lucros acumulados e as demais contas exigidas pelos Pronunciamentos emitidos pelo CPC".

A seguir, apresentamos o modelo de demonstração das mutações do patrimônio líquido.

DEMONSTRAÇÃO DAS MUTAÇÕES DO PATRIMÔNIO LÍQUIDO									
	Capital social integralizado	Reserva de capital	Reserva de reaval.	Reserva de Lucros	Lucros e prejuízos acumul.	Outros resultados abrangentes	Patrimônio líquido dos controladores	Participação não controlador	Total patrimônio líquido
Saldo em 31.12.2009									
Variações									
Saldo em 31.12.2010									
Variações									
Saldo em 31.12.2011									

3.1.11 Demonstração dos fluxos de caixa

O CPC 03 (R2) – Demonstração dos Fluxos de Caixa estabelece as bases e os critérios contábeis para a preparação e apresentação da demonstração dos fluxos de caixa pelos métodos direto e indireto. Em termos técnicos e em todos os seus aspectos relevantes, o CPC 03 (R2) é semelhante a IAS 07 – Demonstração dos Fluxos de Caixa.

Todas as companhias devem preparar uma demonstração de fluxos de caixa e, de acordo com os requerimentos da norma CPC 03 (R2), apresentá-la como parte integrante de suas demonstrações contábeis para cada período, ao qual são apresentadas.

A demonstração de fluxo de caixa, quando empregada em conjunto com o restante das demonstrações contábeis, fornece informações que permitem que os usuários avaliem as mudanças no ativo líquido de uma companhia, sua estrutura financeira (incluindo sua liquidez e quão solvente ela é) e sua capacidade de afetar os montantes e de determinar os fluxos de caixa para adaptar mudanças de circunstâncias e oportunidades. Informações sobre o fluxo de caixa são úteis na previsão da capacidade de um empreendimento de gerar caixa e seus equivalentes e permitem que usuários desenvolvam modelos que prevejam e comparem o valor presente dos futuros fluxos de caixa de diferentes empreendimentos. Elas também melhoram a comparabilidade dos relatórios em relação à *performance* operante entre empreendimentos, porque elas eliminam os efeitos do uso de diferentes tratamentos contábeis para as mesmas transações e os mesmos eventos.

Informações históricas de fluxo de caixa são, geralmente, empregadas como um indicador do montante, prevendo futuros fluxos de caixa. Também é útil checar a "certeza" de previsões passadas de futuros fluxos de caixa e examinar o impacto de mudanças de preços e a relação entre lucro e fluxo de caixa.

Os seguintes termos são usados no CPC 03 (R2):

- **Caixa** abrange dinheiro em mãos e depósitos demandados.
- **Equivalentes de caixa** são investimentos de curto prazo e altamente líquidos que estão prontos para ser convertidos em montantes conhecidos de caixa e os quais estão sujeitos a riscos insignificantes de mudança em valores.
- **Fluxos de caixa** são entradas e saídas de caixa e de seus equivalentes.
- **Atividades operacionais** são as principais atividades de produção de renda de receita de um empreendimento e outras atividades que não são de investimento ou de financiamento.
- **Atividades de investimento** são a aquisição e a disposição de ativos de longo prazo e de outros investimentos que não estão incluídos em equivalentes de caixa.
- **Atividades de financiamento** são atividades que resultam em mudanças no tamanho e na composição da liquidez do capital e empréstimos do empreendimento.

Os equivalentes de caixa são mantidos com a finalidade de atender a compromissos de caixa de curto prazo e não para investimento ou outros fins. Para ser considerada equivalente de caixa, uma aplicação financeira deve ter conversibilidade imediata em um montante conhecido de caixa e estar sujeita a um insignificante risco de mudança de valor. Por conseguinte, um investimento, normalmente, se qualifica como equivalente de caixa quando tem vencimento de curto prazo, por exemplo, três meses ou menos, a contar da data da contratação. Os investimentos em ações de outras entidades devem ser excluídos dos equivalentes de caixa a menos que eles sejam, em essência, um equivalente de caixa, por exemplo, nos casos de ações preferenciais resgatáveis que tenham prazo definido de resgate e cujo prazo atenda à definição de curto prazo.

Empréstimos bancários são geralmente considerados como atividades de financiamento. Entretanto, em determinadas circunstâncias, saldos bancários a descoberto, decorrentes de empréstimos obtidos por meio de instrumentos como cheques especiais ou contas-correntes garantidas são liquidados automaticamente de forma a integrarem a gestão das disponibilidades da entidade. Uma característica de tais contas correntes é que frequentemente os saldos flutuam de devedor para credor. Nessas circunstâncias, esses saldos bancários a descoberto devem ser incluídos como componente de caixa e equivalentes de caixa. A parcela não utilizada do limite dessas linhas de crédito não deve compor os equivalentes de caixa.

Fluxos de caixa excluem movimentos entre itens que constituem o caixa ou seus equivalentes, porque esses componentes são parte da administração do caixa de um empreendimento e não parte de suas atividades de operação, de investimento e de financiamento. A administração do caixa inclui o investimento do excesso de caixa e de seus equivalentes.

Apresentação da demonstração dos fluxos de caixa

A demonstração do fluxo de caixa deve relatar fluxos de caixa durante o período classificado por atividades operacionais, investimentos e financiamentos.

Atividades operacionais

Os fluxos de caixa de atividades operacionais são primeiro derivados das principais atividades que produzem receitas para a companhia; portanto, eles geralmente resultam de transações e de outros eventos que são determinados pelo lucro líquido ou prejuízo.

Alguns exemplos de fluxos de caixa que decorrem das atividades operacionais:

a. recebimento em dinheiro pela venda de mercadorias e a prestação de serviços;
b. pagamentos em dinheiro a fornecedores de mercadorias e serviços;
c. pagamentos em dinheiro a empregados ou por conta de empregados.

Algumas transações, como a venda de um item da fábrica, podem aumentar o lucro ou o prejuízo que esteja incluído na determinação do lucro e prejuízo, entretanto, os fluxos de caixa relacionados a tais transações são fluxos de caixa de atividades de investimentos.

Uma companhia pode ter aplicação e empréstimos de negócios comerciais e, nesse caso, estes são similares ao inventário adquirido especificamente para a revenda. Portanto, fluxos de caixa que surgem da compra e da venda de aplicações são classificados como atividades de operação. Similarmente, adiantamentos de caixa e empréstimos feitos por instituições financeiras são geralmente classificados como atividades de operação desde que estes estejam relacionados à principal atividade produtora de renda do empreendimento.

Atividades de investimento

A divulgação separada de fluxos de caixa que surgem de atividades de investimento é importante porque os fluxos de caixa representam a extensão a qual os gastos foram realizados por fontes que pretendiam gerar receita futura e fluxos de caixa. Os exemplos de fluxos de caixa que surgem de atividades de investimentos são:

a. fluxos de caixa (pagamentos e recebimentos) da aquisição e disposição de pagamentos, propriedades, fábricas e equipamento, intangíveis e outros ativos de longo prazo. Esses pagamentos incluem aqueles relacionados ao desenvolvimento capitalizado de custos e à própria construção de propriedades, fábrica e equipamento;

b. pagamentos de caixa para adquirirem liquidez ou instrumentos de débito de outros empreendimentos e juros em fusões (outros, além de pagamentos para aqueles instrumentos considerados como equivalentes de caixa ou daqueles negociados com propósitos comerciais);

c. recebimentos de caixa de vendas de instrumentos de liquidez ou dívida de outros empreendimentos e juros em fusões (outros, além de pagamentos para aqueles instrumentos considerados equivalentes de caixa ou daqueles negociados com propósitos comerciais).

Quando um contrato é contabilizado como proteção (*hedge*), determinada defesa de uma posição identificável, os fluxos de caixa do contrato são classificados do mesmo modo que os fluxos de caixa que poderão ser protegidos.

Atividades de financiamentos

A divulgação separada dos fluxos de caixa, que surgem de atividades de financiamentos, é importante por sua utilidade na premonição de reclamações em futuros fluxos de caixa feitas por fornecedores de capital à companhia. Exemplos de fluxos de caixa que surgem de atividades de financiamentos:

a. o caixa é proveniente da emissão de ações ou de outros instrumentos de capital;

b. pagamentos a proprietários para adquirir ou retomar as ações da companhia;

c. o caixa é proveniente da emissão de debêntures, empréstimos, notas, títulos, hipotecas e outros empréstimos de curto prazo;

d. novos pagamentos de caixa de montantes emprestados;

e. pagamentos de caixa por um proprietário para a redução de passivos pendentes relacionados a um arrendamento.

Reportando os fluxos de caixa de atividades operacionais

A companhia deve reportar fluxos de caixa de atividades operacionais empregando:

a. o método direto, em que classes maiores de recebimentos brutos de caixa e pagamentos brutos de caixa são divulgadas; ou
b. o método indireto, no qual o lucro líquido ou prejuízo são ajustados em relação aos efeitos das transações que não são de natureza do caixa; quaisquer despesas ou ganhos de recebimentos ou pagamentos passados ou futuros do caixa e itens de renda ou despesas associados ao investimento ou financiamento de fluxos de caixa.

As companhias são encorajadas, porém não são obrigadas a relatar os fluxos de caixa de atividades operacionais usando o método direto.

Reportando os fluxos de caixa das atividades de investimentos e financiamentos

Uma companhia deve reportar separadamente classes maiores de recebimentos brutos de caixa e pagamentos brutos de caixa que surgem de atividades de investimentos e financiamentos, exceto em relação à extensão de fluxos de caixa, são relatados em uma base líquida.

Reportando os fluxos de caixa em uma base líquida

Fluxos de caixa que surgem das seguintes atividades operacionais, de investimentos e financiamentos, devem ser reportados em uma base líquida:

a. recebimentos e pagamentos de caixa em nome de clientes, quando os fluxos de caixa refletem as atividades do cliente, em vez daqueles que detêm a companhia;
b. recebimentos e pagamentos de caixa para itens nos quais a rotação seja rápida, os montantes sejam significativos, grandes, e os vencimentos de curto prazo.

Itens extraordinários

Os fluxos de caixa associados aos itens extraordinários devem ser classificados como resultantes de atividades operacionais, de investimentos ou financiamentos quando apropriados e divulgados separadamente.

Juros e dividendos

Fluxos de caixa de juros e dividendos recebidos e pagos devem ser divulgados separadamente. Cada um deles deve ser classificado de maneira consistente de período a período como atividades operacionais, investimento ou financiamento.

Juros pagos e os juros e dividendos recebidos são geralmente classificados como fluxos de caixa de operação para instituições financeiras. Entretanto, não há um consenso sobre a classificação desses fluxos de caixa para outros empreendimentos. Juros pagos e os juros e dividendos recebidos podem ser classificados como fluxos de caixa de operação, porque eles entram na determinação de lucro ou prejuízo líquido. Alternativamente, juros pagos e os juros e dividendos recebidos podem ser classificados como fluxos de caixa de financiamento e de investimento, respectivamente, porque eles são custos de obtenção de fontes financeiras ou de retornos de investimentos.

Dividendos pagos podem ser classificados como fluxo de caixa de financiamento porque eles formam um custo da obtenção de fontes financeiras. Alternativamente, dividendos pagos podem ser classificados como um componente de fluxos de caixa de atividades de operação para ajudar usuários a determinar a capacidade de um empreendimento de pagar dividendos fora dos fluxos de caixa de operação.

Impostos sobre a renda

Fluxos de caixa que surgem de impostos sobre a renda devem ser divulgados separadamente e ser classificados como fluxos de caixa de atividades de operação, exceto quando sejam especificamente identificados com atividades de financiamento e investimento.

Investimentos em subsidiárias, associadas (*joint ventures*) e em fusões

Quando o método de equivalência patrimonial for empregado na contabilidade para um investimento em uma conta de certa associada ou subsidiária, o investidor deverá restringir sua apresentação na demonstração de fluxos de caixa entre ele e a investida; por exemplo, em relação aos dividendos e aos adiantamentos.

Uma companhia que reporta seus interesses em uma entidade controlada conjuntamente, usando consolidação proporcional, inclui em sua demonstração consolidada de fluxo de caixa suas ações proporcionais de fluxos de caixa da entidade, controlados conjuntamente. Uma companhia que relata tais acontecimentos empregando o método de equivalência de liquidez inclui, em sua demonstração de fluxo de caixa, os fluxos de caixa relacionados a seus investimentos na entidade controlada conjuntamente e as distribuições e outros pagamentos ou recebimentos entre este e a entidade controlada conjuntamente.

Aquisições e vendas de subsidiárias e de outras unidades de negócio da companhia

Os fluxos de caixa agregados que surgem de aquisições e de vendas de subsidiárias e de outras unidades de negócio devem ser apresentados separadamente e classificados como atividades de investimento.

Uma companhia deve divulgar, de forma agregada, em relação às aquisições e às vendas de suas subsidiárias ou de outras unidades de negócio durante o período:

a. o preço total de compra ou venda;
b. a porção do preço da compra ou venda paga através do caixa ou de seus equivalentes;
c. montante do caixa e de seus equivalentes na subsidiária ou na unidade de negócios adquirida ou vendida;
d. montante de ativos e passivos que não formam o caixa ou seus equivalentes na subsidiária ou na unidade de negócio adquirida ou vendida, resumida por importantes categorias.

Transações que não são caixa

Transações de investimento e financiamento que não requerem o uso do caixa e de seus equivalentes devem ser excluídas de uma demonstração do fluxo de caixa. Tais transações devem ser divulgadas nas demonstrações contábeis de modo que estas forneçam todas as informações relevantes sobre essas atividades de investimento e financiamento.

Exemplos de transações que não afetam o caixa:

a. aquisição de ativos assumindo diretamente o respectivo passivo ou por meio de um *lease* financeiro;
b. aquisição de uma empresa por meio de emissão de ações;
c. conversão da dívida em capital.

Componentes do caixa e de seus equivalentes

Determinada companhia pode divulgar seus componentes do caixa e de seus equivalentes e deve apresentar uma reconciliação dos montantes em sua demonstração de fluxo de caixa com os itens equivalentes reportados no balanço.

Outras divulgações

Uma companhia deve divulgar, junto com os comentários feitos pela administração, o montante de saldos significativos do caixa e de seus equivalentes feitos pela companhia que não estão disponíveis ao uso do grupo.

A divulgação de fluxos de caixa segmentados permite que os usuários obtenham melhor compreensão da relação entre os fluxos de caixa dos negócios como um todo, e algumas partes dos seus componentes e a disponibilidade e variedade de fluxos de caixa segmentados.

Formato de DFC – Método indireto

A demonstração dos fluxos de caixa pode ser preparada para apresentação ao mercado a partir do método indireto, que é um dos mais adotados pelas companhias, sendo o seu formato o seguinte:

	2011	2010
Fluxo de caixa das atividades operacionais		
Lucro líquido do período		
Ajustes para conciliação do lucro líquido com o caixa proveniente das atividades operacionais:		
Depreciação, exaustão e amortização		
Imposto de renda diferido, entre outros		
Ajustes por mudança no capital de giro líquido		
Aumento (Redução) no ativo operacional		
Aumento (Redução) no passivo operacional		
Caixa líquido proveniente das atividades operacionais		
Fluxo de caixa das atividades de investimentos		
Adições ao imobilizado, entre outros		
Caixa líquido proveniente das atividades de investimentos		
Fluxo de caixa das atividades de financiamentos		
Captações de financiamentos de longo prazo, entre outros		
Caixa líquido proveniente das atividades de financiamentos		
CAIXA LÍQUIDO GERADO NO PERÍODO		
CAIXA E EQUIVALENTES NO INÍCIO DO PERÍODO		
CAIXA E EQUIVALENTES NO FIM DO PERÍODO		

Estudo de caso ilustrativo – Elaboração de DFC pelo método indireto

O caso a seguir, que considera apenas as variações dos saldos das contas contábeis, serve apenas para ilustrar o processo de elaboração e apresentação da demonstração dos fluxos de caixa a partir do método indireto, não sendo dispensada uma análise mais detalhada das transações e dos eventos que influenciaram o caixa.

A Ciacoop Miramar de Geração e Distribuição de Energia Elétrica apresenta a seguir seu balanço patrimonial e sua demonstração de resultado de dezembro de 2010 e janeiro de 2011. Assim, com os dados a seguir iremos elaborar a demonstração dos fluxos de caixa em reais (R$), referente ao mês de janeiro de 2011 pelo método indireto.

Balanço patrimonial

ATIVO	DEZEMBRO 2010	JANEIRO 2011
CIRCULANTE	80.000	129.000
Caixa e equivalentes	58.000	84.000
Duplicatas a receber	10.000	20.000
Estoques	12.000	25.000
NÃO CIRCULANTE	41.600	36.400
Imobilizado	41.600	36.400
Equipamentos	52.000	52.000
(−) Depreciação acumulada	(10.400)	(15.600)
TOTAL DO ATIVO	121.600	165.400

PASSIVO E PATRIMÔNIO LÍQUIDO	DEZEMBRO 2010	JANEIRO 2011
CIRCULANTE	**9.500**	**18.000**
Duplicatas a pagar	8.000	15.000
Salários a pagar	1.500	3.000
NÃO CIRCULANTE	**47.000**	**51.700**
Empréstimos	47.000	51.700
PATRIMÔNIO LÍQUIDO	**65.100**	**95.700**
Capital social	55.000	55.000
Reservas de lucros	10.100	10.100
Lucros do período	–	30.600
TOTAL DO PASSIVO E PATRIMÔNIO LÍQUIDO	**121.600**	**165.400**

Demonstração do resultado

ITENS DE RESULTADO	JANEIRO DE 2011
Receita líquida	**80.000**
(−) Custo das mercadorias vendidas	(32.000)
(=) Lucro bruto	**48.000**
(−) Salários	(10.000)
(−) Depreciação	(5.200)
(−) Despesas Financeiras	(4.700)
(+) Receitas Financeiras	2.500
(=) Lucro do Período	**30.600**

Demonstração dos fluxos de caixa – Método indireto

1. ATIVIDADES OPERACIONAIS	JANEIRO DE 2011
Ajustes ao lucro do mês:	
Lucro do mês	30.600
(+) Depreciação	5.200
(=) Lucro ajustado	**35.800**
Variações no capital circulante líquido (CCL):	
Ativo circulante – Operacional:	
Duplicatas a receber	(10.000)
Estoques	(13.000)
Passivo circulante – Operacional:	
Duplicatas a pagar	7.000
Salários a pagar	1.500
Caixa gerado pelas atividades operacionais	**21.300**

(continua)

(continuação)

2. ATIVIDADES DE INVESTIMENTOS	
Ativo não circulante:	
Imobilizado não sofreu variação	–
Caixa gerado pelas atividades de investimentos	–
3. ATIVIDADES DE FINANCIAMENTOS	
Passivo não circulante:	
Empréstimos	4.700
Patrimônio líquido:	
Capital social não sofreu variação	–
Reservas de lucros não sofreram variação	–
Caixa gerado pelas atividades de financiamentos	4.700
4. Caixa gerado no mês (1 + 2 + 3)	26.000
5. Caixa e equivalentes no início do mês	58.000
6. Caixa e equivalentes no fim do mês (4 + 5)	84.000

a. **Ajustes ao lucro do mês:** apresentados na demonstração de resultado.

b. **Variações no capital circulante líquido (CCL):** calculadas pelas diferenças de saldos entre os meses de dezembro e janeiro no balanço patrimonial.

c. **Atividades de investimentos e financiamentos:** calculadas pelas diferenças de saldos entre os meses de dezembro e janeiro no balanço patrimonial.

d. **Caixa e equivalentes no início do mês:** saldo de dezembro no balanço patrimonial.

3.1.12 Demonstração do valor adicionado

Para Leite (Padoveze, Benedicto e Leite, 2011), "valor adicionado" representa a riqueza criada e produzida pela empresa, de forma geral medida pela diferença entre o valor das vendas e os insumos adquiridos de terceiros. Inclui também o valor adicionado recebido em transferência, ou seja, produzido por terceiros e transferido à entidade.

O principal objetivo da Demonstração do Valor Adicionado (DVA) é evidenciar a parcela de contribuição que a empresa tem na formação do Produto Interno Bruto (PIB). Na primeira parte, a DVA apresenta a riqueza criada e produzida pela empresa, e na segunda, evidencia como se deu a distribuição dessa riqueza.

A DVA é regulamentada pelo CPC 09 – Demonstração do Valor Adicionado, do CPC e pela Deliberação nº 557/08, da Comissão de Valores Mobiliários (CVM). Ressalte-se que a DVA é obrigatória para companhias de capital aberto de acordo com a Lei nº 11.638/07.

Cálculo do valor adicionado – Empresas em geral

Conforme o CPC 09, os seguintes elementos devem compor o cálculo da riqueza criada pela companhia:

Receitas

1. **Venda de mercadorias, produtos e serviços:** inclui os valores dos tributos incidentes sobre essas receitas (por exemplo, ICMS, IPI, PIS e Cofins), ou seja, corresponde ao ingresso bruto ou faturamento bruto, mesmo quando na demonstração do resultado tais tributos estejam fora do cômputo dessas receitas.
2. **Outras receitas:** da mesma forma que o item anterior, incluem os tributos incidentes sobre essas receitas.
3. **Provisão para créditos de liquidação duvidosa:** constituição/reversão – engloba os valores relativos à constituição e à reversão dessa provisão.

Insumos adquiridos de terceiros

1. **Custo dos produtos, das mercadorias e dos serviços vendidos:** compreende os valores das matérias-primas adquiridas com terceiros e contidas no custo do produto vendido, das mercadorias e dos serviços vendidos adquiridos de terceiros; não inclui gastos com pessoal próprio.
2. **Materiais, energia, serviços de terceiros, e outros:** abrangem valores relativos às despesas originadas da utilização desses bens, utilidades e serviços adquiridos com terceiros.
3. **Observação:** nos valores dos custos dos produtos e mercadorias vendidos, materiais, serviços, energia etc. consumidos, devem ser considerados os tributos incluídos no momento das compras (por exemplo, ICMS, IPI, PIS e Cofins), recuperáveis ou não. Esse procedimento é diferente das práticas utilizadas na demonstração do resultado.
4. **Perda e recuperação de valores ativos:** engloba valores relativos a ajustes por avaliação a valor de mercado de estoques, imobilizados, investimentos etc. Também devem ser incluídos os valores reconhecidos no resultado do período, tanto na constituição como na reversão de provisão para perdas por desvalorização de ativos, conforme aplicação do CPC 01 – Redução ao Valor Recuperável de Ativos (se no período o valor líquido for positivo, deve ser somado).

Depreciação, amortização e exaustão

1. Inclui a despesa ou o custo contabilizado no período.

Valor adicionado recebido em transferência

1. **Resultado de equivalência patrimonial:** o resultado da equivalência pode representar receita ou despesa; se despesa, devem ser considerados redução ou valor negativo.
2. **Receitas financeiras:** incluem todas as receitas financeiras, inclusive as variações cambiais ativas, independentemente de sua origem.
3. **Outras receitas:** englobam os dividendos relativos a investimentos avaliados ao custo, aluguéis, direitos de franquia etc.

Distribuição do valor adicionado – Empresas em geral

De acordo com o CPC 09, a segunda parte da DVA deve apresentar a distribuição da riqueza considerando os seguintes elementos:

Pessoal: valores apropriados ao custo e ao resultado do exercício na forma de:
- *Remuneração direta* – representada pelos valores relativos a salários, 13º salário, honorários da administração (inclusive os pagamentos com base em ações), férias, comissões, horas extras, participação de empregados nos resultados, e outros.
- *Benefícios* – representados pelos valores relativos à assistência médica, alimentação, transporte, planos de aposentadoria e outros.
- *FGTS* – representado pelos valores depositados em conta vinculada dos empregados.

Impostos, taxas e contribuições: valores relativos ao imposto de renda, contribuição social sobre o lucro, contribuições ao INSS (incluídos aqui os valores do Seguro de Acidentes do Trabalho) que sejam ônus do empregador, bem como os demais impostos e as contribuições a que a empresa esteja sujeita. Para os impostos compensáveis, como ICMS, IPI, PIS e Cofins, devem ser considerados apenas os valores devidos ou já recolhidos, e representam a diferença entre os impostos e as contribuições incidentes sobre as receitas e os respectivos valores incidentes sobre os itens considerados "insumos adquiridos de terceiros".
- *Federais* – incluem os tributos devidos à União, inclusive aqueles que são repassados no todo ou em parte aos Estados, municípios, autarquias e outros, como: IRPJ, CSLL, IPI, Cide, PIS, Cofins. Englobam também a contribuição sindical patronal.
- *Estaduais* – compreende os tributos devidos aos Estados, inclusive aqueles que são repassados no todo ou em parte aos municípios, autarquias e outros, como o ICMS e o IPVA.
- *Municipais* – incluem os tributos devidos aos municípios, inclusive aqueles que são repassados no todo ou em parte às autarquias, ou a quaisquer outras entidades, como o ISS e o IPTU.
- *Outros* – abrangem os encargos do consumidor.

Remuneração de capitais de terceiros: valores pagos ou creditados aos financiadores externos de capital.
- *Juros* – incluem as despesas financeiras, inclusive as variações cambiais passivas, relativas a quaisquer tipos de empréstimos e financiamentos junto a instituições financeiras, empresas do grupo ou outras formas de obtenção de recursos. Englobam os valores que tenham sido capitalizados no período.
- *Aluguéis* – abrangem os aluguéis (inclusive as despesas com arrendamento operacional) pagos ou creditados a terceiros, inclusive os acrescidos aos ativos.

- *Outras* – incluem outras remunerações que configurem transferência de riqueza a terceiros, mesmo que originadas em capital intelectual, tais como *royalties*, franquia, direitos autorais e outros.

Remuneração de capitais próprios: valores relativos à remuneração atribuída aos sócios e acionistas.

- *Juros sobre o capital próprio (JCP) e dividendos* – englobam os valores pagos ou creditados aos sócios e acionistas por conta do resultado do período, ressalvando-se os valores dos JCP transferidos para conta de reserva de lucros. Devem ser incluídos apenas os valores distribuídos com base no resultado do próprio exercício, desconsiderando-se os dividendos distribuídos com base em lucros acumulados de exercícios anteriores, uma vez que já foram tratados como "lucros retidos" no exercício em que foram gerados.
- *Lucros retidos e prejuízos do exercício* – compreendem os valores relativos ao lucro do exercício destinados às reservas, inclusive os JCP quando tiverem esse tratamento; nos casos de prejuízo, esse valor deve ser incluído com sinal negativo.
- *Observação*: as quantias destinadas aos sócios e acionistas na forma de juros sobre o capital próprio (JCP), independentemente de serem registradas como passivo (JCP a pagar) ou como reserva de lucros, devem ter o mesmo tratamento dado aos dividendos no que diz respeito ao exercício a que devem ser imputados.

Aspecto importante – Cálculo do valor adicionado – Outras receitas

No cálculo da riqueza produzida pela companhia, a empresa deve considerar as receitas operacionais, bem como "outras receitas" que envolvem:

- vendas de ativos não circulantes;
- valores de construção de ativos para uso próprio (ativos construídos pela empresa para uso próprio).

Ativos construídos pela empresa para uso próprio

Para fins de DVA, a construção de ativos corresponde à produção vendida para própria empresa, sendo assim o valor contábil da construção (no período da construção) deve ser considerado receita. O procedimento de reconhecimento dos valores gastos no período como outras receitas reflete o conceito econômico de valor adicionado (riqueza criada/gerada).

Os principais critérios para apresentação na DVA do valor contábil da construção são os seguintes:

a. a mão de obra própria (interna) alocada na construção é considerada distribuição de riqueza criada;

b. juros capitalizados durante o período de construção são tratados como distribuição da riqueza;

c. os gastos com serviços de terceiros e materiais são apropriados como insumos adquiridos de terceiros;

d. à medida que tais ativos entrem em operação, a geração de resultados desses ativos recebe tratamento idêntico aos resultados gerados por qualquer outro ativo adquirido de terceiros.

Modelo de DVA – CPC 09

A seguir, é apresentado um modelo de DVA, sugerido pelo CPC 09, para as empresas industriais, comerciais e prestadoras de serviços (empresas em geral):

DEMONSTRAÇÃO DO VALOR ADICIONADO MODELO PARA AS EMPRESAS EM GERAL	2011	2010
1) Receitas		
Vendas de mercadorias, produtos e serviços		
Outras receitas (ativos não circulantes e ativos construídos para uso próprio)		
Provisão para devedores duvidosos		
2) Insumos adquiridos de terceiros		
Custos dos produtos, mercadorias e serviços		
Materiais, energia, serviços de terceiros e outros		
Perda na recuperação de valores de ativos		
Outros		
3) VALOR ADICIONADO BRUTO (1 – 2)		
4) Depreciação, amortização e exaustão		
5) VALOR ADICIONADO LÍQUIDO GERADO PELA EMPRESA (3 – 4)		
6) Valor adicionado recebido em transferência		
Resultado de equivalência patrimonial e dividendos		
Receitas financeiras, aluguéis e *royalties*		
7) VALOR ADICIONADO TOTAL A DISTRIBUIR (5 + 6)	100%	100%
8) DISTRIBUIÇÃO DO VALOR ADICIONADO	2011	2010
Pessoal Remuneração direta Benefícios FGTS		
Impostos, taxas e contribuições Federais Estaduais Municipais Outros		

(continua)

(continuação)

DEMONSTRAÇÃO DO VALOR ADICIONADO MODELO PARA AS EMPRESAS EM GERAL	2011	2010
Remuneração de capitais de terceiros		
Juros		
Aluguéis		
Outros		
Remuneração de capitais próprios		
Dividendos		
Lucros retidos		
Outros		
9) TOTAL DO VALOR ADICIONADO DISTRIBUÍDO	100%	100%

3.1.13 Demonstrações contábeis intermediárias

O CPC 21 (R1) – Demonstração Contábil Intermediária é a norma contábil do CPC que estabelece o conteúdo mínimo de uma demonstração contábil intermediária e os princípios para reconhecimento e mensuração dos elementos constantes das demonstrações contábeis completas ou condensadas de um período intermediário.

Ressalte-se que o CPC 21 (R1), apesar de ter sido referendado pela Aneel, na conjuntura atual, não é aplicado às cooperativas de distribuição de energia elétrica. Porém, caso a cooperativa queira divulgar espontaneamente basta seguir os princípios definidos pelo CPC 21 (R1).

Alcance

O CPC 21 (R1) é aplicável se uma entidade é requerida a divulgar ou a publicar demonstrações contábeis intermediárias de acordo com os Pronunciamentos do CPC. As companhias abertas são incentivadas a divulgar demonstrações contábeis intermediárias de acordo com os princípios de reconhecimento, mensuração e de divulgação contidos no CPC 21 (R1).

Conteúdo

A demonstração contábil intermediária representa um conjunto completo de demonstrações financeiras (de acordo com o CPC 26 (R1) – Apresentação das Demonstrações Contábeis) ou um conjunto condensado de demonstrações financeiras (de acordo com o CPC 21 – R1), divulgado para um período intermediário.

Uma demonstração contábil intermediária deve conter no mínimo os seguintes componentes condensados para o período determinado:

- balanço patrimonial;
- demonstração do resultado;
- demonstração do resultado abrangente;

- demonstração das mutações do patrimônio líquido;
- demonstração dos fluxos de caixa;
- notas explicativas selecionadas.

Período intermediário

As companhias abertas são encorajadas a disponibilizar demonstrações contábeis intermediárias pelo menos *semestralmente*, conforme o CPC 21 (R1).

Prazo de divulgação

Conforme o CPC 21 (R1), as companhias devem apresentar as demonstrações contábeis intermediárias em até sessenta dias após o fim do período intermediário.

Períodos comparativos semestrais

De acordo com o CPC 21 (R1), as demonstrações contábeis de um período intermediário devem ser divulgadas considerando os períodos comparativos seguintes:

- **Balanço patrimonial:** período intermediário corrente e exercício anual anterior.
- **Demonstração do resultado:** período intermediário corrente e acumulado (caso seja trimestral) e o mesmo do exercício anterior.
- **Demonstração do resultado abrangente:** período intermediário corrente e acumulado (caso seja trimestral) e o mesmo do exercício anterior.
- **Demonstração das mutações do patrimônio líquido:** período intermediário corrente e o mesmo do exercício anterior, ambos, acumulados.
- **Demonstração dos fluxos de caixa:** período intermediário corrente e o mesmo do exercício anterior, ambos, acumulados.

Exemplo de divulgação de balanço patrimonial

BALANÇO PATRIMONIAL EM 30 DE JUNHO DE 2011							
ATIVO	NOTA	30 JUN. 2011	31 DEZ. 2010	PASSIVO E PATRIMÔNIO LÍQUIDO	NOTA	30 JUN. 2011	31 DEZ. 2010
Ativo circulante				Passivo circulante			
Ativo não circulante				Passivo não circulante			
Realizável longo prazo							
Investimento				Patrimônio líquido			
Imobilizado							
Intangível							
TOTAL DO ATIVO				TOTAL DO PASSIVO E PATRIMÔNIO LÍQUIDO			

Exemplo de divulgação de demonstração do resultado

DEMONSTRAÇÃO DO RESULTADO POR FUNÇÃO EM JUNHO DE 2011	PERÍODO DE SEIS MESES		
	NOTA	30 DE JUNHO DE 2011	30 DE JUNHO DE 2010
Receitas líquidas de vendas			
(−) Custo dos produtos vendidos			
Lucro bruto			
(+) Outras receitas (−) Despesas operacionais (−) Outras despesas			
(+/−) Resultado de participações societárias pela equivalência patrimonial			
Lucro líquido antes do resultado financeiro			
1. (+) Receitas financeiras 2. (−) Despesas financeiras 3. (+/−) Variação cambial líquida 4. (+/−) Variação monetária líquida 5. (+/−) Ganhos e perdas com derivativos (=) **Resultado financeiro (1 a 5)**			
Resultado antes dos tributos sobre o lucro			
(−) Tributos sobre o lucro correntes			
(−) Tributos sobre o lucro diferidos			
RESULTADO LÍQUIDO DAS OPERAÇÕES CONTINUADAS			
(+/−) Resultado líquido após tributos das operações descontinuadas			
RESULTADO LÍQUIDO DO PERÍODO			
Resultado líquido atribuível aos controladores			
Resultado líquido atribuível aos não controladores			

Exemplo de divulgação de demonstração do resultado abrangente

DEMONSTRAÇÃO DO RESULTADO ABRANGENTE EM 30 DE JUNHO DE 2011	PERÍODO DE SEIS MESES		
	NOTA	2011	2010
Resultado Líquido do Período			
(+/−) Outros resultados abrangentes da companhia: Variações na reserva de reavaliação Ajustes acum. de conv. −Variação cambial de invest. societ. no exterior Ganhos e perdas com parcela efetiva de *hedge* de fluxo de caixa Ganhos e perdas com ativos financeiros disponíveis para venda Ganhos e perdas atuariais com planos de pensão com benefício definido			
(+/−) Outros resultados abrangentes de part. societ. p/ equiv. patrimonial			
RESULTADO ABRANGENTE DO PERÍODO			
Resultado abrangente atribuível aos controladores			
Resultado abrangente atribuível aos não controladores			

Nota: A demonstração do resultado abrangente pode ser apresentada como parte integrante da demonstração das mutações do patrimônio líquido.

Exemplo de divulgação de demonstração das mutações do patrimônio líquido

DEMONSTRAÇÃO DAS MUTAÇÕES DO PATRIMÔNIO LÍQUIDO EM JUNHO DE 2011										
	Capital social integr.	Reserva de capital	Res. de reaval.	Res. de lucros	Prejuízos acumul.	Outros resultados abrang.	Patrimônio líquido dos controladores	Participação não controlador	Lucros acumulados	TOTAL PATRIMÔNIO LÍQUIDO
1º.01.2010										
Variações										
30.06.2010										
1º.01.2011										
Variações										
30.06.2011										

Nota 1: A conta "Lucros Acumulados" nas Sociedades por Ações não deve ser apresentada no patrimônio líquido do balanço patrimonial com saldo, sendo utilizada apenas como conta transitória para movimentação contábil e apresentada na Demonstração das Mutações do Patrimônio Líquido.
Nota 2: A conta "Reserva de Lucros" pode ser subdividida em: Reserva Legal, Reserva Estatutária, Reserva de Incentivos Fiscais e Lucros Retidos.
Nota 3: A "Demonstração do Resultado Abrangente" pode ser apresentada como parte integrante da "Demonstração das Mutações do Patrimônio Líquido".

Exemplo de divulgação de demonstração dos fluxos de caixa

DEMONSTRAÇÃO DOS FLUXOS DE CAIXA EM 30 DE JUNHO DE 2011 – MÉTODO INDIRETO	PERÍODO DE SEIS MESES	
	30 DE JUNHO DE 2011	30 DE JUNHO DE 2010
Fluxo de caixa das atividades operacionais		
Lucro líquido do período		
Ajustes para conciliação do lucro líquido com o caixa Proveniente das atividades operacionais: Depreciação, exaustão e amortização Imposto de renda diferido, entre outros.		
Ajustes por mudança no capital de giro líquido Aumento (Redução) no ativo operacional Aumento (Redução) no passivo operacional		
Caixa líquido proveniente das atividades operacionais		
Fluxo de caixa das atividades de investimentos		
Adições ao imobilizado, entre outros		
Caixa líquido proveniente das atividades de investimentos		
Fluxo de caixa das atividades de financiamentos		
Captações de financiamentos de longo prazo, entre outros.		
Caixa líquido proveniente das atividades de financiamentos		
CAIXA LÍQUIDO GERADO NO PERÍODO		
CAIXA E EQUIVALENTES NO INÍCIO DO PERÍODO		
CAIXA E EQUIVALENTES NO FIM DO PERÍODO		

Períodos comparativos trimestrais

Caso o exercício social da companhia se encerre em 31 de dezembro de 2012, suas demonstrações contábeis intermediárias (condensadas ou completas) devem ser divulgadas considerando os seguintes períodos intermediários trimestrais:

- 31 de março de 2012 (1º trimestre);
- 30 de junho de 2012 (2º trimestre);
- 30 de setembro de 2012 (3º trimestre).

Desse modo, as demonstrações contábeis intermediárias seriam divulgadas da seguinte forma:

Balanço patrimonial

31 de março de 2012	e	31 de dezembro de 2011
30 de junho de 2012	e	31 de dezembro de 2011
30 de setembro de 2012	e	31 de dezembro de 2011

Demonstração do resultado

1º trimestre – 31 de março de 2012
3 meses = 1º.01.2012 a 31.03.2012   e   1º.01.2011 a 31.03.2011
2º trimestre – 30 de junho de 2012
6 meses = 1º.01.2012 a 30.06.2012   e   1º.01.2011 a 30.06.2011
3 meses = 1º.04.2012 a 30.06.2012   e   1º.04.2011 a 30.06.2011
3º trimestre – 30 de setembro de 2012
9 meses = 1º.01.2012 a 30.09.2012   e   1º.01.2011 a 30.09.2011
3 meses = 1º.07.2012 a 30.09.2012   e   1º.07.2011 a 30.09.2011

Demonstração do resultado abrangente

1º trimestre – 31 de março de 2012
3 meses = 1º.01.2012 a 31.03.2012   e   1º.01.2011 a 31.03.2011
2º trimestre – 30 de junho de 2012
6 meses = 1º.01.2012 a 30.06.2012   e   1º.01.2011 a 30.06.2011
3 meses = 1º.04.2012 a 30.06.2012   e   1º.04.2011 a 30.06.2011
3º trimestre – 30 de setembro de 2012
9 meses = 1º.01.2012 a 30.09.2012   e   1º.01.2011 a 30.09.2011
3 meses = 1º.07.2012 a 30.09.2012   e   1º.07.2011 a 30.09.2011

Demonstração das mutações do patrimônio líquido

3 meses = 1º.01.2012 a 31.03.2012   e   1º.01.2011 a 31.03.2011
6 meses = 1º.01.2012 a 30.06.2012   e   1º.01.2011 a 30.06.2011
9 meses = 1º.01.2012 a 30.09.2012   e   1º.01.2011 a 30.09.2011

Demonstração dos fluxos de caixa

3 meses = 1º.01.2012 a 31.03.2012   e   1º.01.2011 a 31.03.2011
6 meses = 1º.01.2012 a 30.06.2012   e   1º.01.2011 a 30.06.2011
9 meses = 1º.01.2012 a 30.09.2012   e   1º.01.2011 a 30.09.2011

Notas explicativas selecionadas

O conjunto mínimo de notas explicativas que deve acompanhar as demonstrações contábeis para cada período intermediário, conforme o CPC 21 (R1) é o seguinte:
- políticas contábeis;
- relatórios por segmento econômico e por área geográfica, indicando receitas, despesas e resultados de cada um dos segmentos da empresa;
- eventos subsequentes materiais à data da demonstração contábil intermediária;
- dividendos pagos;
- emissões, recompras e reembolsos de valores mobiliários representativos de dívidas e de capital próprio;
- passivos contingentes.

Políticas contábeis de reconhecimento e mensuração

De acordo com o CPC 21 (R1), a companhia deve aplicar as mesmas políticas e critérios contábeis utilizados para reconhecimento e mensuração dos componentes das demonstrações financeiras anuais em seus relatórios intermediários, exceto quanto ao disposto no CPC 23 – Políticas Contábeis, Mudanças em Estimativa e Retificação de Erro, no que se refere, principalmente, a materialidade e alterações em políticas contábeis das demonstrações contábeis anuais anteriores, que surtirão efeito no período intermediário corrente.

Exemplo de critérios de reconhecimento e mensuração de ativo intangível:

Uma companhia aplica os critérios de definição e reconhecimento para ativos intangíveis *da mesma maneira no período intermediário e ao fim do ano*.

1. Gastos incorridos *antes* de os critérios de reconhecimento dos ativos intangíveis serem satisfeitos são reconhecidos como despesa.
2. Gastos incorridos *depois* do ponto específico no tempo em que tais critérios são satisfeitos são reconhecidos como parte do custo do ativo intangível.
3. O diferimento de gastos de ativos em demonstração contábil intermediária na esperança de que o critério de reconhecimento seja satisfeito mais tarde no exercício social *não é justificável*.
4. Esse tratamento contábil é aplicável aos gastos com pesquisa e desenvolvimento (P&D) relacionados a projetos de pesquisa e desenvolvimento de novos produtos e tecnologias que gerem benefícios econômicos para a companhia, de acordo com o CPC 04 (R1) – Ativos Intangíveis.

Reapresentação de demonstrações contábeis intermediárias de período anterior

A alteração de política contábil, que não seja por especificação de novo Pronunciamento, deve ser refletida:

1. por *reapresentação* das demonstrações contábeis de períodos intermediários anteriores do exercício social corrente e das demonstrações contábeis comparáveis de períodos intermediários de qualquer exercício social anterior; ou
2. quando *impraticável* determinar os efeitos cumulativos no início do exercício social da aplicação da nova política contábil a todos os períodos anteriores, ajuste das demonstrações contábeis de períodos intermediários anteriores do exercício social corrente e demonstrações intermediárias comparáveis dos exercícios sociais anteriores, utilizando a nova política contábil prospectivamente a partir da primeira data aplicável.

3.1.14 Demonstrações contábeis para pequenas e médias empresas

As Seções 03 a 08 do Pronunciamento Técnico PME (R1) tratam da apresentação das demonstrações contábeis e notas explicativas das empresas de pequeno e médio portes.

Apresentação das demonstrações contábeis

Adequação à norma "contabilidade para PME"

Caso as demonstrações contábeis estejam em conformidade com a norma "Contabilidade para Pequenas e Médias Empresas", a empresa deve fazer uma declaração explícita e sem reservas dessa conformidade em notas explicativas.

Com o objetivo de preservar a essência sobre a forma, em casos extremamente raros, em que a administração concluir que a adoção de determinada disposição prevista na norma "Contabilidade para Pequenas e Médias e Empresas" resulta em informações não correspondentes à realidade, chegando a ponto de conflitarem com os objetivos das demonstrações contábeis, a entidade poderá vir a deixar de aplicar essa disposição, a não ser que esse procedimento seja terminantemente vedado do ponto de vista legal e regulatório.

Caso a companhia deixe de aplicar uma disposição prevista na norma, deverá reportar as seguintes informações:

a. que a administração concluiu que as demonstrações contábeis apresentam adequadamente sua posição patrimonial e financeira, o resultado de suas operações e os fluxos de caixa;

b. que as demonstrações contábeis estão de acordo com o Pronunciamento Técnico PME (R1) – Contabilidade para Pequenas e Médias Empresas, exceto quanto à mudança descrita, que teve por objetivo apresentar melhor essas demonstrações;

c. a natureza do desvio, incluindo o tratamento que o Pronunciamento Técnico PME (R1) – Contabilidade para Pequenas e Médias Empresas exigiria, a razão pela qual esse tratamento causaria distorções nas circunstâncias de tal forma que os objetivos das demonstrações contábeis não seriam atingidos, bem como o tratamento adotado.

Conjunto completo de demonstrações contábeis

As pequenas e médias empresas, para fins societários, devem elaborar e apresentar as seguintes demonstrações contábeis:

- balanço patrimonial;
- demonstração do resultado;
- demonstração do resultado abrangente;
- demonstração das mutações do patrimônio líquido;
- demonstração dos fluxos de caixa;
- notas explicativas.

Cada demonstração contábil e notas explicativas devem ser identificadas claramente, considerando:

- o nome da empresa;
- se a demonstração e notas se referem a uma empresa individual ou grupo consolidado;
- a data-base da demonstração contábil e notas explicativas;
- a moeda de apresentação (relatório);
- o nível de arredondamento aplicado nos valores apresentados em cada uma das demonstrações contábeis e notas explicativas.

Balanço patrimonial

Um balanço patrimonial deve evidenciar no mínimo o seguinte conjunto de contas contábeis:

a. caixa e equivalentes de caixa;
b. contas a receber e outros recebíveis;
c. estoques;
d. ativos financeiros (exceto os mencionados nos itens "a", "b", "j" e "k");
e. ativo imobilizado;
f. propriedade para investimento, mensurada pelo valor justo;
g. ativos intangíveis;
h. ativos biológicos, mensurados pelo custo;
i. ativos biológicos, mensurados pelo valor justo;
j. investimentos em coligadas e controladas;
k. investimentos em empreendimentos controlados em conjunto;
l. fornecedores e outras contas a pagar;
m. passivos financeiros (exceto os mencionados nos itens "l" e "p");
n. passivos e ativos relativos a tributos correntes;
o. tributos diferidos ativos e passivos, classificados no não circulante;
p. provisões;
q. participação de não controladores apresentada de forma destacada no patrimônio líquido; e
r. patrimônio líquido pertencente aos proprietários da entidade controladora.

A estrutura de apresentação do balanço patrimonial das pequenas e médias empresas é a mesma prevista no CPC 26 (R1).

Outros resultados abrangentes – Patrimônio líquido

Os componentes dos *resultados abrangentes* que devem ser apresentados líquidos dos seus efeitos tributários são:

- resultado do período (lucro ou prejuízo apurado na DRE);
- ajustes acumulados de conversão – variação cambial de investimento societário no exterior;[1]
- ajustes de avaliação patrimonial de parcela efetiva de *hedge* de fluxo de caixa;[2]
- ganhos e perdas atuariais com planos de pensão de benefício definido.[3]

Demais demonstrações contábeis

As demais demonstrações contábeis (demonstrações do resultado, do resultado abrangente, dos fluxos de caixa e das mutações do patrimônio líquido) das pequenas e médias empresas têm a mesma estrutura de apresentação das previstas no CPC 26 (R1).

As pequenas e médias empresas alcançadas pelo Pronunciamento Técnico PME (R1) não são obrigadas à apresentação de demonstrações contábeis intermediárias para fins societários.

3.1.15 Demonstrações contábeis das entidades cooperativas

Em 2001, o CFC emitiu a Resolução nº 920 que aprovou o item 10.8 – Entidades Cooperativas da Norma Brasileira de Contabilidade – Técnica (NBC T) 10 – Dos Aspectos Contábeis Específicos em Entidades Diversas. Já em 2005, o CFC emitiu a Resolução nº 1.013 que aprovou a NBC T 10.8 – IT – 01 – Entidades Cooperativas.

As referidas normas estabelecem critérios e procedimentos específicos de avaliação, de registro das variações patrimoniais e de estrutura das demonstrações contábeis, e as informações mínimas a serem incluídas em notas explicativas para as entidades cooperativas, exceto as que operam Plano Privado de Assistência à Saúde, conforme definido em lei.

Ressalte-se que "entidades cooperativas" são aquelas que exercem as atividades na forma de lei específica, por meio de atos cooperativos, que se traduzem na prestação de serviços diretos a seus associados, sem objetivo de lucro, para obterem em comum melhores resultados para cada um deles em particular. Identificam-se de acordo com o objeto ou pela natureza das atividades desenvolvidas por elas, ou por seus associados.

Critérios contábeis para a movimentação econômico-financeira

Receitas, custos e despesas

A *movimentação econômico-financeira* decorrente do *ato cooperativo*, na forma disposta no estatuto social, é definida contabilmente como *ingressos e dispêndios* (conforme definido em lei). Aquela originada do *ato não cooperativo* é definida como *receitas, custos e despesas*.

[1, 2, 3] Compreendem os "Outros Resultados Abrangentes" do patrimônio líquido.

As receitas e os ganhos, bem como as rendas e os rendimentos são denominados *ingressos*. Já custos dos produtos ou das mercadorias fornecidos (vendidos) e dos serviços prestados, as despesas, os encargos e as perdas, pagos ou incorridos, são denominados *dispêndios*.

Capital social

O capital social das entidades cooperativas é formado por cotas-partes, que devem ser registradas de forma individualizada por se tratar de sociedade de pessoas, segregando o capital subscrito e o capital a integralizar, podendo, para tanto, serem utilizados registros auxiliares. Desse modo, a conta Capital Social é movimentada por:

a. livre adesão do associado, quando de sua admissão, pelo valor das cotas-partes fixado no estatuto social;
b. pela subscrição de novas cotas-partes, pela retenção estatutária sobre a produção ou serviço, pela capitalização de sobras e pela incorporação de reservas, exceto as indivisíveis previstas em lei e as reservas de incentivos fiscais e de reavaliação;
c. retirada do associado, por demissão, eliminação ou exclusão.

Sobras do exercício

As sobras do exercício, após as destinações legais e estatutárias, devem ser postas à disposição da Assembleia Geral para deliberação e, da mesma forma, as perdas líquidas, quando a reserva legal é insuficiente para sua cobertura, serão rateadas entre os associados da forma estabelecida no estatuto social, não devendo haver saldo pendente ou acumulado de exercício anterior.

As entidades cooperativas devem distribuir as sobras líquidas a seus associados de acordo com a produção de bens ou serviços por eles entregues, em razão do volume de fornecimento de bens de consumo e insumos, no exercício social, salvo deliberação em contrário da Assembleia Geral.

Fundos

Os fundos previstos na legislação ou nos estatutos sociais são denominados "Reservas". Entretanto, conforme a Lei nº 5.764/1971 ainda são tratados como "Fundos".

Reconhecimento e mensuração dos elementos das demonstrações contábeis

Os *investimentos em entidades cooperativas* de qualquer grau devem ser avaliados pelo custo de aquisição. O *resultado decorrente de investimento em entidades não cooperativas* deve ser demonstrado em conta específica. Por outro lado, o *resultado decorrente de recursos aplicados para complementar as atividades da entidade cooperativa* deve ser apropriado contabilmente por atividade ou negócio a que estiver relacionado.

O *resultado líquido decorrente do ato não cooperativo, quando positivo*, deve ser destinado para a Reserva de Assistência Técnica, Educacional e Social, não podendo ser objeto de rateio entre os associados. Quando *negativo*, deve ser levado à Reserva Legal e, se insuficiente sua cobertura, será rateado entre os associados.

As *provisões e as contingências* serão registradas em conta de resultado e, em contrapartida, no Passivo.

Balanço patrimonial

A conta Lucros ou Prejuízos Acumulados no Patrimônio Líquido é denominada *Sobras ou Perdas à Disposição da Assembleia Geral*.

Demonstração de sobras ou perdas

A denominação da Demonstração do Resultado é denominada *Demonstração de sobras ou perdas*, a qual deve evidenciar, separadamente, a composição do resultado de determinado período, considerando os ingressos diminuídos dos dispêndios do ato co-operativo, e das receitas, custos e despesas do ato não cooperativo, demonstrados segregadamente por produtos, serviços e atividades desenvolvidas pela entidade cooperativa.

Demonstração das mutações do patrimônio líquido

Na elaboração da demonstração das mutações do patrimônio líquido, deve ser observada a terminologia própria aplicável às entidades cooperativas.

3.2 Demonstrações contábeis regulatórias

A Aneel referendou os Pronunciamentos Técnicos CPC 03 (mas ainda não aprovou o CPC 03 – R1 que está em vigor) e CPC 09, do CPC que tratam, respectivamente, da demonstração dos fluxos de caixa e da demonstração do valor adicionado por meio do Despacho nº 4.796/2008.

Já o Despacho nº 4.722/2009 da Aneel referendou os Pronunciamentos Técnicos CPC 21 (R1) e CPC 26 (mas ainda não aprovou o CPC 26 – R1 que está em vigor) que regulamentam, respectivamente, as demonstrações intermediárias e a apresentação das demonstrações contábeis.

Por outro lado, o Despacho nº 4.991/2011 da Aneel determinou que os procedimentos básicos para a elaboração e divulgação de informações contábeis e econômico-financeiras para as Demonstrações Contábeis relativas ao exercício de 2011, que foram elaboradas pelos concessionários e permissionários e autorizatários de serviços e instalações de energia elétrica, para fins regulatórios, são aqueles constantes do Anexo I ao referido Despacho e os apresentados no *Manual de Contabilidade do Setor Elétrico* (MCSE), instituído pela Resolução Aneel nº 444, de 26 de outubro de 2001, e alterações subsequentes. Além disso, o referido Despacho aprovou os modelos das demonstrações contábeis regulatórias e das Notas Conciliatórias entre as demonstrações contábeis regulatórias e societárias.

3.2.1 Conjunto completo de demonstrações contábeis regulatórias

Conforme o "Tópico 9.1.2 – Divulgações Gerais" do MCSE as demonstrações contábeis devem incluir os principais componentes a seguir:

- balanço patrimonial;
- demonstração do resultado;
- demonstração das mutações do patrimônio líquido;
- demonstração das origens e aplicações de recursos;
- notas explicativas.

Entretanto, a demonstração dos fluxos de caixa, a demonstração do valor adicionado e o balanço social são peças fundamentais da Prestação Anual de Contas (PAC).

Vale ressaltar que:

As concessionárias de serviço público de geração, bem como as concessionárias e autorizadas de geração de energia elétrica a partir do aproveitamento de potencial hidráulico, em regime de produção independente, cujos bens são reversíveis, não estão obrigadas a elaborar e encaminhar à Aneel a Prestação Anual de Contas (PAC).

Cooperativas Permissionárias – Publicação de demonstrações contábeis

Pelo Ofício nº 537/2011 da Aneel, após interações com agentes permissionários, resolveu-se dispensar as cooperativas permissionárias, para o exercício de 2010, da publicação das demonstrações contábeis no órgão oficial da União ou do Estado ou do Distrito Federal, restando apenas a obrigatoriedade de publicar em jornal de grande circulação na localidade em que está situada a sede da companhia. O mesmo tratamento foi dado para o exercício de 2011, a pedido desses agentes. Para 2012, a situação pode mudar, mas as cooperativas devem aguardar o posicionamento da Aneel.

3.2.2 Informações comparativas

Todas as informações contidas nas demonstrações contábeis devem ser apresentadas de forma comparativa em relação ao exercício/período anterior (não há impedimento, caso seja necessário para o pleno entendimento das informações, à apresentação comparativa de mais de um exercício/período). Devem ser comparativas, quando aplicável, também as informações contidas nas notas explicativas às demonstrações contábeis, informações complementares e relatório da administração.

3.2.3 Modelos de demonstrações contábeis

O roteiro e os modelos de demonstrações contábeis regulatórias e notas explicativas constam do "Tópico 09 – Roteiro para Elaboração e Divulgação de Informações Contábeis, Econômico-Financeiras e Socioambientais" do MCSE.

3.2.4 Relatório de Informações Trimestrais – RIT

O Relatório de Informações Trimestrais (RIT) é um instrumento gerencial que permite o acompanhamento do equilíbrio econômico-financeiro das concessionárias com base na apresentação dos principais dados detalhados (Receitas, Despesas, Ativos e Passivos) que as afetam. Além desses dados, o RIT contempla outras necessidades da Aneel como a de controle prévio e *a posteriori* das operações que dependem de prévia anuência, de monitoramento da participação dos agentes no Setor Elétrico Brasileiro (SEB), de cálculo da Reserva Global de Reversão (RGR) e da Taxa de Fiscalização (TF-SEE) e de investimentos realizados no setor.

De acordo com o item 06 do Anexo da Resolução Normativa nº 396/2010 da Aneel:

O Relatório de Informações Trimestrais (RIT) deve ser elaborado exclusivamente pelas concessionárias e permissionárias de serviço público de transmissão e de distribuição de energia elétrica no modelo estabelecido pelo Órgão Regulador, e ser encaminhado no prazo máximo de 45 (quarenta e cinco) dias, após o término do trimestre de competência. As informações relativas ao último trimestre do exercício, que se constituirão na Prestação Anual de Contas (PAC), serão encaminhadas até 30 de abril do ano seguinte ao de competência.

Já o item 08 do Anexo da mesma Resolução estabelece o seguinte:

As concessionárias de serviço público de geração, bem como as concessionárias e autorizadas de geração de energia elétrica a partir do aproveitamento de potencial hidráulico, em regime de produção independente, cujos bens são reversíveis, não estão obrigadas a elaborar e encaminhar ao Órgão Regulador o Relatório de Informações Trimestrais (RIT) e Prestação Anual de Contas (PAC).

Conteúdo do RIT

O RIT é composto por um conjunto de formulários, criados por meio do Despacho Aneel nº 4.675, de 17 de dezembro de 2008 e atualizados por meio do Despacho Aneel nº 4.816, de 23 de dezembro de 2009. São numerados e desdobrados, quando indicados, por atividade de geração, transmissão e distribuição. Essa última, no caso das concessionárias distribuidoras de energia, abrange a atividade de distribuição propriamente dita (exceto quando especificada), comercialização, administração central e não vinculadas.

Manual de preenchimento

O *Manual de Preenchimento do Relatório de Informações Trimestrais* foi estabelecido pelo Despacho nº 4.816/2009 da Aneel e está disponível no site: http://www.aneel.gov.br, assim como os formulários que estão em formato-padrão.

Parte 4

Notas Explicativas

4.1 Notas explicativas – Contabilidade societária

As notas explicativas das demonstrações contábeis incluem descrições narrativas ou análises mais detalhadas de montantes demonstrados no balanço patrimonial, demonstrações do resultado e do resultado abrangente, demonstração de fluxo de caixa e demonstração das mutações do patrimônio líquido, assim como informações adicionais requeridas e encorajadas a serem divulgadas pelos Pronunciamentos Técnicos do CPC, e outras divulgações necessárias para alcançar uma apresentação justa.

4.1.1 Estrutura

De acordo com o CPC 26 (R1) – Apresentação das Demonstrações Contábeis, as notas explicativas de uma companhia devem:

a. apresentar informações sobre a base da preparação das demonstrações contábeis e as políticas contábeis específicas selecionadas e aplicadas em importantes eventos e transações;
b. divulgar informações requeridas pelas normas do CPC que não são apresentadas nas demonstrações contábeis;
c. fornecer informação adicional que não está apresentada nas demonstrações contábeis, mas é necessária para uma apresentação justa.

Notas explicativas às demonstrações contábeis devem ser apresentadas de uma maneira sistemática. Cada item do balanço patrimonial, demonstração do resultado e demonstração de fluxo de caixa deve fazer uma referência às informações relacionadas nas notas. As notas são normalmente apresentadas na seguinte ordem, o que ajuda os usuários na compreensão das demonstrações contábeis e na comparação destas com as de outros empreendimentos:

a. declaração de conformidade com os Pronunciamentos, Orientações e Interpretações do CPC;
b. resumo das bases de mensuração e de políticas contábeis aplicadas;
c. informação de apoio para itens apresentados em cada demonstração para a qual cada item e cada demonstração sejam apresentadas;
d. outras divulgações requeridas nas diversas normas do CPC;
e. contingências, compromissos e outras divulgações financeiras e contábeis;
f. divulgações que não são financeiras, mas relevantes, por exemplo, os objetivos e as políticas de gestão do risco financeiro da entidade.

4.1.2 Políticas contábeis

A seção de notas de políticas contábeis das demonstrações contábeis deve descrever, de acordo com Leite (Padoveze, Benedicto e Leite, 2011):

a. a base de avaliação e mensuração usada na preparação de demonstrações contábeis;
b. cada política contábil específica que seja necessária para uma compreensão apropriada das demonstrações contábeis.

Seguem exemplos de políticas contábeis que uma companhia pode considerar na apresentação:

a. mensuração e reconhecimento da receita;
b. mensuração e reconhecimento de ativos imobilizados;
c. combinação de negócios;
d. instrumentos financeiros, e outros.

4.1.3 Outras divulgações

Determinada companhia deve divulgar os seguintes itens se tais informações não forem publicadas com as demonstrações contábeis:

a. o domicílio e a forma legal da companhia, seu país de incorporação, o endereço do registro do escritório ou o local principal de negócios;
b. uma descrição da natureza das operações do empreendimento e suas principais atividades;
c. o nome da controladora da companhia;
d. o número de empregados do fim no período ou no meio do período.

Ressalte-se que várias outras informações adicionais são requeridas pelos diversos Pronunciamentos Técnicos do CPC para divulgação em notas explicativas.

4.1.4 Relação das principais notas explicativas

Considerando os diversos Pronunciamentos Técnicos do CPC, a seguir, é apresentada uma relação das principais notas explicativas por ordem de evidenciação:

i. contexto operacional (CPC 26 – R1);
ii. contratos de concessão (ICPC 01 – R1 e ICPC 17);
iii. apresentação das demonstrações contábeis (CPC 26 – R1);
iv. alterações em práticas contábeis (CPC 13 e CPC 23);
v. sumário das principais práticas contábeis (CPC 26 – R1);
vi. caixa e equivalentes de caixa (CPC 03 – R2);
vii. títulos e valores mobiliários (CPC 01 – R1, CPC 38, CPC 39 e CPC 40);
viii. contas a receber: consumidores, concessionárias e permissionárias (CPC 26 – R1);
ix. estoques (CPC 16 – R1);
x. investimentos (CPC 01 – R1, CPC 18 e CPC 28);
xi. imobilizado (CPC 01 – R1, CPC 27 e ICPC 10);
xii. intangível (CPC 01 – R1 e CPC 04 – R1);
xiii. arrendamento mercantil (CPC 06 – R1);
xiv. tributos (CPC 32);
xv. empréstimos e financiamentos (CPC 26 – R1);
xvi. outras contas a pagar (CPC 26 – R1);
xvii. provisões e contingências (CPC 25);
xviii. instrumentos financeiros (CPC 38, CPC 39 e CPC 40);
xix. patrimônio líquido (CPC 26 – R1);
xx. ingressos/receitas operacionais (CPC 30);
xxi. dispêndios/despesas e custos (CPC 26 – R1);
xxii. informações por segmento e atividades de negócios (CPC 22);
xxiii. partes relacionadas (CPC 05 – R1);
xxiv. eventos subsequentes (CPC 24).

Ressalte-se que os modelos apresentados nos tópicos a seguir foram elaborados considerando uma Cooperativa de distribuição de energia elétrica, mas podem ser adotados por qualquer entidade do setor elétrico e atendem à "Contabilidade Regulatória" da Aneel.

4.1.5 Modelo de nota explicativa sobre "Contexto operacional"

Nota 1 – Contexto operacional

A Cooperativa de Distribuição de Energia Elétrica é uma sociedade de pessoas, de natureza civil, com sede na cidade de Porto Alegre, Estado do Rio Grande do Sul, Brasil, e tem como principal objetivo o desenvolvimento socioeconômico através da distribuição de energia elétrica e serviços de interesses de seu quadro de associados. A entidade é regida pela Lei nº 5.764 de 16 de dezembro de 1971, que regulamenta o sistema cooperativista no país e tem como atividades preponderantes a distribuição de energia elétrica e a prestação de serviços aos seus cooperados em 24 municípios, conforme definido em seu estatuto social.

4.1.6 Modelo de nota explicativa sobre "Contratos de concessão"

Nota 2 – Contratos de concessão

O contrato de concessão/permissão de serviço público de distribuição de energia elétrica, firmado entre a Cooperativa de Distribuição de Energia Elétrica e a Aneel, de junho de 1999, tem prazo de vencimento previsto para julho de 2015, com possibilidade de prorrogação por mais trinta anos, a critério do Poder Concedente.

4.1.7 Modelo de nota explicativa sobre "Apresentação das demonstrações contábeis"

Nota 3 – Apresentação das demonstrações contábeis

As demonstrações contábeis estão sendo apresentadas em reais (R$) e foram aprovadas pelo conselho de administração e pelo conselho fiscal no dia 10 de fevereiro de 2012.

As demonstrações contábeis foram elaboradas de acordo com as práticas contábeis adotadas no Brasil, tomando-se como base a Lei nº 11.638/2007 e as normas e os pronunciamentos de contabilidade emitidos pelo CPC e pelo CFC, Resoluções CFC nº 750/1993, nº 920/2001, nº 1.013/2005 e nº 1.282/2010. Tais demonstrações contábeis ainda estão de acordo com a legislação fiscal e comercial em vigor e a Lei nº 5.764/1971 que trata especificamente das sociedades cooperativas, além de atender à legislação específica das concessionárias de energia elétrica emitida pela Agência Nacional de Energia Elétrica – Aneel.

Essas demonstrações seguiram os princípios, métodos e critérios uniformes em relação àqueles adotados no encerramento do último exercício social findo em 31 de dezembro de 2010.

A preparação das demonstrações contábeis requer que a administração utilize estimativas e premissas que afetem os valores reportados de ativos e passivos, a divulgação de ativos e passivos contingentes na data das demonstrações contábeis, bem como os valores reconhecidos de receitas e despesas durante o exercício. Os resultados reais podem ser diferentes dessas estimativas.

4.1.8 Modelo de nota explicativa sobre "Alterações em práticas contábeis"

Nota 4 – Alterações em práticas contábeis

Com o advento da Lei nº 11.638/2007, que atualizou a legislação societária brasileira para possibilitar o processo de convergência das práticas contábeis adotadas no Brasil com aquelas constantes das normas internacionais de contabilidade (IAS e IFRS), novos pronunciamentos técnicos vêm sendo expedidos pelo CPC, em consonância com as referidas normas internacionais de contabilidade.

Até a data de preparação dessas demonstrações financeiras, dois novos pronunciamentos técnicos haviam sido emitidos pelo CPC para aplicação mandatória a partir de 2011. Os pronunciamentos técnicos (CPCs) e as interpretações técnicas (ICPCs) que serão aplicáveis para a cooperativa, considerando-se suas operações, são:

- ICPC 01 (R1) – Contratos de Concessão;
- ICPC 17 – Contratos de Concessão: Evidenciação.

A administração da cooperativa está analisando os impactos das alterações introduzidas por esses novos pronunciamentos técnicos (CPCs e ICPCs). No caso de ajustes decorrentes de adoção das novas práticas contábeis a partir de 1º de janeiro de 2011, a cooperativa avaliará a necessidade de remensurar os efeitos que seriam produzidos em suas demonstrações financeiras de 2010, para fins de comparação, caso esses novos pronunciamentos já estivessem em vigor desde o início do exercício findo em 31 de dezembro de 2010.

4.1.9 Modelo de nota explicativa sobre "Sumário das principais práticas contábeis"

Nota 5 – Sumário das principais práticas contábeis

a. Conversão de operações em moeda estrangeira

Os direitos e as obrigações monetários denominados em moedas estrangeiras são convertidos às taxas de câmbio vigentes na data das demonstrações contábeis. As receitas de vendas, os custo e as despesas denominados em moedas estrangeiras são convertidos pela taxa média de câmbio do mês de suas ocorrências. A moeda funcional da entidade é o real (R$).

b. Caixa e equivalentes de caixa

Os fluxos de caixa dos investimentos de curto prazo são demonstrados pelos valores líquidos (aplicações e resgates). As aplicações de curto prazo que possuem liquidez imediata e vencimento original em até noventa dias são consideradas caixa e equivalentes. Os demais investimentos, com vencimentos superiores a noventa dias, são reconhecidos a valor justo e registrados em investimentos de curto prazo.

c. **Contas a receber**

Os valores a receber são registrados e mantidos no balanço patrimonial pelo valor nominal dos títulos representativos desses créditos, acrescidos das variações monetárias ou cambiais, quando aplicáveis, deduzidos de provisão para cobrir eventuais perdas na sua realização. A provisão para créditos de liquidação duvidosa é constituída em montante considerado suficiente pela administração para cobrir eventuais perdas estimadas na realização desses créditos. O valor estimado da provisão para créditos de liquidação duvidosa pode ser modificado em função das expectativas da administração com relação à possibilidade de se recuperar os valores envolvidos, assim como por mudanças na situação financeira dos clientes.

d. **Estoques**

Os estoques estão registrados pelo custo médio de aquisição e demonstrados pelo menor valor entre o custo médio de aquisição ou produção e os valores de reposição ou realização. Quando aplicável, é constituída provisão para estoques obsoletos ou de baixa movimentação.

e. **Não circulante**

Os direitos realizáveis e as obrigações vencíveis após os doze meses subsequentes à data das demonstrações contábeis são considerados não circulantes.

f. **Imobilizado**

O imobilizado está registrado ao custo (sendo os bens adquiridos no Brasil acrescidos das atualizações monetárias até 1995) e inclui os encargos financeiros incorridos durante o período de construção. Os bens são depreciados pelo método linear com base na vida útil estimada.

g. **Intangível**

Os ativos intangíveis são avaliados ao custo de aquisição, deduzido da amortização acumulada e perdas por redução do valor recuperável, quando aplicável. Os ativos intangíveis que possuem vida útil definida são amortizados considerando sua utilização efetiva ou um método que reflita seus benefícios econômicos, enquanto os de vida útil indefinida são testados anualmente quanto à sua recuperabilidade.

h. **Redução ao valor recuperável de ativos – *Impairment***

A cooperativa analisa anualmente se há evidências de que o valor contábil de um ativo não será recuperável. Caso identifique tais evidências, a cooperativa estima o valor recuperável do ativo. Independentemente da existência de indicação de não recuperação de seu valor contábil, saldos de ágio originados da combinação de negócios e ativos intangíveis com vida útil indefinida têm sua recuperação testada pelo menos uma vez por ano. Quando o valor residual contábil do ativo excede seu valor recuperável, a cooperativa reconhece uma redução do saldo contábil deste ativo (deterioração). Se não for possível determinar o valor recuperável de um ativo individualmente, é realizada a análise do valor recuperável da unidade geradora de caixa à qual o ativo pertence.

i. Arrendamento mercantil

Os arrendamentos mercantis nos quais uma parte significativa dos riscos e benefícios de propriedade ficam com o arrendador são classificados como arrendamentos operacionais. Os encargos dos arrendamentos são apropriados ao resultado pelo método linear ao longo do período do arrendamento.

j. Benefícios a empregados

Os pagamentos de benefícios tais como salário, férias vencidas ou proporcionais, bem como os respectivos encargos trabalhistas incidentes sobre esses benefícios, são reconhecidos mensalmente no resultado obedecendo-se ao regime de competência.

k. Impostos diferidos

O reconhecimento de impostos diferidos é baseado nas diferenças temporárias entre o valor contábil e o valor para base fiscal dos ativos e passivos e nos prejuízos fiscais do imposto de renda e na base de cálculo negativa de Contribuição Social sobre o Lucro na medida em que foi considerada provável sua realização contra resultados tributáveis futuros. Se a cooperativa não for capaz de gerar lucros tributáveis futuros, ou se houver uma mudança significativa no tempo necessário para que os impostos diferidos sejam dedutíveis, a administração avalia a necessidade de constituir provisão para perda desses impostos diferidos.

l. Valor presente de ativos e passivos de longo prazo

Os ativos e passivos de longo prazo da cooperativa e de suas controladas são, quando aplicável, ajustados a valor presente utilizando taxas de desconto que refletem a melhor estimativa da cooperativa.

m. Provisão para contingências

Os passivos contingentes são constituídos sempre que a perda for avaliada como provável, o que ocasionaria uma provável saída de recursos para a liquidação das obrigações e, quando os montantes envolvidos forem mensuráveis com suficiente segurança, levando em conta a opinião dos assessores jurídicos, a natureza das ações, similaridade com processos anteriores, complexidade e no posicionamento de tribunais. Os passivos contingentes classificados como perdas possíveis não são reconhecidos contabilmente, sendo apenas divulgados nas demonstrações financeiras, e os classificados como remotos não requerem provisão nem divulgação. Os depósitos judiciais são atualizados monetariamente e apresentados como dedução do valor do correspondente passivo constituído quando não houver possibilidade de resgate destes depósitos, a menos que ocorra desfecho favorável da questão para a entidade.

n. Receitas e despesas

A cooperativa tem como prática a adoção do regime de competência para o registro das mutações patrimoniais ocorridas no exercício, assim como reconhecimento dos ingressos/receitas e dispêndios/despesas e custos, independentemente de seu efetivo recebimento ou pagamento.

4.1.10 Modelo de nota explicativa sobre "Caixa e equivalentes de caixa"

Nota 6 – Caixa e equivalentes de caixa

	2011	2010
Caixa		
Depósitos bancários		
Aplicações financeiras de liquidez imediata		
Total de caixa e equivalentes de caixa		

Todas as aplicações financeiras de liquidez imediata foram efetuadas em investimento de baixo risco, com prazo de vencimento de até noventa dias.

4.1.11 Modelo de nota explicativa sobre "Títulos e valores mobiliários"

Nota 7 – Títulos e valores mobiliários

	2011	2010
Ações		
Debêntures		
Outros		
Total de títulos e valores mobiliários		

	2011	2010
Destinados à venda		
Mantidos até o vencimento		
Mantidos para negociação		
Total de títulos e valores mobiliários		

As ações preferenciais são da companhia X e foram adquiridas 100.000 em 2008, por R$ 15,00 cada uma. As debêntures foram adquiridas em 2009 e emitidas pela companhia Y e não são conversíveis em ações. Foram adquiridas 10.000 debêntures no valor nominal de R$ 10,00 cada uma delas.

4.1.12 Modelo de nota explicativa sobre "Contas a receber: consumidores, concessionárias e permissionárias"

Nota 8 – Contas a receber: consumidores, concessionárias e permissionárias					
	Saldos vencidos	Saldos vencidos até 90 dias	Saldos vencidos há mais de 90 dias	Total	
				2011	2010
Consumidores					
Residencial					
Industrial					
Comercial					
Rural					
Poder público					
Iluminação pública					
Serviço público					
Total					
Concessionárias e Permissionárias:					
Suprimento CCEE					
Contratos bilaterais					
Total					
Provisão para Devedores Duvidosos					
Total a receber, líquido					

Os valores a receber são provenientes, principalmente, do fornecimento de energia elétrica aos associados da cooperativa e estão registrados no ativo circulante.

A provisão para devedores duvidosos foi mensurada e reconhecida a partir da experiência da administração da cooperativa em relação ao histórico das perdas efetivas, considerando também os parâmetros recomendados pela Aneel. O valor de R$___ é considerado suficiente para cobrir eventuais perdas que possam ocorrer na realização financeira dos créditos a receber.

4.1.13 Modelo de nota explicativa sobre "Estoques"

Nota 9 – Estoques		
	2011	2010
Materiais para manutenção		
Almoxarifado		
Destinados à alienação		
Outros		
Total		
Materiais para Investimento – Imobilizado		
Total de Estoques		

4.1.14 Modelo de nota explicativa sobre "Investimentos"

Nota 10 – Investimentos

a. **Investimentos societários avaliados por equivalência patrimonial**

	Empresa A		Empresa B		Total
	Investimento	Ágio	Investimento	Ágio	
Saldo em 1º de janeiro de 2010					
Equivalência patrimonial					
Saldo em 31 de dezembro de 2010					
Equivalência patrimonial					
Saldo em 31 de dezembro de 2011					

Os investimentos societários nas empresas A e B foram realizados em 2008 e são avaliados por equivalência patrimonial.

O valor de recuperação do ágio sobre investimentos é avaliado anualmente de acordo com os critérios e métodos estabelecidos pelo CPC 01 (R1) – Redução ao Valor Recuperável de Ativos. Para os exercícios sociais apresentados não foram identificadas quaisquer perdas por redução ao valor recuperável para os ágios da cooperativa.

b. **Propriedades para investimento**

	2011		2010	
	Valor justo	Valor de custo	Valor justo	Valor de custo
Imóveis para renda				
Terrenos para valorização do capital				
Total de propriedades para investimento				

Os imóveis para renda estão locados à empresa X por R$___ mensais e o contrato de locação encerra-se em 2013. Os terrenos adquiridos pela cooperativa são para valorização de capital e não foram dados em garantia para pagamento de dívidas. Todas as propriedades para investimento foram avaliadas por seus valores justos na data das demonstrações contábeis, 31 de dezembro de 2011, e refletem seus valores de mercado. A avaliação foi feita pela empresa Z, especializada em avaliações, que emitiu laudo de avaliação específico. Os ganhos e as perdas decorrentes das oscilações nos valores justos das propriedades para investimento são contabilizados em contas de resultado quando incorridos.

4.1.15 Modelo de nota explicativa sobre "Imobilizado"

Nota 11 – Imobilizado

a. Imobilizado em serviço e em curso

	Custo corrigido	Depreciação acumulada	Valor residual	
			2011	2010
Em serviço				
Terrenos				
Edificações				
Máquinas e equipamentos				
Móveis e utensílios				
Veículos				
Imobilizados por arrendamento mercantil				
Total				
Em curso				
Terrenos				
Edificações				
Máquinas e equipamentos				
Móveis e utensílios				
Veículos				
Total				
Obrigações especiais vinculadas				
Total do imobilizado				

Conforme o Decreto nº 41.019/1957, os bens e instalações utilizados principalmente na distribuição e comercialização de energia elétrica são vinculados a esses serviços, não podendo ser retirados, alienados, cedidos ou dados em garantia hipotecária sem a prévia e expressa autorização da Aneel.

A Resolução nº 20/1999 da Aneel, entretanto, regulamentou a desvinculação de bens das concessões do serviço público de energia elétrica, concedendo autorização prévia para desvinculação de bens inservíveis à concessão, quando destinados à alienação, determinando que o produto da alienação seja depositado em conta bancária vinculada para aplicação na concessão.

As obrigações especiais vinculadas representam os recursos relativos à participação financeira do consumidor, das dotações orçamentárias da União, verbas federais, estaduais e municipais e de créditos especiais destinados aos investimentos aplicados nos empreendimentos vinculados à concessão/permissão. As obrigações especiais não são passivos onerosos, tampouco, créditos dos cooperados.

b. **Resumo da movimentação do imobilizado em serviço e em curso**

	Imobilizado em serviço	Imobilizado em curso	Obrigações especiais vinculadas	Total
Saldo em 2009				
Aquisições				
Imobilizações de obras				
Transferências				
Alienações				
Baixas				
Depreciação				
Redução ao valor recuperável				
Saldo em 2010				
Aquisições				
Imobilizações de obras				
Transferências				
Alienações				
Baixas				
Depreciação				
Redução ao valor recuperável				
Saldo em 2011				

Os custos de empréstimos tomados com terceiros para aplicações em obras foram contabilizados como parte do custo das imobilizações de obras durante o período de construção, de acordo com o CPC 20 (R1) – Custos de Empréstimos, totalizando os valores de R$____, em 2010, e de R$____, em 2009.

c. **Vida útil e taxas de depreciação**

A depreciação dos ativos imobilizados foi realizada pelo método linear com base nas taxas anuais determinadas pela Resolução Aneel nº 240/2006, substituída pela Resolução Normativa nº 367/2009.

Os valores contabilizados como despesas de depreciação nos exercícios de 2011 e 2010 foram de R$____ e R$____, respectivamente.

d. **Redução ao valor recuperável –** *Impairment*

A administração da cooperativa revisa o valor contábil dos ativos de vida longa, principalmente o imobilizado a ser mantido e utilizado nas operações de distribuição e geração de energia elétrica, com o objetivo de determinar e avaliar sempre que eventos ou mudanças nas circunstâncias indicarem que o valor contábil de um ativo ou grupo de ativos não poderá ser recuperado.

São realizadas análises para identificar as circunstâncias que possam exigir a avaliação da recuperabilidade dos ativos de vida longa e medir a taxa potencial de deterioração. Os ativos são agrupados e avaliados de acordo com a possível deterioração, com base nos fluxos futuros de caixa projetados descontados do negócio durante a vida remanescente estimada dos ativos, conforme o surgimento de novos acontecimentos ou novas circunstâncias. Nesse caso, uma perda seria reconhecida com base no montante pelo qual o valor contábil excede o valor provável de recuperação de um ativo de vida longa. O valor provável de recuperação é determinado como o maior valor entre (a) o valor de venda estimado dos ativos menos os custos estimados para venda e (b) o valor em uso determinado pelo valor presente esperado dos fluxos de caixa futuros do ativo ou da unidade geradora de caixa.

A administração entende ter direito contratual assegurado no que diz respeito à indenização dos bens vinculados ao final das concessões/permissões de serviço público, admitindo, por hora, e até que se edite regulamentação sobre o tema, a valorização dessa indenização pelo valor dos livros. Assim, a premissa de valoração do ativo residual ao final das concessões/permissões ficou estabelecida nos valores registrados contabilmente. Diante dessas premissas, a cooperativa não identificou necessidade de constituição de provisão para *impairment*.

4.1.16 Modelo de nota explicativa sobre "Intangível"

Nota 12 – Intangível

a. **Intangível em serviço e em curso**

	Vida útil estimada	Amortização acumulada	Valor residual	
			2011	2010
Em serviço				
Ágio por expectativa de rentabilidade futura				
Direitos e concessões/Permissões				
Softwares de gestão				
Total				
Em curso				
Softwares de gestão				
Pesquisa e desenvolvimento				
Total				
Total do Intangível				

b. Resumo da movimentação do intangível em serviço e em curso

	Intangível em serviço	Intangível em curso	Total
Saldo em 2009			
Baixas			
Amortização			
Redução ao valor recuperável			
Saldo em 2010			
Aquisições			
Capitalizações			
Transferências			
Baixas			
Amortização			
Redução ao valor recuperável			
Saldo em 2011			

4.1.17 Modelo de nota explicativa sobre "Arrendamento mercantil"

Nota 13 – Arrendamento mercantil

A cooperativa mantém contratos de arrendamento mercantil financeiro relacionados a "Equipamentos" utilizados no processo de distribuição de energia elétrica localizados nas cidades de Porto Alegre e Bento Gonçalves. Esses contratos são denominados em reais e possuem cláusulas de opção de compra de tais ativos ao final do prazo do arrendamento, que variam de oito a quinze anos, por um preço substancialmente inferior ao seu valor justo.

A administração possui a intenção de exercer as opções de compra nas datas previstas em cada contrato.

Os valores dos pagamentos futuros estimados e o valor presente das parcelas obrigatórias do contrato (financiamentos) correspondentes a esses ativos estão demonstrados a seguir:

31 de dezembro de 2011	Pagamentos Mínimos Futuros				
	Até 1 ano	Mais de 1	Até 5 anos	Acima de 5 anos	Total
Pagamentos futuros estimados					
(–) Montante de juros anuais					
(=) Valor presente dos pagamentos mínimos					

4.1.18 Modelo de nota explicativa sobre "Tributos"

Nota 14 – Tributos

	2011	2010
Ativo circulante		
ICMS a recuperar		
Imposto de renda a compensar		
Total		
Ativo não circulante		
ICMS a recuperar		
Imposto de renda a compensar		
Imposto de renda e contribuição social diferidos		
Total		
Passivo circulante		
ICMS a recolher		
PIS a recolher		
Cofins a recolher		
Imposto de renda a recolher		
Contribuição social a recolher		
Total		
Passivo não circulante		
ICMS a recolher		
PIS a recolher		
Cofins a recolher		
Imposto de renda a recolher		
Contribuição social a recolher		
Imposto de renda e contribuição social diferidos		
Total		

a. **ICMS a recuperar**

Os valores de ICMS a recuperar referem-se a créditos decorrentes de aquisição ativos imobilizados, instituído pela Lei Complementar nº 87/1996, que serão recuperados mensalmente na razão de 1/48 conforme determina a Lei Complementar nº 102/2000.

b. **Imposto de renda a compensar**

Os valores registrados como Imposto de Renda a compensar referem-se a créditos de valores retidos na fonte.

c. **Imposto de renda e contribuição social diferidos**

O montante do imposto de renda diferido ativo é revisado a cada data das demonstrações contábeis e reduzido pelo montante que não seja mais realizável através de lucros tributáveis futuros. Ativos e passivos fiscais diferidos são calculados usando as alíquotas fiscais aplicáveis ao lucro tributável nos anos em que essas diferenças temporárias deverão ser realizadas. O lucro tributável futuro pode ser maior ou menor que as estimativas consideradas quando da definição da necessidade de registrar, e o montante a ser registrado, do ativo fiscal.

A cooperativa mensura e reconhece o imposto de renda e a contribuição social diferidos considerando as alíquotas de 15% mais o adicional de 10% para o imposto de renda e de 9% para a contribuição social.

d. Conciliação do imposto de renda e da contribuição social sobre lucro

Conciliação	Imposto de Renda	Contribuição social	Total
Lucro contábil antes do i. renda e da c. social			
Alíquotas nominais			
Despesas de i. renda e c. social			
Ajustes dos tributos sobre a renda referente a: incentivos fiscais; ágio dedutível fiscalmente contabilizado; diferenças permanentes; e outros.			
Imposto de renda e contribuição social no resultado: Corrente Diferido			
Alíquotas efetivas			

4.1.19 Modelo de nota explicativa sobre "Empréstimos e financiamentos"

Nota 15 – Empréstimos e financiamentos

	Valor do principal	Encargos financeiros		Vencimento em curto prazo		Vencimento em longo prazo	
		Em R$	Em %	Total 2011	Total 2010	Total 2011	Total 2010
Moeda nacional – real: Banco X Banco Y Total							
Moeda estrangeira – dólar norte-americano: Entidade A Entidade B Total							
Total							

a. Taxas de juros

Os empréstimos e financiamentos de curto prazo (passivo circulante) denominados em reais e em dólares norte-americanos têm taxas médias de juros de ___% e ___% ao ano, respectivamente. Já os com vencimento em longo prazo (passivo não circulante) têm taxas médias de juros anuais de ___% e ___%, respectivamente.

b. Vencimento das parcelas de longo prazo

Em 31 de dezembro de 2011, as parcelas de longo prazo dos empréstimos e financiamentos têm vencimentos nos anos seguintes:

	Em R$	Em %
2012		
2013		
2014		
2015		
2016		
2017 em diante		

c. Garantias

Para liquidação dos empréstimos e financiamentos de longo prazo, a cooperativa deu como garantia___, o que representa cerca de %___ da dívida contraída.

4.1.20 Modelo de nota explicativa sobre "Outras contas a pagar"

Nota 16 – Outras contas a pagar

	2011	2010
Água e luz		
Telefone		
Aluguéis		
Seguros de riscos nomeados		
Seguros de riscos de incêndio		
Total de outras contas a pagar		

a. Seguros de riscos nomeados

A apólice contratada destaca as subestações, nomeando os principais equipamentos, com respectivos valores segurados. Possui cobertura securitária básica de incêndio, queda de raios, explosão de qualquer natureza e cobertura adicional contra possíveis danos elétricos, riscos diversos, riscos para equipamentos eletrônicos e informática.

O término da vigência da apólice de seguro está previsto para 31 de dezembro de 2012 e a importância segurada é de R$___.

b. Seguros de riscos de incêndio

Cobertura para os imóveis, próprios e locados, e parte dos seus conteúdos. Garante o pagamento de indenização ao segurado ou proprietário do imóvel, pelos prejuízos em consequência dos riscos básicos de incêndio, queda de raio e explosão de qualquer natureza, mais a cobertura adicional de vendaval.

O término da vigência da apólice de seguro está previsto para 31 de dezembro de 2012 e a importância segurada é de R$___.

4.1.21 Modelo de nota explicativa sobre "Provisões e contingências"

Nota 17 – Provisões e contingências

Contingências	Valor estimado	Depósitos judiciais	Valor líquido	
			2011	2010
Trabalhistas				
Regulatórias				
Cíveis				
Total de contingências				

A cooperativa é parte envolvida em ações trabalhistas, regulatórias e cíveis e está discutindo estas questões tanto na esfera administrativa quanto na judicial, as quais, quando aplicável, são amparadas por depósitos judiciais. As provisões para as perdas decorrentes desses processos são estimadas e atualizadas pela administração que as considera prováveis, amparada pela opinião da diretoria jurídica da cooperativa e de seus consultores legais externos.

a. Contingências trabalhistas

Inerentes a ações movidas por ex-funcionários contra a cooperativa, envolvendo a cobrança de horas extras e periculosidade.

b. Contingências regulatórias

Referem-se a notificações da Aneel sobre eventuais descumprimentos de normas regulatórias que estão discutidas nas esferas administrativa e judicial.

c. Contingências cíveis

Inerentes a ações movidas contra a cooperativa que pleiteiam indenizações por acidentes com as redes de distribuição de energia elétrica e o ressarcimento de danos materiais causados em aparelhos eletrodomésticos por eventuais suspensões no fornecimento.

4.1.22 Modelo de nota explicativa sobre "Instrumentos financeiros"

Nota 18 – Instrumentos financeiros

a. Considerações gerais e gerenciamento de riscos

A cooperativa mantém operações com instrumentos financeiros, cujos riscos são administrados por meio de estratégias de posições financeiras e sistemas de controles de limites de exposição deles. Todas as operações estão reconhecidas na contabilidade e os principais instrumentos financeiros são:

- **Caixa e equivalentes de caixa:** apresentados na nota 6;
- **Títulos e valores mobiliários:** apresentados na nota 7;
- **Contas a receber:** apresentadas na nota 8;
- **Empréstimos e financiamentos:** apresentados na nota 15.

b. Valor justo

Instrumentos financeiros	2011		2010	
	Valor contábil	Valor de mercado	Valor contábil	Valor de mercado
Caixa e equivalentes de caixa				
Títulos e valores mobiliários				
Contas a receber				
Empréstimos e financiamentos				

c. Classificação dos instrumentos financeiros

31 de dezembro de 2011	Mantidos para negociação	Mantidos até o vencimento	Destinado à venda	Empréstimos e recebíveis	Total
Ativos financeiros:					
Caixa e equivalentes de caixa					
Títulos e valores mobiliários					
Contas a receber					
Total					
Passivos financeiros:					
Empréstimos e financiamentos					
Total					

d. Fatores de risco que podem afetar os negócios

Risco de taxas de juros: esse risco é oriundo da possibilidade de a empresa vir a sofrer perdas (ou ganhos) por conta de flutuações nas taxas de juros que são aplicadas a seus passivos e ativos captados (aplicados) no mercado. Para minimizar possíveis impactos advindos de oscilações em taxas de juros, a empresa adota a política de diversificação, alternando a contratação de taxas fixas e variáveis (como a Libor e o CDI), com repactuações periódicas de seus contratos, visando adequá-los ao mercado.

Risco de taxas de câmbio: esse risco está atrelado à possibilidade de alteração nas taxas de câmbio, afetando a despesa financeira (ou receita) e o saldo passivo (ou ativo) de contratos que tenham como indexador uma moeda estrangeira.

Risco de crédito: advém da possibilidade de a cooperativa não receber valores decorrentes de operações de distribuição de energia elétrica ou de créditos detidos junto a instituições financeiras gerados por operações de aplicação financeira.

Risco de gerenciamento de capital: advém da escolha da cooperativa em adotar uma estrutura de financiamentos para suas operações.

4.1.23 Modelo de nota explicativa sobre "Patrimônio líquido"

Nota 19 – Patrimônio líquido

a. Capital social

O capital social da cooperativa, no valor de R$___, é formado por cotas-partes referentes a 45 mil associados em 31 de dezembro de 2011.

b. Natureza e finalidade das reservas

Fundo de reserva: é indivisível para distribuição entre os cooperados, mas a sua constituição é obrigatória conforme a Lei nº 5.764/1971. Sendo constituído de ___% das sobras do exercício social, além de eventuais destinações a critério da Assembleia Geral, destina-se à cobertura de perdas decorrentes dos atos cooperativos e não cooperativos.

Fundo de assistência técnica, educacional e social: também é indivisível entre os cooperados, sendo constituído por ___% das sobras líquidas do exercício social e pelo resultado das operações com terceiros, conforme previsão estatutária, destinado a cobertura de gastos com assistência técnica, educacional e social dos cooperados, seus dependentes e seus próprios colaboradores. Sua constituição é estabelecida pela Lei nº 5.764/1971.

Fundo de manutenção e expansão: é constituído por ___% das sobras líquidas do exercício social, além de eventuais destinações da Assembleia Geral, e destina-se a cobrir investimentos e/ou despesas de manutenção e expansão do patrimônio, podendo ainda ser aplicado em todas as iniciativas que visem ao desenvolvimento social ou econômico da cooperativa.

c. Sobras à disposição da Assembleia Geral Ordinária

	2011	2010
Resultado do Exercício		
Destinações		
Fundo de reserva		
Fundo de assistência técnica, educacional e social		
Fundo de manutenção e expansão		
Sobras à disposição da Assembleia Geral Ordinária		

As sobras apuradas após a constituição das reservas ficam à disposição da Assembleia Geral Ordinária para deliberação quanto à sua destinação.

4.1.24 Modelo de nota explicativa sobre "Ingressos/Receitas operacionais"

Nota 20 – Ingressos/Receitas operacionais

	2011	2010
Receita operacional bruta		
Fornecimento de energia elétrica		
Comercialização de energia elétrica		
Outras Receitas		
Total da receita operacional bruta		
Tributos sobre a receita		
ICMS		
Cofins		
PIS		
ISSQN		
Encargos do consumidor:		
Pesquisa e desenvolvimento		
Eficiência energética		
Outros		
Total dos tributos sobre a receita e dos encargos do consumidor		
Receita Operacional Líquida		

4.1.25 Modelo de nota explicativa sobre "Dispêndios/Despesas e custos"

Nota 21 – Dispêndios/Despesas e custos

Natureza dos custos e despesas	2011			
	Custos dos serviços	Despesas comerciais	Despesas gerais e administrativas	Total
Encargos de uso da rede elétrica				
Materiais				
Serviços de terceiros				
Pessoal e administradores				
Depreciações				
Amortizações				
Provisões e reversões				
Publicidade e propaganda				
Outros custos e despesas				

Natureza dos custos e despesas	2010			
	Custos dos serviços	Despesas comerciais	Despesas gerais e administrativas	Total
Encargos de uso da rede elétrica				
Materiais				
Serviços de terceiros				
Pessoal e administradores				
Depreciações				
Amortizações				
Provisões e reversões				
Publicidade e propaganda				
Outros custos e despesas				

4.1.26 Modelo de nota explicativa sobre "Informações por segmento e atividades de negócios"

Nota 22 – Informações por segmento e atividades de negócios

a. **Segmentos e atividades de negócios**

Geração de energia: é composta pelas centrais geradoras e tem por finalidade produzir energia elétrica.

Distribuição de energia: é composta pelas linhas, redes, subestações e demais equipamentos associados e tem por finalidade: a) distribuir energia elétrica e garantir o livre acesso ao sistema para os fornecedores e consumidores; b) permitir o fornecimento de energia elétrica a consumidores; e, quando for o caso, c) garantir o suprimento de energia elétrica a outras concessionárias e permissionárias.

Comercialização de energia: refere-se às atividades de compra e venda de energia elétrica, sendo composta, principalmente, por móveis e utensílios, equipamentos de informática e comunicação.

b. Áreas geográficas

Os segmentos e atividades de negócios de geração, distribuição e comercialização de energia elétrica são desenvolvidos nas seguintes cidades: Porto Alegre, Bento Gonçalves, Taquari, Caibaté, Santa Rosa, Ibirubá, Teutônia e Fontoura Xavier, todas, do Estado do Rio Grande do Sul.

c. Resultados, ativos e passivos

	Atividades de Negócios						Total	
	Geração		Distribuição		Comercialização			
	2011	2010	2011	2010	2011	2010	2011	2010
Receita operacional líquida								
Custos dos serviços								
Resultado operacional bruto								
Outras receitas								
Despesas operacionais								
Outras despesas								
Resultado antes do resultado financeiro								
Receitas financeiras								
Despesas financeiras								
Resultado antes dos tributos sobre lucro								
Tributos sobre o lucro								
Resultado líquido do período								
Ativos circulantes identificáveis								
Ativos não circulantes identificáveis								
Passivos circulantes identificáveis								
Passivos não circulantes identificáveis								

Ativos circulantes identificáveis: contas a receber e estoques.

Ativos não circulantes identificáveis: contas a receber, imobilizado e intangível.

Passivos circulantes identificáveis: fornecedores, empréstimos e financiamentos e benefícios a empregados.

Passivos não circulantes identificáveis: empréstimos e financiamentos e provisões para contingências.

d. Principais clientes

As receitas provenientes de um cliente do *Segmento de distribuição de energia elétrica* no exercício social de 2011 chegaram a perfazer um montante de R$___, representando cerca de ___% do total de receitas da cooperativa.

4.1.27 Modelo de nota explicativa sobre "Partes relacionadas"

Nota 23 – Partes relacionadas

Parte relacionada Natureza da operação	2011			2010		
	Ativo	Passivo	Resultado	Ativo	Passivo	Resultado

Cooperados
    Parcelamento faturas de energia
    Pagamento de cotas
Total						

Pessoal-chave da administração:
    Pagamento de honorários
    Pagamento de encargos
    Pagamento de benefícios
Total						

Total						

4.1.28 Modelo de nota explicativa sobre "Eventos subsequentes"

Nota 24 – Eventos subsequentes

Entre o período de 20 a 30 de janeiro de 2012, várias redes de distribuição de energia elétrica dos municípios de Porto Alegre e Bento Gonçalves foram seriamente danificadas por temporais e vendavais interrompendo o fornecimento de energia por cinco dias em algumas regiões dos referidos municípios. A cooperativa já tomou as providências cabíveis para sanar os problemas.

4.1.29 Notas explicativas para pequenas e médias empresas

As notas explicativas devem:

a. apresentar informações sobre as bases de elaboração das demonstrações contábeis e das práticas contábeis específicas utilizadas;
b. divulgar as informações exigidas pela Resolução CFC nº 1.255/2009 (alterada pela Resolução nº 1.329/2011), que não tenham sido apresentadas em outras partes das demonstrações contábeis; e
c. prover informações que não tenham sido apresentadas em outras partes das demonstrações contábeis, mas que sejam relevantes para compreendê-las.

A empresa deve indicar em cada item das demonstrações contábeis a *referência* com a respectiva informação nas notas explicativas.

Ordem de apresentação

As notas explicativas são normalmente apresentadas pela ordem a seguir:

i. declaração de que as demonstrações contábeis foram elaboradas em conformidade com a Resolução CFC nº 1.255/2009 (alterada pela Resolução nº 1.329/2011);
ii. resumo das políticas contábeis significativas aplicadas (critérios de mensuração e outras práticas contábeis relevantes);
iii. informação de suporte de itens apresentados nas demonstrações contábeis pela ordem em que cada demonstração e cada rubrica sejam apresentadas; e
iv. outras divulgações.

Relação das principais notas explicativas

A seguir, é apresentada a relação das principais notas explicativas para as pequenas e médias empresas em atendimento ao Pronunciamento Técnico PME (R1):

i. contexto operacional (Seção 03);
ii. apresentação das demonstrações contábeis (Seção 08);
iii. alterações em práticas contábeis (Seções 10 e 35);
iv. sumário das principais práticas contábeis (Seção 08);
v. caixa e equivalentes de caixa (Seções 04 e 08);
vi. títulos e valores mobiliários (Seções 04, 08, 11 e 12);
vii. contas a receber: consumidores, concessionárias e permissionárias (Seções 04 e 08);
viii. estoques (Seções 04 e 13);
ix. investimento (Seções 14 e 16);

x. imobilizado (Seções 04 e 17);
xi. intangível (Seção 18);
xii. arrendamento mercantil (Seção 20);
xiii. tributos (Seção 29);
xiv. empréstimos e financiamentos (Seções 04 e 08);
xv. outras contas a pagar (Seções 04 e 08);
xvi. provisões e contingências (Seção 21);
xvii. patrimônio líquido (Seção 04);
xviii. ingressos/receitas (Seção 23);
xix. dispêndios/despesas e custos (Seção 08);
xx. partes relacionadas (Seção 33);
xxi. eventos subsequentes (Seção 32).

4.2 Notas explicativas – Contabilidade regulatória

De acordo com o "Tópico 09 – Roteiro para elaboração e divulgação de informações contábeis, econômico-financeiras e socioambientais" do *Manual de Contabilidade do Setor Elétrico* (MCSE), as notas explicativas às demonstrações contábeis devem incluir as seguintes informações principais elaboradas de forma sistemática, ordenada e uniforme:

a. a data da autorização de divulgação das demonstrações contábeis;
b. o responsável por tal autorização;
c. se os acionistas da concessionária, ou outros, têm o poder de alterar as demonstrações contábeis após a sua divulgação;
d. as bases para a elaboração das demonstrações contábeis (por exemplo: elaboradas em consonância com os princípios contábeis aplicáveis no Brasil etc.);
e. as políticas contábeis específicas, selecionadas e aplicadas a eventos e operações significativas; e
f. detalhes para o pleno entendimento dos valores apresentados nas demonstrações contábeis, inclusive comparativamente ao exercício anterior.

As seguintes informações devem ser destacadas e repetidas, sempre que necessário, para o correto entendimento das informações apresentadas:

a. nome da concessionária ou outras formas de identificação;
b. se as demonstrações contábeis englobam outras empresas (por exemplo, consolidadas);
c. data do balanço ou o período abrangido pelas demonstrações contábeis;
d. unidade monetária (moeda) das demonstrações contábeis e nível de precisão (por exemplo, milhares ou milhões de unidades da moeda);

e. quando as demonstrações contábeis forem apresentadas, exclusivamente a critério da administração, além da moeda nacional, também em outra moeda, divulgar a razão e os critérios de conversão adotados e as taxas de conversão utilizadas.

A concessionária ou permissionária que apresentar demonstrações contábeis elaboradas com as aplicações de princípios e normas contábeis diferentes daquelas constantes do MCSE, para exigências específicas e que não tenham caráter exclusivamente gerencial (*como obrigações legais por emissão de títulos ou para fins de consolidação por empresa relacionada sediada no exterior*), deverá divulgar, também, no Brasil essas informações, incluídas em nota explicativa específica, podendo, entretanto, isso ser feito em forma resumida, desde que não prejudique o entendimento destas.

4.2.1 Resolução Normativa nº 396/2010, da Aneel

De acordo com o parágrafo 2º do Artigo 7º da Resolução Normativa nº 396/2010 da Aneel:

§ 2º Nas Demonstrações Contábeis Regulatórias, além das notas explicativas específicas a serem estabelecidas pela **Aneel, deverá ser inserida nota explicativa demonstrando a conciliação entre o resultado apresentado na Demonstração de Resultado do Exercício (DRE), para fins societários e o resultado apresentado na Demonstração Regulatória do Resultado do Exercício (DRRE),** bem como **a conciliação entre os saldos apresentados dos grupos e subgrupos de contas que compõem o balanço patrimonial societário e o regulatório,** com as devidas explicações.

Notas conciliatórias entre as demonstrações contábeis societárias e regulatórias

O art. 7º, § 2º, da REN nº 396/10, estabeleceu a obrigatoriedade de apresentação de notas explicativas específicas a serem estabelecidas pela Aneel e nota explicativa que demonstre a conciliação entre o resultado apurado na demonstração de resultado societária e demonstração de resultado regulatória, bem como conciliação entre os saldos dos grupos e subgrupos de contas que compõem o balanço patrimonial societário e regulatório.

Na busca de melhorar a qualidade das informações prestadas, elaborou-se um modelo de apresentação das notas conciliatórias que está apresentado no Anexo II do Despacho nº 4.991/2011. Esse modelo deverá ser adotado por todas as concessionárias e permissionárias de distribuição e transmissão de energia elétrica para as demonstrações contábeis encerradas em 2011. Considerando que as notas conciliatórias são parte integrante das demonstrações contábeis regulatórias, deverão ser auditadas e não constarão mais no relatório de administração.

O seguinte modelo de nota conciliatória deve ser adotado pelas entidades do setor elétrico para as demonstrações contábeis regulatórias (balanço patrimonial e demonstração do resultado):

Demonstrações contábeis regulatórias Balanço patrimonial regulatório e societário							
Ativo	Nota de ajuste	2011			2010		
		Societário	Ajustes CPCs	Regulatório	Societário	Ajustes CPCs	Regulatório

Demonstrações contábeis regulatórias Demonstração do resultado regulatório e societário							
Receita	Nota de ajuste	2011			2010		
		Societário	Ajustes CPCs	Regulatório	Societário	Ajustes CPCs	Regulatório

4.2.2 Relação das principais notas explicativas

Conforme o MCSE, as principais notas explicativas às demonstrações contábeis que devem ser apresentadas são as seguintes:

i. contexto operacional;
ii. contratos de concessão;
iii. atividades não vinculadas à concessão do serviço público de energia elétrica;
iv. análise econômico-financeira;
v. fornecimento e suprimento de energia elétrica;
vi. compra e venda de energia elétrica em curto prazo no âmbito da CCEE;
vii. apresentação das demonstrações contábeis;
viii. sumário das principais práticas contábeis;
ix. caixa e equivalentes de caixa;
x. títulos e valores mobiliários;
xi. consumidores, concessionárias e permissionárias;
xii. estoques;
xiii. investimento;
xiv. imobilizado;
xv. diferido;
xvi. redução ao valor recuperável de ativos – *impairment*;
xvii. arrendamento mercantil;
xviii. fornecedores;
xix. compromissos;
xx. tributos;

xxi. empréstimos e financiamentos;
xxii. benefícios a empregados;
xxiii. provisões e contingências;
xxiv. instrumentos financeiros derivativos;
xxv. patrimônio líquido;
xxvi. receitas;
xxvii. despesas e custos;
xxviii. demonstração do resultado segregado por atividade;
xxix. combinação de negócios;
xxx. seguros;
xxxi. programa de recuperação fiscal – Refis;
xxxii. partes relacionadas;
xxxiii. eventos subsequentes.

4.2.3 Modelos de notas explicativas

Os vários modelos de notas explicativas às demonstrações contábeis constam do "Tópico 9.2 – Modelos" do *Manual de Contabilidade do Setor Elétrico* (MCSE).

Parte 5

Relatório da
Administração

5.1 Fundamentos conceituais

O Relatório da Administração representa um necessário e importante complemento às demonstrações contábeis divulgadas por uma concessionária ou permissionária, fornecendo dados e informações adicionais que sejam úteis aos usuários em seu julgamento e processo de tomada de decisões.

Ressalte-se que os usuários têm por objetivo analisar a situação atual e de resultados passados da concessionária ou permissionária fornecidos pelas demonstrações contábeis, que podem também servir de elemento preditivo da evolução e resultados futuros para orientação de suas decisões no presente. É, portanto, nesse aspecto que a administração pode fornecer importante contribuição aos usuários, ao fazer análises do passado que sejam indicativas de tendências futuras e também elaborando de maneira orientada informações de projeções e operações previstas para o futuro.

Outra característica relevante a ser considerada é que o Relatório da Administração, por ser descritivo e menos técnico que as demonstrações contábeis, reúne condições de entendimento por um número bem maior de usuários.

O principal objetivo do Relatório da Administração, de acordo com Leite (Padoveze, Benedicto e Leite, 2011), é apresentar informações financeiras e não financeiras sobre os negócios sociais e os principais fatos administrativos e financeiros do exercício findo. As informações gerais que devem ser contempladas no escopo do Relatório da Administração são relacionadas com:

a. as atividades globais do grupo (análise corporativa);
b. o detalhamento dos segmentos (análise setorial);
c. o desempenho econômico-financeiro do grupo (análise econômico-financeira); entre outras.

Ressalte-se que o Relatório da Administração deve ser redigido com simplicidade de linguagem para ser acessível ao maior número possível de leitores, devendo ser evitados adjetivos e frases tais como: "excelente resultado", "ótimo desempenho", "baixo endividamento", "excelentes perspectivas", a menos que corroborados por dados comparativos ou fatos.

5.1.1 Análise corporativa

Deve enfocar e permitir uma visão das atividades da concessionária ou permissionária, contemplando discussão e análise dos seguintes itens, quando apropriado:

a. estratégias individual e corporativa, mudanças de estratégia e resultados globais;
b. eventos externos incomuns que tenham afetado o desempenho e suas perspectivas;
c. compras e/ou vendas de ativos significativas e seus reflexos no resultado e na situação financeira;
d. recursos humanos, incluindo (d1) informações sobre as estruturas organizacional e gerencial; (d2) informações sobre assuntos de trabalho e emprego, incluindo relações de trabalho, treinamento, bem-estar e segurança;
e. responsabilidade social, com referências específicas sobre segurança do público consumidor e da comunidade e proteção ambiental;
f. atividades de pesquisa e desenvolvimento;
g. programa de investimentos, incluindo a natureza, localização e magnitude dos investimentos de capital realizado e a realizar; e
h. projeções futuras, contemplando eventos a partir do exercício encerrado apresentado. Se uma introdução, declaração ou opinião do presidente da concessionária ou permissionária for apresentada, deve servir como elemento adicional do Relatório da Administração.

5.1.2 Análise setorial

Essa parte do Relatório da Administração deve abranger a análise de Unidades Operativas, até mesmo com mais detalhes e com dados consistentes com os analisados no contexto corporativo, bem como abranger operações por áreas geográficas e de concessão ou permissão.

5.1.3 Análise econômico-financeira

Nesta parte, deve-se discutir e analisar:

a. os resultados operacionais, até quanto aos efeitos dos resultados das atividades no desempenho global e, também, a eventuais efeitos significativos ocasionados por fatores internos ou externos;

b. a situação de liquidez e fontes de capital, até a capacidade de atendimento de compromissos de curto e longo prazo;
c. a avaliação dos ativos e o impacto de eventual defasagem por conta de efeitos inflacionários onde for relevante o efeito nos resultados e posição financeira; e
d. os efeitos das variações na taxa de câmbio em todos os aspectos da análise.

5.2 CPC 26 – Apresentação das Demonstrações Contábeis e Relatório da Administração

O item 13, do Pronunciamento Técnico CPC 26 (R1) – Apresentação das Demonstrações Contábeis, ressalta o seguinte sobre a apresentação do Relatório da Administração:

> Muitas entidades apresentam, fora das demonstrações contábeis, Relatório da Administração que descreve e explica as características principais do desempenho e da posição financeira e patrimonial da entidade e as principais incertezas às quais está sujeita. Esse relatório pode incluir a análise:
> a. dos principais fatores e influências que determinam o desempenho, incluindo alterações no ambiente em que a entidade opera, a resposta da entidade a essas alterações e seu efeito e a política de investimento da entidade para manter e melhorar o desempenho, incluindo a sua política de dividendos;
> b. das fontes de financiamento da entidade e a respectiva relação pretendida entre passivos e o patrimônio líquido; e
> c. dos recursos da entidade não reconhecidos nas demonstrações contábeis de acordo com os Pronunciamentos.

5.3 Relatório da Administração das companhias abertas

Em dezembro de 2009 a CVM publicou a Deliberação nº 480, que dispõe sobre o registro de emissores de valores mobiliários admitidos à negociação em mercados regulamentados de valores mobiliários. O artigo 25 da referida Deliberação ressalta o seguinte sobre a apresentação do Relatório da Administração das companhias abertas no Brasil:

> Art. 25. O emissor deve entregar as demonstrações financeiras à CVM na data em que forem colocadas à disposição do público.
>
> § 1º As demonstrações financeiras devem ser acompanhadas de:
>
> I – Relatório da Administração.

5.3.1 Parecer de Orientação nº 15/1987 da CVM

A CVM em 1987 publicou o Parecer de Orientação nº 15, que dispõe sobre os procedimentos a serem observados pelas companhias abertas e auditores independentes na elaboração e publicação das demonstrações financeiras, do *Relatório da Administração* e do parecer de auditoria relativos aos exercícios sociais encerrados a partir de dezembro de 1987. Porém, vários Pareceres de Orientação da CVM consolidados em um documento chamado: Pareceres de Orientação – Consolidação (disponível no site: www.cvm.gov.br).

Esse documento consolida alguns Pareceres de Orientação emitidos pela CVM ao longo da sua existência, que tratam de procedimentos contábeis e da divulgação de informações em notas explicativas e no *relatório dos administradores*, englobando, ainda, dois Ofícios-Circulares da Presidência. Dessa forma, sendo contemplados no presente documento os seguintes Pareceres de Orientação: PO nº 04/79; PO nº 13/87; PO nº 15/87; PO nº 17/89; PO nº 18/90; PO nº 21/90; PO nº 24/92; 27/94; PO nº 29/96; e Ofícios-Circulares CVM/PTE nº 578/85 e nº 309/86.

A CVM ressalta o seguinte:

> Com o objetivo de facilitar o acesso às disposições contidas naqueles atos, os referidos Pareceres e Ofícios-Circulares foram agrupados por assunto mantendo-se, no entanto, os textos originais. Portanto, devemos ressaltar que esse trabalho NÃO REPRESENTA, uma atualização. Algumas das disposições contidas nessa consolidação foram de aplicação exclusiva à época ou já se encontram superadas em virtude de outros atos normativos. Pela sua referência histórica e para preservar o conteúdo integral dos referidos documentos, optamos por mantê-las.

Considerando os termos do Parecer de Orientação 15/87 e as práticas de mercado a CVM recomenda que as companhias abertas divulguem as seguintes informações no escopo dos seus relatórios da administração:

a. **Descrição dos negócios, produtos e serviços:** histórico das vendas físicas dos últimos dois anos e vendas em moeda de poder aquisitivo da data do encerramento do exercício social.

b. **Comentários sobre a conjuntura econômica geral:** concorrência nos mercados, atos governamentais e outros fatores exógenos relevantes sobre o desempenho da companhia.

c. **Recursos humanos:** número de empregados no término dos dois últimos exercícios e *turnover* nos dois últimos anos, segmentação da mão de obra de acordo com a localização geográfica; nível educacional ou produto; investimento em treinamento; fundos de seguridade e outros planos sociais.

d. **Investimentos:** descrição dos principais investimentos realizados, objetivo, montantes e origens dos recursos alocados.

e. **Pesquisa e desenvolvimento:** descrição sucinta dos projetos, recursos alocados, montantes aplicados e situação dos projetos.

f. **Novos produtos e serviços:** descrição de novos produtos, serviços e expectativas a eles relativas.

g. **Proteção ao meio ambiente:** descrição e objetivo dos investimentos efetuados e montante aplicado.

h. **Reformulações administrativas:** descrição das mudanças administrativas, reorganizações societárias e programas de racionalização.

i. **Investimentos em controladas e coligadas:** indicação dos investimentos efetuados e objetivos pretendidos com as inversões.

j. **Direitos dos acionistas e dados de mercado:** políticas relativas à distribuição de direitos, desdobramentos e grupamentos; valor patrimonial por ação, negociação e cotação das ações em bolsa de valores.

k. **Perspectivas e planos para o exercício em curso e os futuros:** poderá ser divulgada a expectativa da administração quanto ao exercício corrente, baseada em premissas e fundamentos explicitamente colocados, sendo que essa informação não se confunde com projeções por não ser quantificada.

l. Em se tratando de companhia de participações, o relatório deve contemplar as informações antes mencionadas, mesmo que de forma mais sintética, relativas às empresas investidas.

A divulgação de informações sobre o *desempenho econômico-financeiro* também é muito importante para os usuários externos.

5.3.2 Instrução nº 381/2003 da CVM

A Instrução nº 381/2003 da CVM, que dispõe sobre a divulgação, pelas entidades auditadas, de informações sobre a prestação, pelo auditor independente, de outros serviços que não sejam de auditoria externa, ainda exige que as companhias abertas divulguem, no escopo do Relatório da Administração, informações sobre os serviços de assessoria ou consultoria prestados por auditor independente. As informações requeridas são as seguintes:

- data da contratação, prazo de duração, se superior a um ano, e a indicação da natureza de cada serviço prestado;
- valor total dos honorários contratados e seu percentual em relação aos honorários relativos aos de serviços de auditoria independente;
- política ou procedimentos adotados pela companhia para evitar a existência de conflito de interesses, perda de independência ou objetividade de seus auditores independentes;
- resumo das razões de que a prestação de outros serviços não afeta a independência e a objetividade para o bom desempenho da auditoria independente.

5.4 Modelo de Relatório da Administração

A seguir, um modelo de Relatório da Administração para cooperativas e outras entidades do setor elétrico é apresentado, considerando, principalmente, os pontos de análise e discussão sugeridos pelo MCSE.

Relatório da Administração

Senhoras e senhores cooperados,

Apresentamos, a seguir, relatório das principais atividades no exercício de 20X1, em conjunto com as demonstrações contábeis elaboradas de acordo com a legislação societária brasileira, acrescidas do Balanço Social, o qual consideramos importante para divulgar o desempenho social e ambiental da (*nome da concessionária ou permissionária*) para a sociedade, parceiros, investidores e consumidores.

Carta do Presidente

Cenário

A (*nome da concessionária ou permissionária*) atua no segmento de (geração, transmissão, distribuição e comercialização) de energia elétrica, aproveitando seu acervo de conhecimentos técnicos e gerenciais acumulados ao longo de XX anos de existência. A (*nome da concessionária ou permissionária*) também está presente nos setores de gás, telecomunicações, saneamento, serviços, pesquisa e desenvolvimento e *agribusiness*.

Em 20X1, o bom desempenho da economia estadual teve um reflexo positivo sobre a demanda por energia elétrica, com destaque para o setor industrial com um incremento de XX% com relação a 20X0. O consumo do setor comercial também foi representativo, atingindo o patamar de XX GWh (XX GWh em 20X0). Somada, a demanda dos dois setores representa XX% de toda a energia comercializada pela concessionária ou permissionária em 20X1 (XX% em 20X0).

O reconhecimento público com relação às medidas adotadas pela concessionária ou permissionária para melhorar a qualidade de seus serviços e o relacionamento com os consumidores pode ser verificado por meio das seguintes premiações que a cooperativa recebeu: (*indicar os prêmios recebidos pela concessionária ou permissionária*).

Geração, transmissão, distribuição e comercialização de energia elétrica

Hoje, as usinas e linhas de transmissão da concessionária ou permissionária alimentam todas as regiões do Estado do Rio Grande do Sul e uma significativa porção excedente é exportada para o restante do país. Em termos percentuais a cooperativa, sozinha, responde por XX% de toda a energia gerada no Estado do Rio Grande do Sul.

Geração

Merece destaque o início das obras da Usina _____, sendo a primeira usina de energia elétrica do Estado a utilizar gás natural como combustível. O empreendimento integra o Programa Prioritário de Termoeletricidade do governo federal e importará investimentos no montante estimado em mais de XX milhões de dólares, tendo potência instalada de XX megawatts, com geração prevista para o fim de 20XX. A construção será realizada pela _____. No segmento de geração de energia, destacamos também:

a. **Centro de Operação de Geração (COG)** Para atender aos requisitos originados da reestruturação do setor elétrico, a concessionária ou permissionária implantou o Centro de Operação da Geração (COG), responsável pela supervisão, acompanhamento e operação centralizada e remota das principais centrais geradoras da concessionária ou permissionária. Esse centro foi instalado em _____ e proporcionará maior eficiência na operação das usinas nos parâmetros estabelecidos para cada unidade geradora. O COG esteve em fase experimental no segundo semestre de 20XX, possibilitando o monitoramento das usinas, cujo início oficial de operação ocorreu em XXXX de 20XX.

b. **Modernização da Usina** _____. Foram concluídos importantes trabalhos para melhoria operacional da Usina _____, em que o primeiro foi a substituição do Sistema Digital de Supervisão e Controle (SDSC) da usina. O novo sistema, além de proporcionar ganhos de eficiência significativos, oferece facilidades para integração da usina ao Centro de Operação de Geração (COG). Também foi iniciado o processo de substituição de todo o sistema de proteção dos grupos geradores por outro com tecnologia digital. Esse trabalho já foi concluído em duas das quatro unidades geradoras.

c. **Usina Hidrelétrica de** _____. Em continuidade ao processo de recuperação da Usina _____, adquirida da _____, em _____ foram iniciados os trabalhos de substituição ao equivalente a XX% do comprimento total do conduto adutor e forçado, além de sua pintura geral. A recuperação possibilitará a operação da usina com maior confiabilidade.

d. **Usina Hidrelétrica de** _____. Concluídas as atividades principais de comissionamento, que permitiram a entrada em operação comercial das quatro unidades geradoras, durante todo o ano de 20X1 foram realizadas as inspeções de garantia destas, totalizando X% das inspeções previstas. Em 20XX, todas deverão estar executadas.

e. **Usina Termelétrica de** _____. A concessionária iniciou os trabalhos de repotencialização da usina em _____ de 20X0 de modo a aumentar a potência instalada em XX MW. Em 20X1, foram concluídos os estudos de viabilidade do empreendimento, assim como os Estudos de Impacto Ambiental (EIA) e o Relatório de Impacto sobre o Meio Ambiente (Rima). Está em andamento o processo de escolha da tecnologia a ser utilizada na repotencialização. O início da operação comercial da usina repotencializada está previsto para dezembro de 20XX.

f. **Programa de Geração Distribuída (Progedis)** Geração distribuída é a instalação de centrais geradoras próximas aos pontos de consumo, dispensando-se a construção de sistemas de transmissão e distribuição. Em _____ de 20X1 a concessionária ou permissionária implantou o Programa de Geração Distribuída no Estado do Rio Grande do Sul (Progedis), tendo em vista à formação de parcerias com a iniciativa privada para viabilizar a construção de pequenas centrais elétricas.

Transmissão

Executa o serviço de transporte de energia elétrica para as Unidades de Negócios de Geração e Distribuição da concessionária e permissionária e está habilitada a prestar serviços também a outras empresas em qualquer lugar do país.

Contando com XX subestações e XX km de linhas de transmissão, nas tensões de XXX, a área de transmissão da concessionária transporta tanto a energia gerada pelas usinas próprias como a recebida do Sistema Interligado. Além disso, atende a XX consumidores industriais diretamente supridos em alta voltagem (pelo menos XX kV). Esses consumidores industriais foram responsáveis por aproximadamente X% do volume total de energia vendido pela concessionária ou permissionária em 20XX. Além de usar suas linhas de transmissão para prover energia a consumidores no Estado do Rio Grande do Sul, a concessionária ou permissionária transmite energia para outras empresas usuárias do Sistema Interligado Brasileiro.

Em 20X1, a concessionária obteve a certificação ISO 9001 para os serviços de gerenciamento de empreendimentos de transmissão para subestações e linhas de transmissão. A certificação atesta o empenho da concessionária ou permissionária em assegurar os mais altos padrões de qualidade a seu processo de gerenciamento de projetos.

A concessionária e permissionária participou ativamente em grupos e comissões estabelecidos pelo Operador Nacional do Sistema (ONS) para discutir e redigir novas regras para operação do sistema elétrico brasileiro. Dentro das novas regras de funcionamento do setor elétrico, especial atenção está sendo dada pela concessionária à atração de consumidores livres e à fixação de grandes consumidores no Estado do Rio Grande do Sul. Nesse sentido, foram realizados no ano estudos para melhor atender a esses consumidores, assim como aos geradores de energia, que são os consumidores naturais da transmissão.

Entre esses estudos, destacam-se os relativos à integração da Usina Eletrotérmica de _____ no âmbito do ONS e especificações dos controles das máquinas; integração das usinas _____ e _____ etc.; conexão das usinas de _____ e _____.; recebimento de XX MW da Usina de _____, repotencialização da Usina Termelétrica de _____; impacto da Usina Térmica de _____. A concessionária ou permissionária realizou também acompanhamento da qualidade do fornecimento a grandes consumidores, como _____.

Em 20X1, foram concluídas XX obras de subestações, XX obras de linhas de transmissão e XX km de cabos de fibras ópticas, com destaque para:

Ao fim do ano, encontravam-se em projeto X subestações novas e XX ampliações, XX linhas de transmissão e XX km de cabos de fibras ópticas.

Distribuição

A concessionária ou permissionária distribui energia elétrica em XX dos XX municípios do Estado do Rio Grande do Sul, o que representa XX% dos consumidores do Estado. Também atende XX consumidores livres no Estado.

- **Ligação de consumidores** Foram realizadas, no ano, XX novas ligações com destaque XX residenciais, XX comerciais, XX rurais e XX industriais, totalizando XX consumidores atendidos pela concessionária ou permissionária, número XX% superior ao de 20X0.
- **Comportamento do mercado** A geração de energia da concessionária ou permissionária no período de janeiro a dezembro de 20X1 foi de XX GWh (XX GWh em 20X0).

	Balanço energético em GWh	
	20X1	20X0
Geração própria		
Outros		
Disponibilidade		
Consumidores – distribuição direta		
Consumidores livres		
Concessionárias		
Energia contratual		
Energia de curto prazo		
Fornecimento e suprimento		
Perdas e diferenças		

- **Distribuição direta por classe de consumo** O consumo de energia elétrica na área de atuação da concessionária ou permissionária no ano 20X1 foi de XX milhões de megawatts-hora, tendo apresentado crescimento de XX% em relação a 20X0.

Os segmentos do mercado que mais contribuíram para esse resultado foram o industrial e comercial. A classe industrial foi a que teve maior crescimento, com XX%, que se deve à significativa evolução dos seguintes ramos de atividade: material de transporte, com crescimento de XX%; metalurgia, com XX%; material elétrico e de comunicação, com XX%; produtos de matérias plásticas, com XX%; indústria da construção, com XX%; e papel, papelão e celulose, com XX%. A classe comercial apresentou aumento de XX% no consumo de energia elétrica, o que mostra que esse setor mantém as elevadas taxas de crescimento verificadas nos últimos anos. O desempenho deve-se, principalmente, aos novos investimentos no setor, notadamente em shopping centers, no ramo hoteleiro e no ramo de hipermercados, bem como ao processo de industrialização ocorrido no Estado.

A classe residencial apresentou evolução de XX%, refletindo o aumento no nível de emprego no Estado, conforme dados publicados pelo Dieese – Departamento Intersindical de Estatística e Estudos Socioeconômicos.

A seguir, são apresentados resultados sobre o consumo e sua variação no período:

Consumo por classe de consumidores – em GWh

Classe	20X1	20X0	%
Residencial			
Industrial			
Comercial			
Rural			
Outros			
Total			

Receita – A receita decorrente do fornecimento de energia elétrica no exercício, líquida do ICMS, importou em R$ XX milhões, conforme quadro a seguir:

Receita líquida em R$ mil

Classe	20X1	20X0	%
Residencial			
Industrial			
Comercial			
Rural			
Outros			
Total			

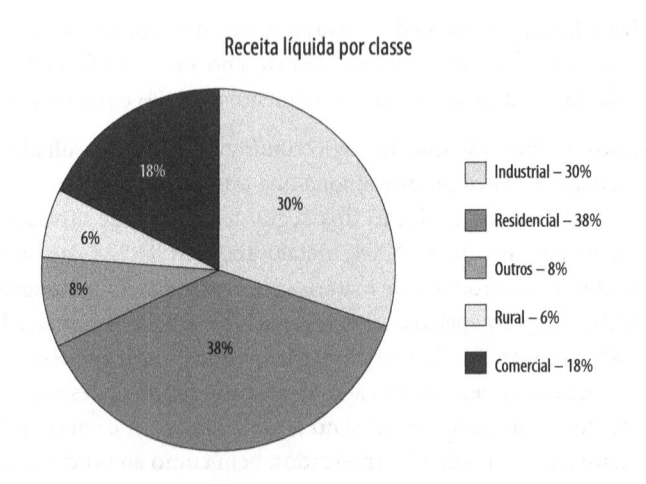

Receita líquida por classe

- Industrial – 30%
- Residencial – 38%
- Outros – 8%
- Rural – 6%
- Comercial – 18%

Consumo por classe

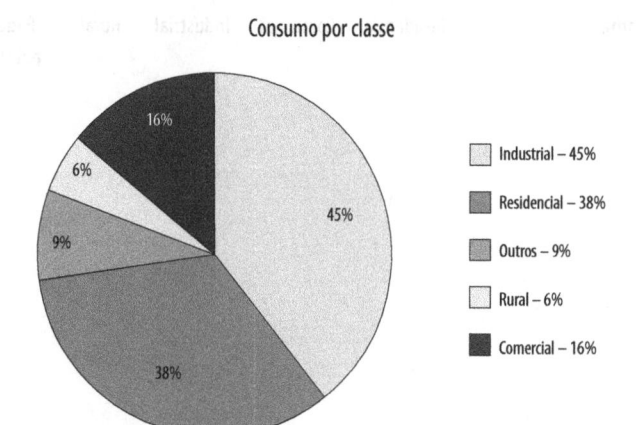

- Industrial – 45%
- Residencial – 38%
- Outros – 9%
- Rural – 6%
- Comercial – 16%

Número de consumidores – O número de consumidores faturados em dezembro de 20X1 apresentou um crescimento de XX% sobre o mesmo mês do ano anterior, como se pode observar no quadro a seguir:

Número de consumidores

Classe	20X1	20X0	%
Residencial			
Industrial			
Comercial			
Rural			
Outros			
Total			

Tarifas – A tarifa média de fornecimento de energia elétrica, em dezembro de 20X1, atingiu R$ XX/MWh, com aumento de XX% com relação a dezembro de 20X0. Por meio da Resolução Aneel nº_____ de XX/XX/XX, a concessionária ou permissionária foi autorizada a aplicar sobre os contratos iniciais de compra e venda de energia elétrica com suas supridas reajuste da ordem de XX%. A tarifa média desses contratos foi de R$ XX/MWh em dezembro de 20X1. A tarifa média para as demais concessionárias foi de R$ XX/MWh.

Tarifa média de fornecimento em R$/MWh

Classe
Residencial
Industrial
Comercial
Rural
Poder público
Outros

Composição da Tarifa	Residencial	Comercial	Industrial	Rural	Poder público	Outros
Tarifa aplicada						
Impostos						
PIS						
Cofins						
ICMS						
Taxas						
Fiscalização						
CCC						
RGR						
Compensação financeira						
Custo da energia comprada para revenda						
Encargos de uso da rede elétrica						
Despesas de pessoal						
Outras despesas operacionais						
Tarifa bruta da concessionária (*)						

(*) Representa a equivalência em relação à tarifa, que gera recursos para suprir às demais despesas operacionais (pessoal, depreciação, serviços etc.), além do Imposto de Renda e da Contribuição Social sobre o Lucro Líquido.

Tarifa por faixa de consumo		KWh	KWh	KWh	KWh
Tarifas brutas — R$					

Qualidade do fornecimento – Os dois principais indicadores da qualidade do fornecimento de energia elétrica são o DEC (duração equivalente de interrupções por consumidor) e o FEC (frequência equivalente de interrupções por consumidor). A evolução desses indicadores é apresentada no quadro a seguir:

Ano (incluir os últimos 5 anos)	DEC (horas)	FEC (interrupções)	Tempo de espera (horas)

Atendimento ao consumidor – Foi lançado em _____ de 20X1 o Programa Luz no Campo, que tem o objetivo de, em X anos, efetuar XX mil novas ligações rurais. Com esse empreendimento e investimentos de R$ XX milhões, a concessionária ou permissionária atingirá XX% da área rural do Estado.

Também em 20X1, foram inauguradas as novas e modernas instalações do *call center* da cidade de _____, integradas às centrais, por meio do anel de fibras ópticas da concessionária ou permissionária. O novo sistema tem capacidade de atendimento de XX de ligações/mês e implanta um novo conceito de atendimento, pioneiro no setor elétrico brasileiro, que possibilita gerir melhor o fluxo de ligações, evitando o congestionamento tradicional das centrais isoladas em casos de emergência. Com isso, os clientes da concessionária ou permissionária terão um dos menores tempos de espera, pois o tráfego será direcionado às centrais de atendimento com menor fluxo de ligações no momento.

Tecnologia da informação

O desenvolvimento das diversas áreas de negócios de uma concessionária de energia depende substancialmente de soluções adequadas de tecnologia da informação, a qual permeia e dá suporte a praticamente tudo o que a concessionária faz, mediante sistemas de informação (software), redes de computadores (comunicação lógica) e atendimento ao consumidor (processamento, suporte e infraestrutura).

Em 20X1, os principais projetos e sistemas desenvolvidos na área de tecnologia da informação foram: (*descrever os principais projetos*).

Novos negócios e parcerias

No novo ambiente empresarial e de mercado em que a concessionária opera, é fundamental assegurar maior competitividade e melhor qualidade, assim como o atendimento de novas necessidades dos consumidores.

Para tanto, a concessionária vem adotando a estratégia de, mediante parcerias, aumentar sua capacidade de investimento e, ao mesmo tempo, oferecer a seus consumidores mais alternativas de produtos e serviços, notadamente nas áreas em que é possível obter sinergias operacionais com os ativos ou com o acervo de conhecimentos da concessionária. Graças a essa estratégia, a concessionária já pode ser considerada uma empresa de multisserviços.

Essa estratégia de parcerias vem expandindo a operação da concessionária também em outras áreas geográficas, principalmente mediante a venda de consultoria, dentro e fora do Brasil, bem como possibilitando melhoria da qualidade de diversos serviços públicos no Estado do Rio Grande do Sul.

Além dos citados anteriormente, a concessionária participa de outros empreendimentos relativos a usinas hidrelétricas, pequenas centrais hidrelétricas (PCHs), usinas termelétricas, linhas de transmissão, energia e tecnologia da informação.

Participações da concessionária ou permissionária:

Empresas	Investimento (em R$ mil)	Participação da Concessionária (em %)	Negócio

Desempenho econômico-financeiro

Em 20X1, o lucro líquido foi de R$ XX milhões, contra R$ XX milhões em 20X0, um crescimento de XX%. A receita operacional líquida atingiu R$ XX milhões, enquanto em 20X0 situou-se em R$ XX milhões. Esse aumento de XX% resulta da evolução nas vendas para consumidores finais em XX% em relação ao ano anterior combinado com os efeitos do reajuste médio tarifário que em 20X1 foi de XX%.

As despesas operacionais totalizaram em 20X1 R$ XX milhões, XX% superiores em relação a 20X0, destacando-se os custos com: encargos do uso do sistema de transmissão XX% e o total das taxas regulamentares que tiveram um crescimento de XX% no ano. A rentabilidade do patrimônio líquido do exercício foi de XX% contra XX% em 20X0.

O Ebitda ou Lajida, lucro antes dos juros, impostos, depreciação e amortização foi de R$ XX milhões, superior em XX% a 20XX, que foi de R$ XX milhões, conforme evolução a seguir:

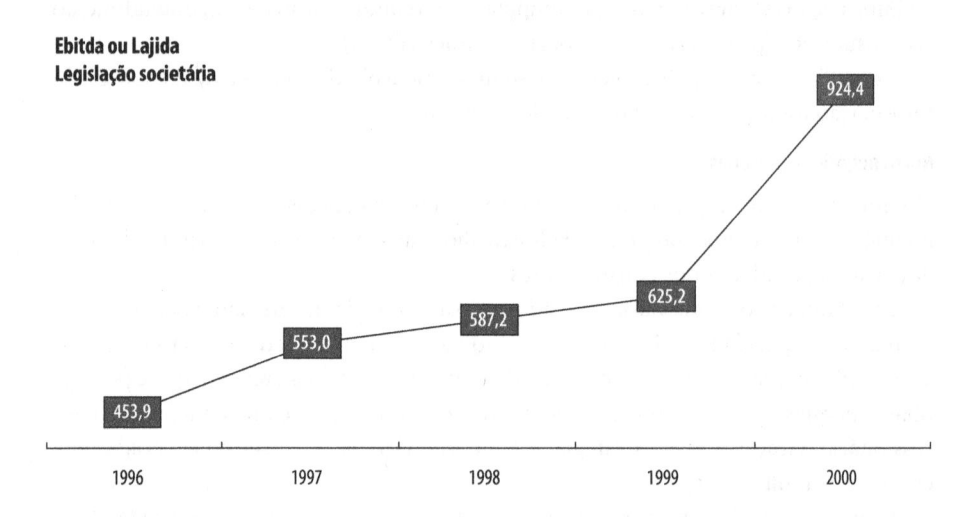

Ebitda ou Lajida
Legislação societária

Ano	Valor
1996	453,9
1997	553,0
1998	587,2
1999	625,2
2000	924,4

Investimentos: em 20X1, os investimentos da companhia importaram em R$ XX milhões, XX% inferiores/superiores em relação a 20X0, conforme a seguir:

Investimentos – R$ milhões

	20X1	20X0	%
Obras de geração			
Obras de transmissão			
Obras de distribuição			
Instalações gerais			
Total			

Captações de recursos: para viabilizar o programa de investimentos do ano, a concessionária ou permissionária captou um total de R$ XX milhões em recursos de empréstimos e financiamentos de diversas fontes, destacando-se as linhas _____, _____ e _____.

Valor adicionado: em 20X1, o valor adicionado líquido gerado como riqueza pela concessionária ou permissionária foi de R$ XX milhões, representando XX% da Receita Operacional Bruta, com a seguinte distribuição:

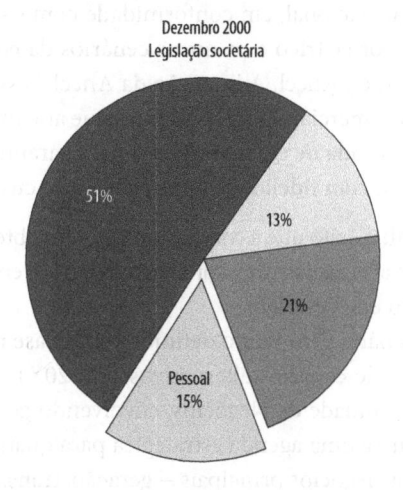

Dezembro 2000
Legislação societária

51%
13%
21%
Pessoal 15%

Política de reinvestimento: a concessionária constituiu reserva legal de 5% do lucro líquido do exercício, limitada a 20% do capital social e para atender a seu projeto de investimento, a concessionária reteve o saldo remanescente do lucro líquido do exercício como Reserva de Lucros para Expansão de modo a assegurar a realização de obras no exercício seguinte, devidamente justificado pelo orçamento de capital pela concessionária.

Composição do capital social: em 31 de dezembro de 20X1, o capital social da concessionária ou permissionária era de R$ XX milhões, composto por XX milhões de cotas.

Atendimento a cooperados: coerente com a filosofia de postar-se diante do mercado como uma empresa transparente, moderna e aberta, a concessionária coloca à disposição dos seus cooperados a Central de Atendimento aos Acionistas, instalada na sua sede (*colocar endereço*). A Central presta informações sobre a participação societária, sobre as cotas e demais informações para o bom relacionamento entre a cooperativa e seus cooperados.

Os mesmos serviços estão disponíveis também por telefone, com ligações pelo sistema DDG (ligação gratuita) por meio do número: XX.

Relações com o mercado: ao longo do ano, a concessionária recebeu a visita de expressivo número de clientes, fornecedores e demais *stakeholders*. A concessionária também promoveu visitas às usinas localizadas no _____, participou de conferências, seminários e reuniões e realizou *road shows* nos principais centros financeiros do Brasil.

Gestão

Administração: ao obter, no fim do ano 20X1, autorização da Assembleia Geral de Cooperados para ampliar sua base de operação, a concessionária entrou na fase final de sua reestruturação organizacional, em conformidade com os parâmetros do novo modelo institucional do setor elétrico e os novos cenários da economia brasileira. A medida atende às exigências da Aneel. A intenção da Aneel é assegurar total clareza e transparência nas relações comerciais entre os agentes que atuam nas diferentes etapas do processo de produção e venda de energia elétrica para garantir ao consumidor que as tarifas cobradas espelhem com fidelidade toda a cadeia de custos.

Planejamento empresarial: o êxito que a concessionária vem obtendo em seu processo de adaptação às mudanças aceleradas no setor elétrico se deve em grande parte à qualidade de seu planejamento empresarial.

Os rumos da concessionária vêm sendo definidos com base no moderno conceito de planejamento por meio de cenários alternativos. Em 20X1, foram desenvolvidos seis workshops com cada Unidade de Negócios, envolvendo gerentes e profissionais. Como resultado, concebeu-se uma agenda estratégica para quatro diferentes cenários possíveis para cada um dos negócios principais – geração, transmissão, distribuição e comercialização – complementando-se o processo iniciado em 20X0 com os negócios de telecomunicações e tecnologia da informação.

Essa nova concepção de planejamento proporcionou o desenvolvimento do pensamento estratégico no âmbito gerencial das unidades e, ao mesmo tempo, criou um conjunto de estratégias adequadas aos diferentes cenários, possibilitando antecipar ações de reação às mudanças ambientais.

Simultaneamente, foi conduzido um processo de definição de tendências macroambientais relacionadas com os ambientes político, econômico, sociocultural e tecnológico para o período de 20X1 a 20X0.

As tendências identificadas, junto com os resultados dos cenários empresariais, serviram de base para a definição das recomendações, metas e ações estratégicas das Unidades de Negócios para os horizontes de curto e médio prazos.

O planejamento das Unidades de Negócios foi consolidado no Programa Plurianual da concessionária. Foi também consolidado em 20X1 o modelo, iniciado em 20X0, de contrato de gestão entre a Diretoria e as Unidades de Negócios. Da mesma forma, foi desenvolvida uma metodologia para avaliação do desempenho das Unidades de Negócios que leva em conta o pactuado nos contratos de gestão, identificando três índices para medição do desempenho: *performance* em relação às metas, maior ganho e maior desempenho.

Gestão pela qualidade total: em 20X1, as atividades relacionadas com a Gestão pela Qualidade Total compreenderam o desenvolvimento de estudos e projetos, certificações de qualidade de gestão, 5S e eventos relacionados com o gerenciamento da rotina em diferentes áreas das Unidades de Negócios.

Recursos humanos: em 20X1 a concessionária investiu R$ XX milhões em programas de formação técnica e desenvolvimento profissional e humano de seus empregados. De modo a manter a concessionária a par da evolução nas áreas tecnológica e gerencial e oferecer aos empregados oportunidades de desenvolvimento de suas habilidades e potenciais, o treinamento da concessionária passou a operar sob o conceito de "Universidade Corporativa". Dessa forma, a unidade de treinamento está proporcionando, em associação com instituições de ensino, cursos superiores moldados às necessidades e operações da concessionária, incluindo programas de mestrado e doutorado. Convênio firmado com a Federação das Indústrias do Estado do Rio Grande do Sul, permite a realização desses cursos nas modernas instalações de ensino daquela entidade. A educação contínua nas áreas de qualidade total, de segurança, de gestão e de extensão universitária (especialização, mestrado e doutorado), atingiu XX empregados, representando em XX horas de treinamento por empregado no ano.

Como resultado do contínuo investimento tecnológico e da política de treinamento de seu quadro técnico funcional, combinado com constantes programas de demissões voluntárias e aposentadorias incentivadas, o quadro de empregados da concessionária apresenta significativa redução nos últimos anos.

Responsabilidade social: cada vez mais, a concessionária vem reforçando seu papel de empresa cidadã. Ciente de sua responsabilidade social, tem atuado por meio de políticas, programas e práticas voltadas para o meio ambiente, o desenvolvimento econômico, social e cultural junto à comunidade. O detalhamento dessas atividades e projetos está sendo apresentado no balanço social da concessionária.

Concessionária ou permissionária em números

Atendimento	20X1	20X0	%
Número de consumidores			
Número de empregados			
Número de consumidores por empregado			
Número de localidades atendidas			
Número de agências			
Número de postos de atendimento			
Número de postos de arrecadação			
Mercado			
Área de concessão (km^2)			
Geração própria (GWh)			
Demanda máxima (MWh/h)			
Distribuição direta (GWh)			
Consumo residencial médio (KWh/ano)			
Tarifas médias de fornecimento (R$ por MWh)			
Total (exceto curto prazo)			
Residencial			
Comercial			
Industrial			

Rural
Suprimento
DEC (horas)
População antecipada — Urbana (em milhares de habitantes)
População atendida — Rural (em milhares de habitantes)
FEC (número de interrupções)
Número de reclamações por 10 mil consumidores

Operacionais	20X1	20X0	%
Número de usinas em operação			
Número de subestações			
Linhas de transmissão (km)			
Linhas de distribuição (km)			
Capacidade instalada (MW)			

Financeiros
Receita operacional bruta (R$ mil)
Receita operacional líquida (R$ mil)
Margem operacional do serviço líquida (%)
Ebitda ou Lajida
Lucro líquido (R$ mil)
Lucro líquido por lote de mil ações
Patrimônio líquido (R$ mil)
Valor patrimonial do lote de mil ações
Rentabilidade do patrimônio líquido (%)
Endividamento do patrimônio líquido (%)
Em moeda nacional (%)
Em moeda estrangeira (%)
Indicadores de *performance*
Salário médio dos funcionários:

Energia gerada/comprada por funcionário: Energia gerada/comprada em MW
Número de funcionários

Energia gerada/comprada por consumidor: Energia gerada/comprada em MW
Número de consumidores

Retorno de ativos por unidade: Resultado líquido operacional
Total de ativos

Agradecimentos

Registramos nossos agradecimentos aos membros do Conselho de Administração e do Conselho Fiscal pelo apoio prestado no debate e encaminhamento das questões de maior interesse da concessionária. Nossos reconhecimentos à dedicação e ao empenho do quadro funcional, extensivamente a todos os demais que direta ou indiretamente contribuíram para o cumprimento da missão da concessionária.

Porto Alegre, data.

A Administração

Parte 6

RELATÓRIOS SOCIOAMBIENTAIS

6.1 Balanço social

O balanço social é uma demonstração facultativa em termos societários, mas que possibilita aos usuários das informações compreenderem de forma quantitativa e qualitativa a contribuição de uma entidade para com a sociedade. Tal demonstração faz valer a função social da Contabilidade que é trazer a informação de modo claro a seus usuários. Há de se observar que o conceito de responsabilidade social teve uma evolução acentuada na última década, época em que o balanço social se tornou um documento largamente difundido e utilizado, graças a alguns mecanismos de imprensa e empresarial, como o Instituto Brasileiro de Análises Sociais e Econômicas (Ibase), Instituto Ethos de Responsabilidade Social, Grupo de Institutos, Fundações e Empresas (Gife) e outros.

Conforme Leite (Padoveze, Benedicto e Leite, 2011), historicamente, o balanço social tem sido objeto de discussão desde o início do século XX. Contudo, é certo que estudos mais profundos seguiram a partir dos anos 1960, nos Estados Unidos, e a partir dos anos 1970, na Europa, em particular na França. Nesse último país, a responsabilidade social fora constantemente cobrada pela sociedade francesa, o que fez que a França fosse o primeiro país a editar uma lei no sentido da divulgação do Balanço Social, a Lei nº 77.769/1977. Essa lei obriga as empresas, em princípio com mais de 300 funcionários, a tornar público o seu balanço social.

No Brasil, a Nitrofértil, empresa estatal do Estado da Bahia, é considerada a primeira a editar e divulgar um balanço social, em 1984. Várias outras empresas a partir de então, passaram a desenvolver suas versões da demonstração, como o Sistema Telebras e o Banespa.

O balanço social teve o início de sua divulgação com maior ênfase a partir dos anos 1980, tendo como grande incentivador e propagador o sociólogo Herbert de Souza, o Betinho, um dos presidentes do Ibase.

6.1.1 Instituto Ethos e balanço social

O Instituto Ethos e a Global Reporting Initiative (GRI) utilizam o conceito de Relatório Social, em que se agregam informações descritas e demonstradas em todos os aspectos da empresa em relação a seus *stakeholders* ou parceiros. Assim, o referido relatório propõe a divulgação das informações que seguem:

"I - Apresentação Mensagem do Presidente
01. Perfil do Empreendimento
02. Setor da Economia

II - A Empresa
01. Histórico
03. Princípios e Valores
04. Estrutura e Funcionamento
05. Governança Corporativa

III - A Atividade Empresarial
01. Visão
02. Diálogo com Partes Interessadas
03. Indicadores de Desempenho
03.1. Indicadores de Desempenho Econômico
03.2. Indicadores de Desempenho Social
03.3. Indicadores de Desempenho Ambiental

IV - Anexos
01. Do Demonstrativo do Balanço Social (modelo Ibase)
02. Iniciativa do Interesse da Sociedade (Projetos Sociais)
03. Notas Gerais."

Como se pode observar, o Relatório Social se torna um verdadeiro Relatório Anual consolidando todas as informações referentes ao relacionamento entre a empresa e seus parceiros, tais como governo, comunidade, colaboradores, meio ambiente, entre outros, tendo como objetivo a responsabilidade social exercida pela empresa. Então, logo a seguir, apresentamos o modelo do balanço social do Ibase para análise e interpretação, conforme o item IV Anexos, 01 – Do Demonstrativo do Balanço Social (modelo Ibase), do Relatório Social do Instituto Ethos.

6.1.2 Balanço social e CPC 26 – Apresentação das Demonstrações Contábeis

O item 14, do CPC 26 (R1), ressalta que muitas entidades apresentam relatórios ambientais e sociais, sobretudo nos setores em que os fatores ambientais e sociais sejam significativos e quando os empregados são considerados um importante grupo de usuários, encorajando as companhias a divulgação do *balanço social* de maneira espontânea. Entretanto, não há um CPC específico que venha regulamentar a apresentação de balanços sociais, mas muitas companhias no Brasil espontaneamente adotam o modelo do Instituto Brasileiro de Análises Sociais e Econômicas (Ibase).

6.1.3 Modelo de balanço social do Ibase

O modelo de balanço social mais utilizado e difundido no Brasil é o do Ibase. Esse modelo é recomendado pela entidade e também pelo Instituto Ethos de Responsabilidade Social. No entanto, muitas empresas, em especial as multinacionais, utilizam o modelo da Global Reporting Initiative (GRI), cujo objetivo é a difusão de informações, e, segundo sua própria definição, é:

The Global Reporting Initiative (GRI) *is a multi-stakeholder process and independent institution whose mission is to develop and disseminate globally applicable Sustainability Reporting Guidelines.*[1]

O modelo completo de balanço social do Ibase encontra-se disponível em seu *site*: www.ibase.org.br. A seguir, apresentamos o modelo condensado de balanço social do Ibase.

1. BASE DE CÁLCULO	2011		2010			
Receita líquida (RL)						
Resultado operacional (RO)						
Folha de pagamento bruta (FPB)						
	VALOR (R$)		% S/ FPB		% S/ RO	
2. INDICADORES SOCIAIS INTERNOS	2011	2010	2011	2011	2011	2010
Alimentação						
Encargos sociais						
Previdência Privada						
Saúde						
Educação						
Participação nos Resultados						
Outros						
TOTAL						
	VALOR (R$)		% S/ FPB		% S/ RO	
3. INDICADORES SOCIAIS EXTERNOS	2011	2010	2011	2010	2011	2010
Educação						
Saúde e saneamento						
Cultura						
Esporte						
Outros						
TOTAL						

---

[1] A Global Reporting Initiative é uma instituição independente que atua em processos de multiparceria, em que os objetivos são a divulgação e o desenvolvimento de informações das diretrizes de sustentabilidade.

	VALOR (R$)		% S/ FPB		% S/ RO	
4. INDICADORES AMBIENTAIS	2011	2010	2011	2010	2011	2010
Investimentos relacionados com a produção/ operação da empresa						
Investimentos em programa e/ou projetos externos						
TOTAL						
5. INDICADORES DO CORPO FUNCIONAL	2011		2010			
Número de funcionários no fim do período						
Número de admissões no período						
Número de funcionários com deficiência física						
Número de funcionários terceirizados						
Número de funcionários acima de 45 anos						
Número de negros que trabalham na empresa						
Outros						
6. INFORMAÇÕES RELEVANTES-CIDADANIA EMPRESARIAL	2011					
Relação entre a maior e menor remuneração na empresa						
Número total de acidentes de trabalho						
A previdência privada contempla:	( ) direção ( ) direção e gerências ( ) todos os funcionários					
Outros						
7. OUTRAS INFORMAÇÕES	2010		2009			

De acordo com Leite (Padoveze, Benedicto e Leite, 2011), a importância do Balanço Social pode ser observada em alguns itens do modelo acima, por exemplo:

- **Benefícios concedidos – Indicadores sociais internos:** entre os Indicadores Sociais Internos não se distinguem os benefícios concedidos por força de lei ou convenção profissional, de modo que não se pode estabelecer se há benefícios voluntários dentre os benefícios sociais apresentados, bem como qual seja a participação destes em relação ao total. Entretanto, observa-se o nível de investimento social por parte da empresa nos percentuais de participação de cada indicador, e no total desses benefícios concedidos dentro da própria organização para seus funcionários e familiares.
- **Investimentos – Indicadores sociais externos:** os indicadores que tratam dos investimentos da empresa com a sociedade aqui se evidenciam. Assim, os indicadores internos não distinguem os itens que são parte obrigacional da empresa, daqueles que de fato são investidos de forma voluntária e sem intenção de ônus.

6.1.4 MCSE e balanço social

De acordo com o *Manual de Contabilidade do Setor Elétrico* (MCSE) da Aneel, as concessionárias e permissionárias devem utilizar o modelo de balanço social do Ibase, adaptando, quando aplicável, os termos e especificações relacionados às concessionárias do setor elétrico.

O encaminhamento à Aneel deve ser feito até 30 de abril do exercício social subsequente.

6.2 Relatório de Responsabilidade Socioambiental

Segundo a Aneel, em seu *Manual de Contabilidade do Setor Elétrico* (MCSE), nos últimos anos, questões relacionadas com a responsabilidade socioambiental passaram a fazer parte das preocupações do meio empresarial brasileiro, ganhando cada vez mais importância na agenda de temas discutidos nacionalmente.

Diversas empresas vêm investindo recursos, espontaneamente, no desenvolvimento social de seus empregados e das comunidades em que estão inseridas, num processo de conscientização da nova ordem social, no sentido de solucionar problemas relacionados à exclusão social, à pobreza e à degradação ambiental, no caminho de promoção da cidadania e do desenvolvimento de forma sustentável.

A responsabilidade socioambiental está associada ao reconhecimento de que as decisões e os resultados das empresas alcançam agentes sociais muito mais amplos que o composto por seus sócios e investidores. Muitas dessas decisões – que envolvem a cadeia produtiva e o ciclo de vida dos serviços e produtos – afetam a comunidade local e o meio ambiente, cujas consequências vão além do mercado diretamente envolvido com a relação comercial principal. Do conceito de responsabilidade socioambiental, emergem valores como transparência, prestação de contas e relacionamento com os *stakeholders*,[2] os quais constituem variáveis importantes na estratégia competitiva das empresas.

Ainda conforme a Aneel, no âmbito dos serviços públicos, as concessionárias e permissionárias de energia elétrica, como toda organização empresarial, inserem-se no contexto social e ambiental utilizando os recursos necessários à realização das suas atividades econômicas (insumos naturais, mão de obra, infraestrutura básica das cidades e serviços de terceiros), bem como, ao realizarem seus serviços, promovem mudanças sociais, econômicas, ambientais, culturais e tecnológicas. A tomada de consciência da atuação e reflexos dessas atividades nesse contexto constitui a sua responsabilidade socioambiental.

Por se tratar de um serviço público prestado sob o regime de concessão, a análise dessa responsabilidade deve ser ainda mais ampliada, passando pela compreensão de que a prestação desses serviços tem de atender prioritariamente ao interesse público, já que toda concessão ou permissão pressupõe a prestação de um serviço adequado,

---

[2] São pessoas físicas e jurídicas que mantêm algum tipo de relacionamento com a empresa, tais como: clientes, fornecedores, acionistas, governo, dentre outros.

que satisfaça as condições de regularidade, continuidade, eficiência, segurança, atualidade, generalidade, cortesia e modicidade das tarifas.

6.2.1 Obrigatoriedade

A elaboração e apresentação do Relatório de Responsabilidade Socioambiental são obrigatórias para as concessionárias e permissionárias do serviço público de energia elétrica, segundo o MCSE.

O Relatório de Responsabilidade Socioambiental deve ser encaminhado à Aneel até 30 de abril do exercício subsequente, em arquivo magnético, para divulgação e disponibilização pela Aneel no seu *site*.

6.2.2 Estrutura

O Relatório de Responsabilidade Socioambiental está estruturado em cinco partes, denominadas dimensões, que contemplam descrições de atividades e indicadores de desempenho (quantitativos e qualitativos), inerentes à própria dimensão, de forma a fornecer uma visão ampla, consistente e consolidada de questões relevantes e peculiares ao setor elétrico, delineadas em seu marco regulatório, e de outras gerais de responsabilidade socioambiental. As dimensões são as seguintes:

1. **Dimensão geral:** nesta dimensão, são apresentadas as informações gerais da empresa: tipo de sociedade; contrato de concessão; seu negócio; a forma de gestão; a história; a missão; os princípios e valores que norteiam as decisões; o seu relacionamento com as partes interessadas e canais de comunicação; os controles de riscos e os indicadores operacionais e de produtividade.
2. **Dimensão da governança corporativa:** a governança corporativa abrange a adesão da empresa a princípios éticos e à transparência, a prestação de contas e os valores que a governam. Dada a relevância do tema atualmente, as questões relacionadas à governança corporativa devem ser tratadas em dimensão própria, devendo ser explicitados o modelo, tipo de governança, papel e interfaces entre eles e o posicionamento perante os temas gerais da responsabilidade social. Essa dimensão é aplicada apenas para as empresas que tenham políticas corporativas de governança na sua gestão.
3. **Dimensão econômico-financeira:** nesta dimensão, um conjunto de indicadores de desempenho econômico-financeiro é apresentado. Esse conjunto de indicadores busca dar transparência aos impactos econômicos da empresa, nem sempre contemplados de maneira simples nas demonstrações contábeis convencionais. Além do quadro a ser utilizado, devem ser apresentados os impactos econômicos diretos, como a oferta dos serviços, receitas, geração de emprego e de renda e a contribuição para o desenvolvimento regional e para a redução da desigualdade social, possibilitando o acesso das comunidades atendidas aos serviços de energia elétrica. Esses in-

dicadores têm a função de refletir aspectos econômico-financeiros e de produtividade do negócio, devendo demonstrar rentabilidade, endividamento, capacidade de pagamento, taxa de inadimplência etc.

4. **Dimensão social e setorial:** esta dimensão tem como objetivo descrever o desempenho social da concessionária e permissionária, apresentando sua postura política e respectivas ações relacionadas a alguns públicos afetados pelas atividades da empresa, nos ambientes interno e externo: *empregados, fornecedores, clientes/consumidores, comunidade, governo e a sociedade em geral*. Visa também apresentar temas sociais específicos do setor elétrico. A descrição dos indicadores de desempenho social deve levar em consideração esse relacionamento. Devem ser demonstrados os riscos sociais, impactos econômicos relacionados às ações, bem como a criação de valor direto com esses públicos.

5. **Dimensão ambiental:** de modo geral, nesta parte do Relatório de Responsabilidade Socioambiental, devem ser apresentados os relatos sobre projetos, programas, ações e quadros de indicadores que permitam às partes interessadas conhecer e acompanhar as atividades desenvolvidas pela empresa, decorrente da sua responsabilidade com o meio ambiente, bem como aquelas ações voluntárias, não associadas com medidas compensatórias, destinadas às áreas de proteção ambiental.

De acordo com a Aneel, em cada dimensão a empresa deve expor suas considerações de forma descritiva e quantitativa, permitindo entender os valores e itens apresentados nos seus indicadores de desempenho, viabilizando, assim, o diálogo com seus diferentes públicos (*stakeholders*) para a avaliação dos resultados das ações. Uma vez sistematizada a coleta dos dados para a elaboração desse relatório, a obtenção dos dados torna-se automática, visto que a maioria das informações já é produzida pela empresa, necessitando apenas de organização e padronização ao formato do relatório proposto na respectiva dimensão. Na hipótese de dificuldades para relatar ações relacionadas às dimensões, bem como os dados solicitados pelos indicadores sugeridos, recomendamos que seja registrada a informação como "não aplicável" ou "não disponível".

6.2.3 Modelo

O modelo completo de Relatório de Responsabilidade Socioambiental para concessionárias e permissionárias de energia elétrica consta do "Tópico 9.2 – Modelos" do Manual de Contabilidade do Setor Elétrico – MCSE da Aneel e está disponível no seguinte site: http://www.aneel.gov.br/aplicacoes/relatorioambiental.

Parte 7

Relatório Anual para Divulgação e Publicação

7.1 Fundamentos conceituais

As informações contábeis podem ser evidenciadas por uma empresa, principalmente, a partir das seguintes formas:

- Relatório da Administração;
- Demonstrações contábeis;
- Notas explicativas.

De acordo com Leite (Padoveze, Benedicto e Leite, 2011), no âmbito do mercado de capitais internacional essas formas de evidenciação de informações são agrupadas em um único relatório chamado de Relatório Anual, a ser utilizado, principalmente, pelas empresas que negociam ações em bolsas de valores.

Por outro lado, as concessionárias e permissionárias do setor elétrico brasileiro, quando aplicável, também adotam o Relatório Anual como modelo completo de evidenciação de informações financeiras e não financeiras sobre o desempenho dos seus negócios, por exigência, em alguns casos, da Aneel, órgão regulador do setor elétrico brasileiro.

O Relatório Anual é composto por cinco grupos de informações (relatório da Administração, demonstrações contábeis, notas explicativas, relatório dos auditores independentes e parecer do conselho fiscal), e cada um deles tem uma base normativa específica, como demonstrado na figura a seguir:

Relatório anual

- Relatório da Administração
- Demonstrações contábeis
- Notas explicativas
- Relatório dos auditores independentes
- Parecer do conselho fiscal

Tipos (de Demonstrações contábeis):

- Balanço patrimonial
- Demonstração do resultado
- Demonstração do resultado abrangente
- Demonstração das mutações do patrimônio líquido
- Demonstração das origens e aplicações de recursos
- Demonstração dos fluxos de caixa
- Demonstração do valor adicionado
- Balanço social

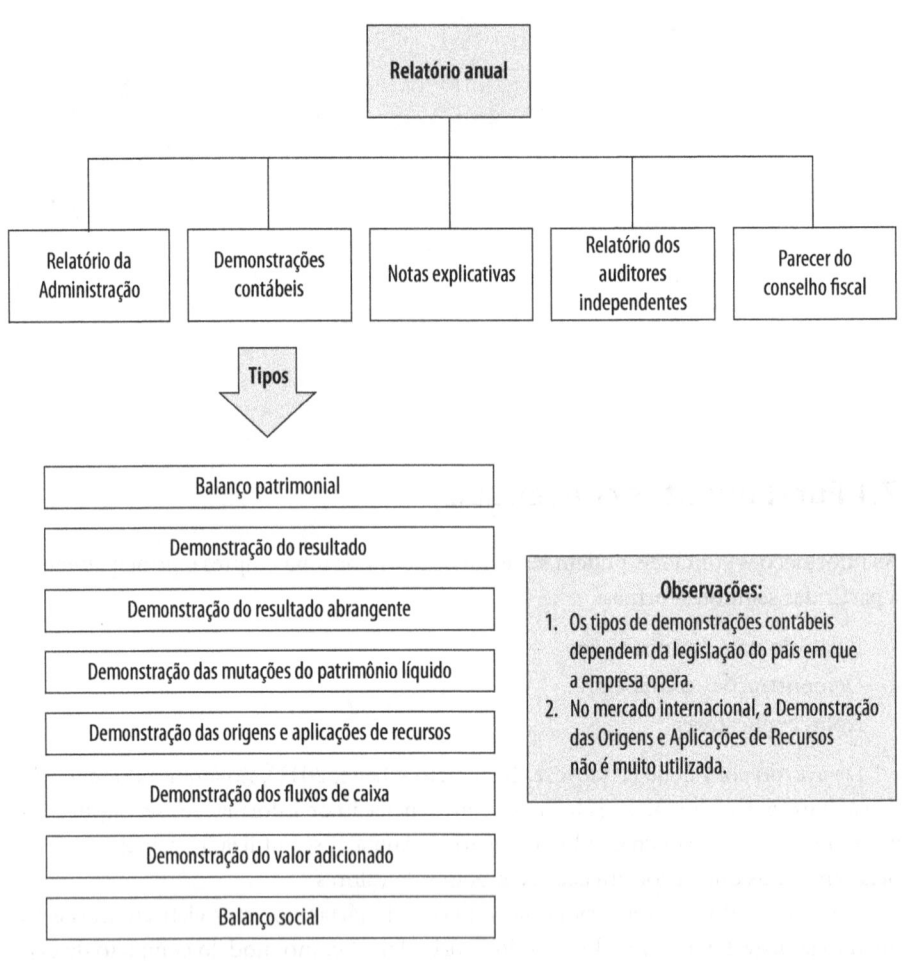

Observações:
1. Os tipos de demonstrações contábeis dependem da legislação do país em que a empresa opera.
2. No mercado internacional, a Demonstração das Origens e Aplicações de Recursos não é muito utilizada.

Figura 7.1 Relatório Anual.

Como evidenciado na figura anterior, o Relatório Anual é composto por cinco partes e deve ser apresentado pelas companhias abertas que operam em bolsas de valores nacionais ou estrangeiras negociando ações e pelas concessionárias e permissionárias do setor elétrico brasileiro, quando aplicável. Os tipos de demonstrações contábeis a serem elaboradas e divulgadas pelas companhias, entretanto, são definidos pela legislação de cada mercado de capitais. Sendo assim, apresentamos logo a seguir, as partes que compõem o Relatório Anual com suas respectivas definições.

Quadro 7.1 Relatório Anual para companhias abertas

1ª Parte	Relatório da Administração	Nessa parte, são evidenciadas informações gerenciais sobre o desempenho econômico-financeiro da empresa e atividades corporativas.
2ª Parte	Demonstrações contábeis	São relatórios com finalidades específicas que apresentam a situação patrimonial, econômica e financeira.
3ª Parte	Notas Explicativas	São notas de elementos das demonstrações contábeis que visam apresentar maior detalhamento sobre eles.
4ª Parte	Relatório dos auditores independentes	Expressa a opinião do auditor independente sobre o exame das demonstrações contábeis.
5ª Parte	Parecer do conselho fiscal	Expressa a opinião do conselho fiscal sobre os atos sociais e administrativos do conselho de administração.

Quadro 7.2 Objetivos das demonstrações contábeis

Balanço patrimonial	Demonstra a situação patrimonial da empresa.
Demonstração do resultado	Evidencia a situação econômica da companhia por meio da apuração de seu resultado (lucro ou prejuízo) em determinado exercício.
Demonstração do resultado abrangente	Apresenta o resultado do período, bem como possíveis resultados futuros, decorrentes de transações que ainda não se realizaram financeiramente e que foram ajustadas no patrimônio líquido.
Demonstração das mutações do patrimônio líquido	Apresenta as variações dos elementos que compõem o patrimônio líquido de um período para o outro.
Demonstração das origens e aplicações de recursos	Divulga as origens e aplicações de recursos e as variações no capital circulante líquido (ativo circulante – passivo circulante).
Demonstração dos fluxos de caixa	Apresenta a geração de caixa das atividades operacionais, de investimentos e financiamentos da entidade.
Demonstração do valor adicionado	Evidencia o valor agregado gerado e distribuído pela empresa.
Balanço social	Demonstra o montante investido pela companhia em ações sociais voltadas a seus colaboradores e à sociedade.

7.2 Modelo de Relatório Anual para divulgação e publicação

A seguir, um modelo de Relatório Anual para divulgação e, principalmente, publicação em jornais é apresentado:

Quadro 7.3 Modelo de Relatório Anual

COOPERATIVA DE DISTRIBUIÇÃO DE ENERGIA ELÉTRICA RELATÓRIO DA ADMINISTRAÇÃO Exercício Social de 2011 Valores expressos em milhares de reais (R$)	
Inserir..	
COOPERATIVA DE DISTRIBUIÇÃO DE ENERGIA ELÉTRICA DEMONSTRAÇÕES CONTÁBEIS 31 de dezembro de 2011 e 2010 Valores expressos em milhares de reais (R$)	
Balanço patrimonial	Demonstração do resultado
Inserir	Inserir
Demonstração do resultado abrangente	Demonstração das mutações do patrimônio líquido
Inserir	Inserir
Demonstração dos fluxos de caixa	Demonstração do valor adicionado
Inserir	Inserir
As notas explicativas são parte integrante das demonstrações contábeis.	
COOPERATIVA DE DISTRIBUIÇÃO DE ENERGIA ELÉTRICA NOTAS EXPLICATIVAS ÀS DEMONSTRAÇÕES CONTÁBEIS 31 de dezembro de 2011 e 2010 Valores expressos em milhares de reais (R$)	
Inserir..	
COOPERATIVA DE DISTRIBUIÇÃO DE ENERGIA ELÉTRICA PARECER DO CONSELHO FISCAL	
Inserir..	
RELATÓRIO DOS AUDITORES INDEPENDENTES	
Inserir..	
COOPERATIVA DE DISTRIBUIÇÃO DE ENERGIA ELÉTRICA CONSELHO DE ADMINISTRAÇÃO E DIRETORIA	
Inserir..	

Parte 8

Estruturação de grupos de trabalho

8.1 Fundamentos e objetivos dos grupos de trabalho

Os grupos de trabalho são formados por profissionais dos vários setores da entidade, (tributário, financeiro, contabilidade, planejamento, tecnologia da informação, entre outros), sendo adaptados à realidade de cada entidade, e têm por objetivo:

a. Dar continuidade ao projeto de desenvolvimento, implantação e disseminação do novo modelo de contabilidade societária na empresa a partir da Lei nº 11.638/2007 e dos pronunciamentos técnicos do CPC.
b. Produzir recursos humanos aptos a executar a Contabilidade Societária na empresa.
c. Pesquisar, estudar, analisar, interpretar e aplicar as normas internacionais e brasileiras de contabilidade na empresa.
d. Aplicar de maneira correta e consistente o presente *Manual de Contabilidade Societária e Regulatória* e o *Manual de Contabilidade do Setor Elétrico da Aneel* na empresa.
e. Auxiliar no desenvolvimento de um sistema de informações contábeis (módulo) em IFRS e BR GAAP.

8.2 Grupos de trabalho

Os grupos de trabalho e suas principais funções são apresentados de maneira detalhada no quadro a seguir:

Grupo de trabalho	Quantidade de membros	Principais funções
Instrumentos financeiros	2 a 4	Pesquisar, estudar, analisar, interpretar e aplicar as normas brasileiras de contabilidade aplicadas aos instrumentos financeiros primários e derivativos.
Conversão e consolidação de Demonstrações contábeis e combinação de negócios	2 a 4	Pesquisar, estudar, analisar, interpretar e aplicar as normas brasileiras de contabilidade aplicadas ao processo de conversão e consolidação de demonstrações contábeis, bem como à combinação de negócios.
Relatórios contábeis	2 a 4	Pesquisar, estudar, analisar, interpretar e aplicar as normas brasileiras de contabilidade aplicadas às demonstrações contábeis, notas explicativas, relatório da administração e relatório de responsabilidade socioambiental.
Práticas contábeis específicas	2 a 4	Pesquisar, estudar, analisar, interpretar e aplicar as normas brasileiras de contabilidade aplicadas ao processo de mensuração e reconhecimento de ativos tangíveis e intangíveis, receitas, despesas e custos.
Contabilidade regulatória	2 a 4	Pesquisar, estudar, analisar, interpretar e aplicar o *Manual de Contabilidade do Setor Elétrico da Aneel*.

É importante salientar que cada grupo de trabalho tenha um coordenador (líder), que será responsável pelo agendamento das reuniões e demais responsabilidades, e todos os grupos deverão ser coordenados por um gestor do projeto de Contabilidade Societária a partir da seguinte estrutura gerencial:

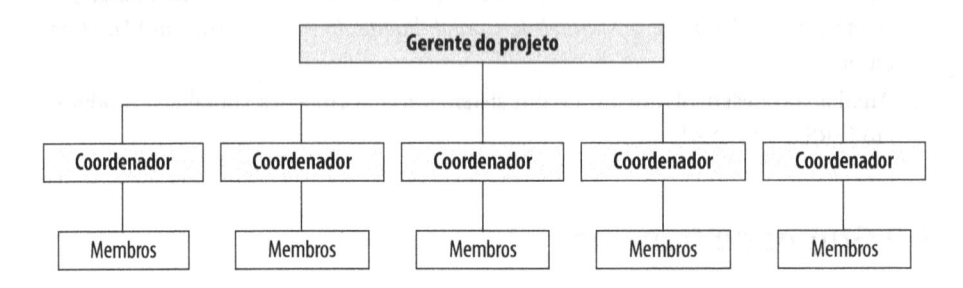

```
                    Gerente do projeto
    ┌────────────┬────────────┬────────────┬────────────┐
Coordenador  Coordenador  Coordenador  Coordenador  Coordenador
    │            │            │            │            │
 Membros      Membros      Membros      Membros      Membros
```

8.2.1 Perfil dos membros

Os membros dos grupos de trabalho podem ter o seguinte perfil:

a. graduandos ou graduados em Ciências Contábeis, Administração, Economia e Sistemas de Informações;

b. sólidos conhecimentos de Contabilidade Societária (BR GAAP);
c. noções de inglês.

8.3 Fontes de consulta e pesquisa

Grupo de trabalho	Principais normas contábeis	Principais sites e livros
Instrumentos financeiros	CPCs 38, 39 e 40 Interpretações relacionadas OCPC 03	• IASB: www.iasb.org – CPC: www.cpc.org.br – Aneel: www.aneel.gov.br • Contabilidade e Controle de Operações com Derivativos, Editora Pioneira, Iran Siqueira Lima; Alexsandro Broedel Lopes. • Manual de Contabilidade Societária e Regulatória. Leite, Joubert da Silva Jerônimo. Editora Cengage, 2012. • Manual de Contabilidade Societária, Editora Atlas, Fipecafi, 2010. • Manual de Contabilidade Internacional, Editora Cengage, Padoveze, Benedicto e Leite, 2011.
Conversão e consolidação de Demonstrações contábeis e combinação de negócios	CPCs 02 (R2), 15 (R1), 18, e 36 (R1) Interpretações relacionadas	• IASB: www.iasb.org – CPC: www.cpc.org.br – Aneel: www.aneel.gov.br • Manual de Contabilidade Societária e Regulatória. Leite, Joubert da Silva Jerônimo. Editora Cengage, 2012. • Manual de Contabilidade Societária, Editora Atlas, Fipecafi, 2010. • Manual de Contabilidade Internacional, Editora Cengage, Padoveze, Benedicto e Leite, 2011.
Relatórios contábeis	CPCs 00 (R1), 13, 21 (R1), 22, 26 (R1) e 43 (R1) OCPC 2 Interpretações relacionadas	• IASB: www.iasb.org –CPC: www.cpc.org.br – Aneel: www.aneel.gov.br • Manual de Contabilidade Societária e Regulatória. Leite, Joubert da Silva Jerônimo. Editora Cengage, 2012. • Manual de Contabilidade Societária, Editora Atlas, Fipecafi, 2010. • Manual de Contabilidade Internacional, Editora Cengage, Padoveze, Benedicto e Leite, 2011.
Práticas contábeis específicas	Todos os demais pronunciamentos contábeis (CPC, ICPC e OCPC)	• IASB: www.iasb.org – CPC: www.cpc.org.br – Aneel: www.aneel.gov.br • Manual de Contabilidade Societária e Regulatória. Leite, Joubert da Silva Jerônimo. Editora Cengage, 2012. • Manual de Contabilidade Societária, Editora Atlas, Fipecafi, 2010. • Manual de Contabilidade Internacional, Editora Cengage, Padoveze, Benedicto e Leite, 2011.
Contabilidade regulatória	*Manual de Contabilidade do Setor Elétrico* Normas da Aneel	• Aneel: www.aneel.gov.br • Manual de Contabilidade Societária e Regulatória. Leite, Joubert da Silva Jerônimo. Editora Cengage, 2012. • Manual de Contabilidade Internacional, Editora Cengage, Padoveze, Benedicto e Leite, 2011. • Manual de Contabilidade do Setor Elétrico. Aneel, 2010

8.4 Reuniões

Os membros dos grupos podem reunir-se ao menos uma vez por mês para que possam discutir o resultado de seus estudos e pesquisas, produzindo documentos atualizados sobre os termos da reunião.

8.5 Atualização do *Manual de Contabilidade Societária e Regulatória*

Os documentos produzidos nas reuniões dos grupos de trabalho devem servir como parâmetro inicial para a atualização do *Manual de Contabilidade Societária e Regulatória*.

BIBLIOGRAFIA

Livros, artigos científicos, documentos e leis

AGÊNCIA NACIONAL DE ENERGIA ELÉTRICA – Aneel. *Manual de contabilidade do setor elétrico*. Aneel, 2001.

_____. *Resolução normativa nº 396/2010*. Aneel, 2010.

_____. *Despacho nº 4.722/2009*. Aneel, 2009.

_____. *Despacho nº 4.796/2008*. Aneel, 2008.

BRAGA, H. R.; ALMEIDA, M. C. *Mudanças contábeis na lei societária: Lei nº 11.638, de 28.12.2007*. São Paulo: Atlas, 2008.

BRASIL. *Lei nº 5.764/71*. BRASIL: 1971.

BRASIL. *Lei nº 6.404/76*. BRASIL: 1976.

BRASIL. *Lei nº 11.638/07*. BRASIL: 2007.

BRASIL. *Lei nº 11.941/09*. BRASIL: 2009.

COMISSÃO DE VALORES MOBILIÁRIOS. *Instrução Normativa CVM 59/86*. 1986.

_____. *PO nº 15/87*. CVM: 1987.

COMITÊ DE PRONUNCIAMENTOS CONTÁBEIS – CPC. *Pronunciamento Conceitual Básico*. CPC: 2008. *CPC 01/07*. CPC: 2007; *CPC 02/08*. CPC: 2008; *CPC 03/08*. CPC: 2008; *CPC 04/08*. CPC: 2008; *CPC 05/08*. CPC: 2008; *CPC 06/08*. CPC: 2008; *CPC 07/08*. CPC: 2008. *CPC 08/08*. CPC: 2008. *CPC 09/08*. CPC: 2008. *CPC 10/08*. CPC: 2008. *CPC 11/08*. CPC: 2008. *CPC 12/08*. CPC: 2008. *CPC 13/08*. CPC: 2008. *CPC 14/08*. CPC: 2008.

CPC 15/09. CPC: 2009. *CPC 16/09*. CPC: 2009. *CPC 17/09*. CPC: 2009. *CPC 18/09*. CPC: 2009. *CPC 19/09*. CPC: 2009. *CPC 20/09*. CPC: 2009. *CPC 21/09*. CPC: 2009. *CPC 22/09*. CPC: 2009. *CPC 23/09*. CPC: 2009. *CPC 24/09*. CPC: 2009. *CPC 25/09*. CPC: 2009. *CPC 26/09*. CPC: 2009. *CPC 27/09*. CPC: 2009.*CPC 28/09*. CPC: 2009. *CPC 29/09*. CPC: 2009. *CPC 30/09*. CPC: 2009. *CPC 31/09*. CPC: 2009. *CPC 32/09*. CPC: 2009. *CPC 33/09*. CPC: 2009. *CPC 35/09*. CPC: 2009. *CPC 36/09*. CPC: 2009. *CPC 37/09*. CPC: 2009. *CPC 38/09*. CPC: 2009. *CPC 39/09*. CPC: 2009. *CPC 40/09*. CPC: 2009.

CPC 41/10. CPC: 2010. *CPC 43/09*. CPC: 2009.

COMITÊ DE PRONUNCIAMENTOS CONTÁBEIS – CPC. *Pronunciamento Técnico PME*. CPC: 2009.

OCPC 01/09. CPC: 2009. *OCPC 02/09*. CPC: 2008. *OCPC 03/09*. CPC: 2009. *OCPC 05/10*. CPC: 2010.

ICPC 01/09. CPC: 2009. *ICPC 02/09*. CPC: 2009. *ICPC 03/09*. CPC: 2009. *ICPC 04/09*. CPC: 2009. *ICPC 05/09*. CPC: 2009. *ICPC 06/09*. CPC: 2009. *ICPC 07/09*. CPC: 2009. *ICPC*

08/08. CPC: 2008. *ICPC 09/09.* CPC: 2009. *ICPC 10/09.* CPC: 2009. *ICPC 11/09.* CPC: 2009. *ICPC 12/09.* CPC: 2009. *ICPC 13/10.* CPC: 2010. *ICPC 14/11.* CPC: 2011. *ICPC 15/10.* CPC: 2010.

REVISÃO CPC 01/10. CPC: 2010.

CONSELHO FEDERAL DE CONTABILIDADE – CFC. *Resolução nº 750, de 29.12.93 – Princípios fundamentais de contabilidade.* CFC: 1993; *Resolução nº 920/01.* CFC: 2001; *Resolução nº 1.013/05.* CFC: 2005; *Resolução nº 1.055/05.* CFC: 2005; *Resolução nº 1.159/09.* CFC: 2009; *Resolução nº 1.255/09.* CFC: 2009. *Resolução nº 1.282/10.* CFC: 2010.

FUNDAÇÃO INSTITUTO DE PESQUISAS CONTÁBEIS, ATUARIAIS E FINANCEIRAS – FIPECAFI & ARTHUR ANDERSEN. *Normas e práticas contábeis no Brasil.* 2. ed. São Paulo: Atlas, 1994.

IUDÍCIBUS, S. de et al. *Manual de contabilidade societária*: aplicável a todas as sociedades. São Paulo: Atlas, 2010.

LEITE, J. da S. J. *Normas contábeis internacionais*: uma visão para o futuro. Trabalho técnico apresentado na 17ª Convenção dos Contabilistas do Estado de São Paulo realizada em setembro de 2001 no Centro de Convenções do Anhembi, São Paulo-SP. Trabalho premiado em 1º lugar.

_____. A abertura da economia mundial e sua influência no processo de padronização internacional da contabilidade. *Revista de Contabilidade do CRC/SP,* ano V, n. 17, set. 2001.

_____. *Processo de conversão de demonstrações contábeis em moeda estrangeira:* uma análise crítica da norma SFAS nº 52. São Paulo, 2002. Dissertação (Mestrado) – Facesp- -Unifecap, 2002.

LEITE, J. S. J; FIGUEIREDO, E. S.; MOREIRA, C. A. A. Uma contribuição ao estudo da governança corporativa no Brasil. In: SOUSA, J. E. E.; CALIL, J. F.; MONOBE, T. (Orgs.). *Estratégia organizacional*: teoria e prática na busca da vantagem competitiva. 1. ed. Campinas: Akademika, 2006. v. 1, p. 133-190.

LEITE, J. da S. J.; CASTRO NETO, J. L. de. *Divulgação de informações contábeis por segmento econômico e geográfico.* Trabalho apresentado e publicado nos anais do XVI Congresso Brasileiro de Contabilidade, realizado em Goiânia-GO. 2000.

MENDES, W. *Redução ao valor recuperável de ativos (impairment) e ajuste a valor presente.* São Paulo: IOB, 2010.

PADOVEZE, C. L.; BENEDICTO, G. C. de; LEITE, J. da S. J. *Manual de contabilidade internacional* – IFRS – US GAAP – BR GAAP – Teoria e prática. São Paulo: Cengage, 2011.

Sites

AGÊNCIA NACIONAL DE ENERGIA ELÉTRICA – Aneel. site: www.aneel.gov.br.
COMISSÃO DE VALORES MOBILIÁRIOS – CVM. site: www.cvm.gov.br.
CONSELHO FEDERAL DE CONTABILIDADE – CFC. site: www.cfc.org.br.
INTERNATIONAL ACCOUNTING STANDARDS BOARD – IASB. site: www. iasb.org.